禅宗概要

方立天 著

中 华 书 局

图书在版编目(CIP)数据

禅宗概要/方立天著. —北京:中华书局,2011.1(2020.7 重印)

ISBN 978 - 7 - 101 - 07223 - 5

Ⅰ. 禅… Ⅱ. 方… Ⅲ. 禅宗 - 研究 Ⅳ. B946.5

中国版本图书馆 CIP 数据核字(2010)第 012255 号

书 名	禅宗概要	
著 者	方立天	
责任编辑	陈 平	
出版发行	中华书局	
	(北京市丰台区太平桥西里 38 号 100073)	
	http://www.zhbc.com.cn	
	E-mail:zhbc@zhbc.com.cn	
印 刷	北京市白帆印务有限公司	
版 次	2011 年 1 月北京第 1 版	
	2020 年 7 月北京第 2 次印刷	
规 格	开本 700×1000 毫米 1/16	
	印张 21½ 插页 2 字数 316 千字	
印 数	4001 - 8000 册	
国际书号	ISBN 978 - 7 - 101 - 07223 - 5	
定 价	58.00 元	

目　录

理　论　编

附：

禅宗概要

序

中国佛教禅宗一派,因主张禅定为其基本修持方式而得名;又因自称"传佛心印",以众生自心觉悟为主旨,也名"佛心宗"。

禅宗是印度佛教与中国国情相结合的产物。禅宗的禅是佛教中一种独特的信仰取向和修持方式,是深受儒、道传统文化熏习的中国人在接触印度大乘佛教义理后,体认到自己心灵深处的奥秘,进而开发出的人生价值新天地。

禅宗为了确立自宗的学说,特意把佛祖释迦牟尼的教义区分为"教内"和"教外"两门。"教"指的是佛教经典所载录的佛陀言教,凡是通过研习佛典义理以求解脱的信徒和派别,都属于"教内"的"教门"系统。与"教门"不同,相传释迦牟尼在灵山会上,有大梵天王向他献上一枝金色波罗花,他随即拈花以示众。众人不解其意,唯有摩诃迦叶"破颜微笑"。释迦于是说:"吾有正法眼藏,涅槃妙心,实相无相,微妙法门,不立文字,教外别传,付嘱摩诃迦叶。"(《五灯会元》卷1)禅宗宣扬,佛祖"拈花示众",是示意弟子们要领会佛教义理的根本精神,迦叶破颜微笑表明他得到了佛教义理的真髓,他也获得了佛祖的认可。这种通过"以心传心"的无言之道的印证方式,被禅宗视为"教外之法",是"教外别传",也称为"宗门"或"禅门"。禅宗标榜以心相传和个体的心灵在瞬间顿悟自性的宗旨,昭示了它与印度佛教的联系与区别,也凸现了它与中国佛教其他宗派,如天台、华严、唯识等"教门"宗派的不同。

禅所关注的是探究生命的本源和寻求人生的归宿。禅把生命本源和人生解脱聚焦于主体心灵的状态、转化、提升,并就主体心灵的原始本性与基本特质、内在本性与外在表现、跃动心灵与当下行为,以及精神世界、理想境界等诸种关系和问题,进行了理论与实践相结合的探索,构成了生动活泼、绚烂多彩的心灵之道。禅宗的心灵论说包含了人生智慧、生活艺术、生命价值,它所发挥、阐释的哲学境界、艺术境界、解脱境界,富有独特的人文价值。

中国禅宗的禅作为一种生命哲学、心灵哲学、艺术哲学,增添了主体心灵的维度,拓展了精神生活的方式,充实了生命学说的内容,从而丰富了中国文化的深层结构。禅宗的学说涉及哲学、美学、文学、诗歌、绘画,乃至心理学、精神病理学等广泛领域,对唐代以来中国文化的方方面面产生了深远的影响,在当代,对我们的社会生活也仍具有一定的参照意义。

笔者在从事中国哲学、中国佛教的教学与研究过程中,对中国化的佛教宗派——禅、华严和净土诸宗兴趣颇大,分别撰写了几本专著和一些论文。今有友人建议我编一本论文集,乃结集有关禅宗论文近三十篇,并就标题、注释作了些文字调整和技术处理,以求全书面貌的整齐统一。本书内容虽非全面系统论述禅宗的学说与实践、历史与影响,但也论及禅宗研究的几个基本方面和某些要点,故名为《禅宗概要》。

全书内容结构分为四编:

一、历史编。着重辨析中国禅宗实际创始人,界说如来禅与祖师禅,并就禅宗的平民化和融合教门的转型现象作了历史的说明。

二、理论编。简要论述禅宗的理论要旨、思想体系结构及其核心思想,并探讨禅宗对语言功能的看法与其语言游戏规则。

三、心性编。在叙述从菩提达摩至神秀、慧能的心性思想后,着重分述慧能南宗各重要流派,主要是荷泽宗、石头宗、洪州宗和临济宗的心性思想。

四、禅法编。先简要介绍汉晋、南北朝禅法和东山法门,后分析南顿与北渐的歧异以及南宗禅法的类型与演变。

上述内容结构是按不同论文的主题思想编排的,是相对的。为了保持各篇论文思想内容的完整,前后内容难免有局部的交叉之处,请读者察谅。

2008 年秋,在中央文史研究馆的一次学术会议上,有人说起在场不少与会者都在中华书局出过书,我听到这话后,也深有感触。回想起来,1982 年中华书局提出出版我的《魏晋南北朝佛教论丛》,这是我问世的第一本专著,该书的出版极大地鼓舞了我学术研究的热情和信心。后来中华书局又出版了我的《华严金师子章校释》和《中国古代哲学问题发展史》(上、下册),对我的关怀、扶持不遗余力,令人感激。眼下又将安排出版我的《禅宗概要》,真是因缘殊胜,令人赞叹。我要感谢中华书局负责同志长期来对我的关照、支持,也感谢责任编辑陈平女士,感谢她为本书出版所做的细致工作和付出的辛勤劳动。

2010 年初冬改定于京西时雨园

历史编

一、中国禅宗创始人之辨析

禅宗是中国佛教创造的最富中国色彩、也是最重要的佛教宗派,有其源远流长的形成和演变过程。然而无论是在历史上还是时至今日,佛教禅宗内部和佛教研究学者都对中国禅宗的创始人究竟为何人,众说纷纭,莫衷一是。不仅如此,这种分歧还涉及中国禅宗形成的历史、评价创宗人标准以及有关禅师在禅宗史上的地位与作用等重大问题,很值得认真探讨。

(一) 中国禅宗创始人诸说

关于中国禅宗创始人为何人的种种不同说法,归纳起来大致有以下几种观点:

1. 释迦牟尼与摩诃迦叶说。宋代以来,"拈花微笑"典故盛行于禅门。据《五灯会元》卷 1 载,释迦牟尼于灵鹫山登座时,做了个拈花的表意动作,以示众人,对此,当场只有摩诃迦叶一人心有所应,破颜微笑。于是释迦牟尼当众说:"吾有正法眼藏,涅槃妙心,实相无相,微妙法门,不立文字,教外别传,付嘱摩诃迦叶。""拈花微笑"典故,意谓释迦牟尼和摩诃迦叶师徒间灵犀一点,两心相通。禅宗有人既以此强调本宗"以心传心"的特质,又以此表明本宗是以释迦牟尼在灵鹫山会上拈花、摩诃迦叶微笑为滥觞,渊源久远,历史悠长。相应地,禅宗还编制了在西方的传法世系——"西天二十八祖"说,而摩诃迦叶也被尊为西天第一代祖师,即中国禅宗的西天远祖。按照"拈花微笑"的含义来说,摩诃迦叶是承受释迦牟尼的付法,此"以心传心"法门实际上应是释迦牟尼所创,据此也可说释迦牟尼是中国禅宗的西天始祖。但是,我们看到,中国禅宗从没有申述过这层意思,也从没有直接说摩诃迦叶是中国禅宗的初祖。

2. 菩提达摩说。中国禅宗普遍认为,菩提达摩自南印度泛海来到广州,后渡江北上入北魏境内,传播一种新的禅法,即提倡面壁直观,舍伪归真,彻见本性的修持方法,从而开创了新的佛教宗派——禅宗。菩提达摩被定位为西天第二十八祖,又是东土初祖,即中国禅宗的开创者。唐中叶以后,菩提达摩一系禅法兴盛,禅宗也称为达摩宗。

3. 道信与弘忍说。一些佛教研究者认为,禅宗四祖道信和五祖弘忍,在禅法思想上创立了"东山法门"——重视"心",修行唯心念佛与实相念佛相结合的"一行三昧",突破了达摩禅的范围;在传法形式上,广开禅门,聚徒七百余人,实行作务与坐禅并重,形成后来禅宗丛林的雏形。由此进而认为,禅宗作为宗派已经正式形成。也就是说,道信和弘忍是中国禅宗的创始人。

4. 慧能(惠能)说。以弘忍弟子、禅宗六祖慧能为中国禅宗创始人,为避免重复,此略,待后文详述。

5. 神会说。胡适对禅宗史作过深入的研究,他把搜集到的神会和尚的资料加以整理,以《神会和尚遗集》为书名出版。书中附有他写的长达两万六千余字的长文《荷泽大师神会传》。在该传中,胡适说:"至少《坛经》的重要部分是神会作的。"文末,他还总结性地说:"南宗的急先锋,北宗的毁灭者,新禅学的建立者,《坛经》的作者——这是我们的神会。在中国佛教史上,没有第二个人有这样伟大的功勋,永久的影响。"①这就是说,胡适认为神会是中国佛教史上的第一位伟人,也是中国禅宗的真正创始人。

(二)慧能对中国禅宗的贡献

我们认为,在中国禅宗宗派的形成过程中,慧能是个举足轻重、功不

---

① 《胡适说禅》,137、142、143页,东方出版社,1993。

可没的人物,他是中国禅宗的创始人。其理由有这样几点:

1. 慧能贡献于禅门的《坛经》是中国佛教唯一被称为"经"的著作。《坛经》的敦煌写本名为《南宗顿教最上大乘摩诃般若波罗蜜经六祖慧能大师于韶州大梵寺施法坛经》,由慧能弟子法海集记,故又称"法海集本"。此本被认为是《坛经》最古本。法海本《坛经》记述了慧能的生平事迹和言教,应当说是可靠的。至于《坛经》不同版本的出现,则反映了不同时期禅宗思想的流行情况和历史演变。法海本《坛经》的问世,是中国禅宗史乃至中国佛教史上的大事,它从原则上否定了坐禅、念佛、净心等传统意义上的禅法,标志着一种完全纳入"心学"范围、着重向内心探求解脱之道的新禅法的诞生。

2. 慧能针对个体之外外在成佛的轨迹,把成佛转换为个体自身的本性显现。他说:"善知识! 菩提般若之知,世人本自有之,即缘心迷,不能自悟,须求大善知识,示道见性。"①又说:"世人性本清净,……如天常清,日月常明,为浮云盖覆,上明下暗。忽遇风吹云散,上下俱明,万象皆现。……智如日,慧如月,智慧常明。于外著境,被妄念浮云盖覆,自性不能明朗。若遇善知识,闻真正法,自除迷妄,内外明彻,于自性中,万法皆现。见性之人,亦复如是,此名清净法身佛。"②还说:"汝若不得自悟,当起般若观照,刹那间妄念俱灭,即是自真正善知识,一悟即知佛也。"③这都是说,每个人本来都具有清净自性,具有菩提般若智慧,只是被妄念盖覆,没有觉悟,若是得到善知识的开导,念念起般若观照,一旦妄念俱灭,当即顿现清净本性,成就佛道。这是一种自性自发、自性自现、自性自悟的思想,强调人性的开发、人性的还原、人性的提升。这种人性思想文化,为禅修者指明了新方向和新途径,提高了禅修者的自信力和自觉性。

3. 慧能又针对以义理思辨淹没了感性体悟的传统,以自悟体证取而代之。他强调"诸佛妙理,非关文字"④。反对佛教义学宗派执著文字、不

---

① 敦煌本《坛经》,《大正藏》第48卷,338页中。

② 《六祖大师法宝坛经·顿渐品》,《大正藏》第48卷,354页中、下。

③ 敦煌本《坛经》,《大正藏》第48卷,340页下。又,"一悟即知佛也",有作"一悟即至佛地"。

④ 《六祖大师法宝坛经·机缘品》,《大正藏》第48卷,355页上。

求悟解的倾向。相传有这样一个故事：比丘尼无尽藏对佛教经典文本持传统观念，常诵《涅槃经》，然一直对经中义理不甚了了，于是请慧能为她讲解经义，"尼将经与读，大师曰：'不识文字。'尼曰：'既不识文字，如何解释其义？'大师曰：'佛性之理，非关文字；能解，今不识文字何怪？'"①在慧能看来，佛性之理与文字毫无关系，是否能理解佛经也与识字与否无关。一个佛教修行者，如果机械地照字背诵，依文解义，就不能真正获得佛教真理，难以觉悟成佛。慧能的说法为禅修者摆脱繁琐名相的文字障碍和思想束缚提供了理论依据。

4. 慧能还针对佛教的繁杂修持仪式，转而提倡简易的顿悟法门。他宣扬禅修是"自心顿现真如本性"②，"言下便悟，即契本心"③。"顿悟"是说，无须经历长期的修持，只要刹那间的领悟、显现本性（佛性），就是成佛之时。与顿悟说相应，慧能还说："一行三昧者，于一切时中行住坐卧，……但行真心，于一切法上无有执著。"④这也就完全排除了坐禅、念佛等通常手段，发展了菩提达摩的壁观法门和道信、弘忍的"东山法门"。慧能还把顿悟法门表述为"无念为宗，无相为体，无住为本"⑤。也就是禅修时要于念而不念，于相而离相，于性（人的本性）而不住。慧能的后继者更把他倡导的禅法发展为"不立文字，教外别传，直指人心，见性成佛"，体现了慧能禅宗法脉的真髓和特色。

5. 慧能还反对佛法脱离世间的倾向，强调佛法与世间两者相即不离的关系。他说："佛法在世间，不离世间觉；离世觅菩提，恰如求兔角。"⑥认为绝不能离开世间去寻求解脱。他还进一步声称："若欲修行，在家亦得，不由在寺。"⑦根据佛法在世间的理念，他提倡在家修行，这是使佛教由出世转向入世的重要宣告。慧能还长期在岭南一带弘扬禅法，向山野农村的下层平民传教，从而使禅宗走向平民，接近平民，深入平民。与神

① 《曹溪大师别传》，《续藏经》第 1 辑第 2 编乙第 19 套第 5 册，483 页。
② 敦煌本《坛经》，《大正藏》第 48 卷，340 页下。
③ 同上书，342 页中。
④ 同上书，338 页中。
⑤ 同上书，338 页下。
⑥ 《六祖大师法宝坛经·般若品》，《大正藏》第 48 卷，351 页下。
⑦ 《六祖大师法宝坛经·疑问品》，《大正藏》第 48 卷，352 页中。

秀北宗一系的贵族化佛教不同,慧能对开创佛教平民化的贡献是巨大的。

6. 慧能一系的南宗禅是中国佛教流传时间最长和影响最大的宗派。慧能很重视培养人才,他的嗣法弟子有行思、怀让、神会、玄觉、慧忠、法海等四十多人。到了唐代后期,在嗣法弟子中,南岳怀让和青原行思两支法系特别繁衍兴盛,分流出沩仰、临济、曹洞、云门、法眼五宗,合称禅门五家,列炬交辉,联炬烛耀,使慧能开创的南宗禅进入一个新的阶段。"凡言禅皆本曹溪",曹溪一脉,法海横流,遍及四方。慧能倡导的曹溪顿悟法门不仅成为中国禅宗的主流,而且几乎成为中国佛教的代名词。一部中国禅宗的形成和演变的历史表明,在历代禅师中,慧能在禅宗史上的历史贡献、历史作用和历史地位是无与伦比的。

综合以上理由,我们的看法是,慧能才是中国禅宗的创始人,或者说是中国禅宗主流——禅宗南宗的创始人。

(三)小 结

对中国禅宗创始人为何人的看法产生分歧不是偶然的,其原因除了故事("拈花微笑")传说("西天二十八祖"说),以及《坛经》作者涉及考证外,从学术思想层面来看,主要关乎两个问题:一是对中国禅宗形成的看法,二是衡量、评定中国禅宗创始人的标准。

我们从对禅宗创始人不同看法中可以发现一个重要的历史信息,那就是,禅宗不是在某一短时间内形成的,也不是由某一个人独自孤立的创造,而是有一个较长的沿袭过程,经由几代人的不断完善,最后由某人集大成而创立的。后世公认的禅宗传承为初祖达摩、二祖慧可(僧可)、三祖僧璨、四祖道信、五祖弘忍、六祖慧能。可以说,从达摩到慧能,约二百五十年的漫长时间,是中国禅宗的形成期。在这一创宗过程中,最早是由菩提达摩传入以"藉教悟宗"为特点的壁观禅法,开启用参究的方法彻见心性本源禅法的先河。达摩一系禅法的传承历史,到弘忍才比较明朗。道信、弘忍的"东山法门"和僧团构成形式,表现出与前几代祖师禅法的重大区别,构成由达摩禅向慧能禅演变的重要转折。在慧能南宗与神秀北宗分立对峙的时代,则是由神会于滑台(今河南省滑县)大云寺设无遮大会,与神秀一系大开辩论,论定达摩一系由弘忍传法慧能而不曾传法于神秀的法统,并树立南宗的顿悟法门,这对于日后慧能的宗风逐渐独尊于南北起了重大的作用。慧能正是继承菩提达摩以来,尤其是弘忍的禅法,加以综合、扬弃、创新,而提出自性清净、顿悟成佛的禅法,从禅学理论、禅修方法、培养门徒和建立僧团等方面,全面地创立了禅宗宗派体系。又经弟子神会大力奋争,确立了在禅宗中的正统地位。

一般而言,佛教宗派的创始人是指能提出新的佛学理论、新的修持方法,拥有一定数量的嗣法弟子,形成传承法系,且产生一定影响的开宗大师。就作为一个整体区别于其他教派的中国禅宗而言,在其形成阶段,有数位禅师都富于创造,做出了贡献,这就需要加以比较。比较的标准就是贡献大小,贡献最大、最多、最全面者,即在中国禅宗形成史中树立起最伟大丰碑者,才是中国禅宗的实际创始人。我们认为,在中国禅宗形成时期的禅师中,禅学理论和禅修方法创造最多,禅法流传地域最广,日后流传时间最长,历史作用最大,影响最久远的,当非慧能莫属。

(原载《学术研究》2004 年第 5 期)

二、慧能创立禅宗与佛教中国化

慧能（638—713），本是一位文化水准不高的"獦獠"①、樵夫，但他却是中国佛教禅宗的真正创始人。慧能在推动佛教中国化方面的贡献，在中国古代佛教史上可谓千古一人。本文拟就慧能创立禅宗与推动佛教中国化的历史作用作一论述。

（一）慧能的人格特质与历史机遇

慧能俗姓卢，先世河北范阳（今涿县）人，为当地大族。唐高祖时，其父谪官到岭南新州（今广东新兴县），成为平民。唐贞观十二年（638）慧能出生，幼年丧父，家境贫困，靠采樵卖柴养母。相传慧能是一个文盲，这虽不一定可靠，但可以肯定他的文化水准不高。家族地位和家境生活的巨大落差，青少年的艰辛生涯，特有的人生阅历，使慧能经受磨练，也使慧能早熟。慧能又长期生活于平民阶层中，直接感受到了平民向往自由的热烈情绪。有一天，慧能在集市卖柴，闻客店有人诵宣扬"无住"思想的《金刚经》，颇有领会，遂发心信仰佛教。咸亨（670）初，慧能安顿好母亲后，即北上湖北黄梅，投奔皈依弘忍禅师。这是慧能生平的一个重大转折，表明慧能对世事无常、人生痛苦有着深切的体验，从而对佛教思想生发了共鸣，以至决定离家遁入佛门，寻求客观上符合当时平民的思想自由

---

① "獦獠"，当时中原对南方少数民族的称呼。

要求的道路。

慧能在弘忍处,开始以行者身份在碓房舂米,同时也随众听法。一次弘忍为了考验大众禅解的深浅,命每人作偈呈验。弘忍认为慧能的偈比当时众中上座神秀的偈更切合禅学义蕴,就密付衣法予慧能,并叮嘱慧能南下暂作隐晦,待时行化。慧能回到广东西北山区后,“怀宝迷邦,销声异域,众生为净土,杂居止于编人;世事是度门,混农商于劳侣”①。“异域”,指岭南。“编人”,有户籍的平民。如此经过十余年后,慧能才来到广州法性寺(今光孝寺),受具足戒。不久又北上到曹溪宝林寺(今南华寺),弘扬禅法约三十年。慧能在韶州大梵寺的说法被门人编录为法语,即世所行的《法宝坛经》,这是中国僧人作品中唯一称“经”的典籍,标志了中国禅宗的诞生,也标志了佛教中国化的完成。

慧能皈依佛门后,先后居住在湖北黄梅东山和广东北部山区,长期生活在山林寺院和山区平民中,对下层平民的现状、特点、需求、愿望有真切的了解。他限于文化水准和写作能力,并无自己撰写的著作,但他勤于动脑思考,善于抓住所听闻经典的实质、核心,并自觉不自觉地将其与平民向往自由的思想要求和信仰诉求结合起来,从而开辟了佛教的新道路、新天地、新局面。

纵观慧能一生的历练,实具有成就事业的如下人格特质:

悟性高超。慧能天赋聪颖,理解力强。史载,慧能听从师父弘忍“为说《金刚经》,至‘应无所住而生其心’,慧能言下大悟:一切万法不离自性”②。“《涅槃经》,吾昔听尼无尽藏读诵一遍,便为讲说,无一字一义不合经文。”③慧能文化不高,但一接触佛法,就对所听诵的经文有独到理解,并善于吸纳和构成为自己弘法的内容。如慧能传授的“无戒相”就取自《金刚经》中关于“无我相、人相、众生相、寿者相”等说法。慧能提倡的“无住为本”则来自《维摩经·观众生品》里的“一切法均从无住建立”的说法。慧能的悟性还表现在,对平民的艰苦生活和精神需求、对民间的文

① 王维《六祖能禅师碑铭》,见石峻等编:《中国佛教思想资料选编》第2卷第4册,75页,中华书局,1983。
② 《六祖大师法宝坛经·行由品第一》,同上书,34页。
③ 《六祖大师法宝坛经·顿渐品第八》,同上书,59页。

化心理和信仰特点有着深切体察,这构成他创宗的重要因素。

忍性坚强。王维《六祖能禅师碑铭》载,慧能"教人以忍。曰:忍者,无生方得,无我始成,于初发心,以为教首"①。"忍"是忍受、忍辱。只有忍,才能达到"无生"、"无我"境界。"若真修道人,不见世间过;若见世间非,自非却是左。"②忍是要求只见己非,不见世过。慧能长期以"行者"身份从学修持,即使弘忍密授袈裟,得到了嫡传,由于当时佛教宗派内部争夺正统地位的斗争十分激烈,慧能回广东后,仍然隐居西北山区过着为猎人守网、吃肉锅边菜的生活,长期秘而不宣,直到因缘成熟后,才南下广州正式出家受戒,开始从事佛教活动,弘扬禅法。

创新性突出。慧能善于独立思考,富有创新性。他从不盲从附和,如初见弘忍,"忍曰:岭南人无佛性。能曰:人有南北,佛性无南北"③。慧能当场就表示不赞同弘忍的说法。他针对神秀的偈"身是菩提树,心如明镜台;时时勤拂拭,莫使有尘埃"④,作偈曰:"菩提本无树,明镜亦无台;佛性常清净,何处有尘埃。"⑤提出了异于神秀的禅修主张。至于慧能在韶州(今韶关)大梵寺(今大鉴寺)的施法,更是提出了一整套创新性的禅学体系,洋溢着独立创新精神。

慧能不仅具有优异的人格特质,而且适逢创立佛教宗派、推进佛教中国化的重大历史机遇:如宏伟的大唐时代,岭南一带的文化特色,佛教创宗高潮等。

唐代是中国整个古代社会历史中最强盛繁荣富庶的时代,经济发达,国力居世界首位;政治统一,国际影响力巨大;文化繁荣,文采斑斓。与国家的统一、强大、繁荣相应,受大唐气象的文化自信、文化自觉的感染,各种文化也出现了综合的新形式,佛教也综合南北体系而有新的宗派建立。

岭南是大庾岭等五岭以南地区,即今广东、广西等一带。岭南,背山邻水,与中原长期隔绝。境内多有少数民族聚居处,广大平民向往思想自

---

① 见《中国佛教思想资料选编》第 2 卷第 4 册,75 页。
② 敦煌本《坛经》[36],同上书,20 页。
③ 《续高僧传》卷 8《慧能传》,同上书,72 页。
④ 敦煌本《坛经》[6],同上书,6 页。
⑤ 敦煌本《坛经》[8],同上书,7 页。

由,追求精神慰藉。唐代岭南是一个文化比较新兴的地区,异域殊风浓郁,发挥自由思想、学术创新的空间较大。慧能强调岭南人同样有佛性,提出一套见性(佛性)的主张,符合当时平民的要求,并长期在岭南一带流传。

隋唐时代是佛教的创宗高峰期。时代赋予佛教创宗的需要,也提供了创宗的可能。一方面由于佛教传播的日益广泛,就要求适应社会各阶层信徒的需要,特别是下层平民的需要,也要求佛教宗派更加直面和适应中国儒、道等固有文化、伦理道德、民族心理、民风习俗,调适佛教与中国实际的矛盾,提供各种有中国特色的教理和修持体系。同时,佛教寺院的经济基础日益庞大,寺院僧人也需要采取宗派形式加强组织,以维护其既得的利益。另一方面,迄至隋唐时代,印度佛教经典大量译出,中国佛教义学不断发展,又由于全国统一,南北佛教的思想体系得到交光互摄的机会,也得到展现自身特色的机会。禅宗就以参究的方法,彻见心性的本源为宗旨,而在众多佛教宗派中独树一帜。此宗自菩提达摩以来,历经慧可、僧璨、道信、弘忍数代,不断发展变化,以求切合中国信众的需求。历史的有趣"安排"是,慧能在一偶然机会听诵《金刚经》后,有人告以黄梅弘忍禅师受持此经,而导致后来慧能北上黄梅成为弘忍的弟子,并得到弘忍的赏识和衣钵传授,使慧能得以在以往祖师创业的基础上,完成创立禅宗的大业。

慧能创立禅宗,是慧能个人主观条件与唐代历史客观条件相结合的产物。历史成就了慧能,慧能创造了历史。

(二)慧能的创宗活动与佛教中国化

慧能禅宗作为佛教,对印度佛法虽有所吸收、继承,但又对旧说作了许多改变、革新。他从人与佛的界说,成佛的根源与方法,禅法与日常行为、现实世间的关系,成佛的境界等几个基本方面,提出了一系列崭新的说法,从而创立了中国化的佛教宗派禅宗,极大地推进了佛教中国化的进程。

慧能高扬人的本位和本性,他说:

一切经书,及诸文字,小大二乘,十二部经,皆因人置,因智惠(古同"慧")性故,故然能建立。若无世人,一切万法,本元不有,故知万法本因人兴。①

这是说,佛经和佛法,皆因人而置,因人而兴,人是佛教教化的对象。慧能不仅肯定人的重要性和智慧性,而且强调,人所处的地域虽有不同,但具有的内在佛性并无差别,宣扬人性的平等、佛性的平等。更值得注意的是,慧能对平民的关注,提出了适应平民的信仰诉求与相应的修持方式。

人与佛的差别何在? 人与佛如何界定? 慧能说:"不悟,即是佛是众生,一念若悟,即众生是佛。"②这是说,人与佛的差别只在于迷或悟,迷是凡人,悟则是佛。什么是迷,什么是悟?《坛经》云:"令学道者顿悟菩提,令自本性顿悟。"③"若识本心,即是解脱。"④这里的本心与本性是含义相同的两个概念,都指人本有的心性、心地。所谓迷是不识本性、本心,所谓悟就是自识本性、本心。由此也可以说,人与佛的差别就在于是否识本性、本心,若识即是佛,不识即是凡人。这也就是所谓的"前念迷即凡,后念悟即佛"⑤命题的意义。慧能把成佛的观念加以扩大化和普及化,其影响至深且巨。

人与佛的根本差别在于是否自识本心、本性,人的本心、本性,即人们的心地是成佛的根源、源头、根据。慧能说:"见自法性有三身佛,此三身佛从性上生。"⑥佛是从人的本性生成的。那么,人的本性(本心)的含义又是什么呢? 从《坛经》的论述来看,主要包括五方面:(一)"般若之智"。如说:"本性自有般若之智"⑦,"菩提般若之知,世人本自有之"⑧。"知",同"智"。"般若之智",即认识、体悟万物缘起性空的智慧。(二)"本

---

① 敦煌本《坛经》[30],见《中国佛教思想资料选编》第2卷第4册,15页。
② 同上。
③ 敦煌本《坛经》[31],同上书,16页。
④ 同上。
⑤ 敦煌本《坛经》[36],同上书,14页。
⑥ 敦煌本《坛经》[20],同上书,11页。又,"三身佛"指法身佛、化身佛、报身佛。
⑦ 敦煌本《坛经》[28],同上书,15页。
⑧ 敦煌本《坛经》[12],同上书,8页。

觉"。慧能说："自色身中，……自有本觉性。"①本觉是先天具有的佛教觉悟、佛教智慧。（三）善性。佛教讲的智慧是与伦理道德讲的善相联系的，"一念善知惠即生"②，"知惠"即智慧，慧能认为，人心一念善，就生智慧。善性也是人心本有的。（四）"清净"性。"世人性本自净，……自性常清净"③，人们的自性本来清净，"本源空寂，离却邪见"④。清净即空寂，无邪见。人的邪见、妄念，人性的污染是后天不良环境影响所致。（五）佛性。慧能强调，佛性是人人本来平等具有的。在慧能看来，人性中先天具有智慧、德性、清净性，也即佛具有的本性，这也是对人性包含优良品质的肯定、赞美，对人的主体性的坚信、高扬。

慧能强调本心、本性是禅修成佛的根源，由此出发，进而提出成佛是一种"自性自度"，即无需外界助力的自我解脱。

> 何名自性自度，自色身中，邪见烦恼，愚痴迷妄，自有本觉性，将正见度。既悟正见，般若之智，除却愚痴迷妄众生，各各自度。邪来正度，迷来悟度，愚来智度，恶来善度，烦恼来菩提度，如是度者，是名真度。⑤

"度"，度脱，度脱烦恼生死之苦，而得解脱。慧能认为，人的度脱，是自性自度。所谓自性自度，第一，"佛是自性作，莫向身外求"⑥。成佛要向内用功，不要向自身以外另求佛土。第二，依靠自力，才能自识本性，才能得度，而不是凭借他力（包括佛力）所能度的，成佛是他人所不能越俎代庖的。第三，要舍离文字义解，直彻心源。慧能认为"佛性之理，非关文字"⑦，佛性与文字并不相关，若从文字上下功，是难以识见本性的。总之，自度是不向身外追索，不凭借他力，也不沉缅于义解，而是依靠自力，

---

① 敦煌本《坛经》[21]，见《中国佛教思想资料选编》第2卷第4册，12页。
② 敦煌本《坛经》[20]，同上书，12页。
③ 敦煌本《坛经》[20]，同上书，11页。
④ 敦煌本《坛经》[42]，同上书，22页。
⑤ 敦煌本《坛经》[21]，同上书，12页。
⑥ 敦煌本《坛经》[35]，同上书，18页。
⑦ 《曹溪大师别传》，《续藏经》第1辑第2编乙第19套第5册，483页。

直指本心,见性成佛。

慧能认为,自性自度、由迷转悟的形式是顿悟。《坛经》结合慧能本人宗教体验说:"善知识,我于忍和尚处,一闻言下大悟,顿见真如本性。是故将此教法流行后代,令学道者顿悟菩提,令自本性顿悟。"①所谓顿悟,是顿然悟得菩提智慧,直接契证本性(觉性)。"本觉超于三世"②,"超于三世"就是顿悟。"本觉"智慧是般若之智,是自性般若,是人人先天本具,只要一念相应它就会实现,这就是顿悟。顿悟方式的特点是:直接性,直接契合本性;刹那性,觉悟不需分种种层级或阶段,一念相应便悟;整体性,顿悟是既不要什么积累,也不受时间限制的。慧能的顿悟说,与强调觉悟要有阶段性,要循序渐进,借着种种方便,渐次由较低境地进于较高境地的渐悟说形成对立。

与自性自度、顿悟成佛的论说相应,慧能对禅与定、定与慧、禅与日常活动等关系,都作出了新的厘定,扩大了禅法的范围,改变了禅修的风格。

印度佛教的"禅"是静虑的意思,"定"一般是指心凝住于一境而不散乱的状态和作用。佛教典籍中,未见慧能有静居打坐禅定的记载,但在思想上,他继承并发展了印度佛教的禅定理念。他说:

> 何名坐禅?此法门中,一切无碍,外于一切境界上念不起为坐,见本性不乱为禅。何名为禅定?外离相曰禅,内不乱曰定。外若著相,内心即乱,外若离相,内性不乱,……外禅内定,故名禅定。③

这是从自性清净的基本理论立场出发,强调对外境离相为禅,进而以自性不乱为定。慧能严格地区隔著相与离相,突出以离相为禅的规定,并以离相为自性不乱的前提,同时又确立自性不乱为禅与定的根本规定。

戒、定、慧三学是佛教修行者必须修习的三种最基本的学问。戒是止恶积善;定是止息念虑,使精神集中;慧是如理思维,体认真实。三学也是

---

① 敦煌本《坛经》[31],见《中国佛教思想资料选编》第 2 卷第 4 册,16 页。
② 王维《六祖能禅师碑铭》,同上书,75 页。
③ 敦煌本《坛经》[19],同上书,10—11 页。

佛教的实践纲领，即由戒生定，由定发慧。基于"闻说《金刚经》，心开悟解"①，一闻"应无所住而生其心"便"言下大悟"②的顿悟经验，对于三学，慧能说："我此法门，以定惠为本。第一勿迷言定惠别，定惠体一不二，即定是惠体，即惠是定用，即惠之时定在惠，既定之时惠在定。"③这是说，三学中，定慧是根本，定慧—体，是体用关系，定是慧体，慧是定用，定慧同时，不分先后。慧能还扩大了定慧的范围，强调"定无所入，慧无所依"④，定，并不限于打坐，慧与定为一体，定慧双行。"一行三昧者，于一切时中，行住坐卧，常行直心是。"⑤"一行"，一种修行方式。"三昧"，精神集中，深沉瞑想，也即禅定。"一行三昧"是借着一种修行，使心灵贞定下来。慧能是将一行三昧活活泼泼地推广到日常生活的行住坐卧中，进而归结为"举足下足，长在道场；是心是情，同归性海"⑥。一举一动都不离道场，不论是用心用情，都同样归于性海。也就是说，一切智慧，都以自性而生，若识自性，一悟即至佛地。这样，慧能禅法的修证是从无念着手，并贯串着无相、无住的根本精神，他提出"无念为宗，无相为体，无住为本"⑦的禅修实践纲领，主张禅修时要于念而不念，于相而离相，于性（人的本性）而不住。慧能本人有从砍柴、春米等日常劳务中悟道的切身体验，他为协调禅定修持与日常生活的关系，为禅定修持与现实生活的结合指出了新方向。后来洪州宗更越来越把禅的意味渗透到日常生活里，使之成为一种随缘任运的态度。

如上所述，慧能皈依佛门后长期没有正式出家，他的顿悟体验也不是独自在深山里打坐时发生的，所以他又提倡禅修要在世事上的实践，说："法元在世间，于世出世间，勿离世间上，外求出世间。"⑧后世改为："佛法

---

① 敦煌本《坛经》[28]，见《中国佛教思想资料选编》第2卷第4册，15页。
② 《六祖大师法宝坛经·行由品第一》，同上书，34页。
③ 敦煌本《坛经》[13]，同上书，8页。
④ 王维《六祖能禅师碑铭》，同上书，75页。
⑤ 敦煌本《坛经》[14]，同上书，9页。
⑥ 王维《六祖能禅师碑铭》，同上书，75页。
⑦ 敦煌本《坛经》[17]，同上书，75页。
⑧ 敦煌本《坛经》[36]，同上书，20页。

在世间,不离世间觉,离世觅菩提,恰如求兔角。"①强调佛法与世间两者的相即不离的关系。又说:"若欲修行,在家亦得,不由在寺。"②认为不一定要远离尘世,深居庙宇,在家同样可以修行。还说:"心平何劳持戒,行直何用修禅;恩则孝养父母,义则上下相怜。"③认为修行重在心平行直,而不是持戒修禅,要讲恩重义,孝顺父母,上下同情爱护。这是强调佛法、禅修不能脱离世间、人间,提倡在世间、人间修行,此说极大地缓解了在家与出家、入世与出世、出世间与世间的矛盾。

慧能还就禅修的境界、目标提出了新说。佛家修行的目的、果位是涅槃境界,其内容通常是"三德"具足。所谓"三德",一是般若,即如实了悟事物的智慧;二是法身,即真实常住的法性;三是解脱,远离烦恼、束缚,而得大自在。慧能把这样的涅槃境界提到因位作为禅修目标,或者说把因位与果位统一起来,强调在禅修时要随时体现这样的境界。慧能把禅修视为"直开宝藏"④。"宝藏"比喻人的本来的自性,即佛性。直开宝藏,是要求禅修者的心地不受污染,随时随地都能灼然朗照,也就是要求禅修者的一切行为始终着力于探求生死不染、去住自由的境界。自己直开宝藏,就是顿门,就是"见自性自净,自修自作自性法身,自行佛行,自作自成佛道"⑤。修行者一旦顿悟,则般若、法身和解脱"三德"具足,凡人也就转化为佛。

对于念佛往生西方极乐世界的净土法门,慧能也提出了自己的看法。他说:

> 人有两种,法无两般。迷悟有殊,见有迟疾。迷人念佛求生于彼,悟人自净其心。所以佛言:随其心净,即佛土净。使君⑥东方人,

---

① 《六祖大师法宝坛经·般若品第二》,见《中国佛教思想资料选编》第2卷第4册,41页。

② 敦煌本《坛经》[36],同上书,19页。

③ 《六祖大师法宝坛经·疑问品第三》,同上书,43页。

④ 王维《六祖能禅师碑铭》云:"商人告倦,自息化城;穷子无疑,直开宝藏。"同上书,75页。

⑤ 敦煌本《坛经》[19],同上书,11页。

⑥ 使君,指当时的韶州刺史韦琚。

但心净即无罪;虽西方人,心不净亦有愆。东方人造罪,念佛求生西方,西方人造罪,念佛求生何国?凡愚不了自性,不识身中净土,愿东愿西,悟人在处一般,所以佛言,随所住处恒安乐。①

慧能强调心净是成佛的关键,心净则佛土净,净土自在身中,随所住处恒得安乐。他不赞成身外求佛,不赞同求生西方净土。

慧能创立的禅宗,是一个崭新的佛教体系,可谓是佛教中的新教。与印度佛教比较,中国禅宗呈现出重人本、重平民、重自性、重现实、重顿悟、重简易等思想特色,这些特色也是佛教中国化的表现。

中华文化充满人文精神,儒家和道家的根本宗旨都在于完善人的素质和品格,提升生命的价值和意义。慧能禅宗的基调不是泛谈众生的普度,而是强调人生的觉悟,使人获得真正的"自我"——精神自由。这与中华固有儒、道思想文化的旨趣是一致的。慧能的禅法不是寻章摘句地去了解佛理,也不拘泥于通常所说的静坐习禅功夫,而是要求直截了当地把握成佛的根源。"见性成佛",适应了平民的需求。关注下层平民的精神需求,构成为慧能创宗的一大特色,并为禅宗的发展奠定了群众基础。慧能还高扬中华文化的自主精神,强调中国人不用念佛求生西方,而是要寻求自身中的净土。禅宗充分自信,不仅把慧能的施法记录称为《坛经》,而且以该经为宗旨,"不禀授《坛经》,非我宗旨"②。这淡化了中印异质文化的差别,缓解了夷夏之辨的情结。

慧能还把人生觉悟、人格提升安置在开发人的本性的基础之上,充分地肯定人的心性本体和人生的实践主体,从而不仅使禅宗与儒、道文化的价值取向近似,而且在实现人生价值的途径上也保持了一致。如儒家孟子讲"良知"③,即先天具有的道德意识和认知本能,慧能讲的"本觉"与良知的含义是相通的。孟子还讲"尽心"、"知性"④,这是儒家的一种反省内

---

① 《六祖大师法宝坛经·疑问品第三》,见《中国佛教思想资料选编》第 2 卷第 4 册,42 页。

② 敦煌本《坛经》[47],同上书,25 页。

③ 《孟子·尽心上》:"人之所以不学而能者,其良能也;所不虑而知者,其良知也。"

④ 《孟子·尽心上》:"尽其心者,知其性也,知其性则知天矣。"

心的认识方法和道德修养方法。慧能禅宗的明心见性禅修方法显然也是与孟子的理念相一致的。慧能把禅修与日常生活行为结合起来的主张，也和道家的"自然"概念所内含的本性和无为无造的思想是相近的。一定意义上也可以说，慧能禅宗的修持方法是儒、道修养方法的佛教翻版。

中国古代是宗法社会，重视家庭团聚，重视农耕，重视现实生活，相应地中华文化是重入世、重社会伦理、重人文教化的。慧能对中国社会实际有真切的体察，他提倡在家修持，提倡孝顺父母，上下相爱，他还主张禅修要与日常行为统一起来，使禅修与现实生活隔距减少，甚至趋于一致，这构成为慧能佛教中国化的一个重要方面。

此外，慧能的思维方式与中国古代哲学思维也有惊人的一致之处。如，慧能反对执著经典文句，提倡体悟精神实质，这与《易·系辞上》"书不尽言，言不尽意"，认为文字语言不能够完整准确地表达思想的观点是一致的。又如，慧能以灯光比喻定慧的体用关系①，也是与中国古代哲学的形体与功能、实体与作用的体用观念相一致的。

总之，慧能站在中国传统文化本位的立场，创立禅宗，在心性义理、修持功夫和成佛境界等诸方面都实现了佛教中国化，这是佛教中国化历程中的里程碑事件。

（三）慧能推进佛教中国化的历史作用与思想启示

慧能推进佛教中国化的历史作用，主要有两个方面：一是由于慧能创立的禅宗是隋唐佛教诸宗中佛教中国化程度最高的宗派，因此后来日益成为了中国佛教的主流，这一格局至今未有改变。慧能禅宗既是中国佛教的发展，也是印度佛教的发展。有人以印度佛教的性空说或唯识说来否定中国佛教的性觉说，进而否定禅宗的"合法性"。我们认为这是站不住脚的。两千五百多年来，佛教从印度到中国，其义理、修持方式和礼仪制度等都是不断演变的，否定佛教的发展也就否定了佛教本身。二是推动了中华文化的发展。首先，推动佛教进一步融入中国传统文化之中，如

———————————

① 见敦煌本《坛经》[15]，《中国佛教思想资料选编》第 2 卷第 4 册，9 页。

前所述,慧能禅宗适应中华文化的特点,融摄、浸润中华文化的人文精神,从而使佛教进一步成为中华传统文化的一个组成部分。其次,禅宗还推动了理学和全真道的产生,使两者分别成为后期的儒学和道教的新形式,影响很大。第三,禅宗还为诗歌绘画等创作带来深刻影响,推动了中国文学艺术的发展。

慧能创立禅宗,推进佛教中国化的实践也给我们带来有益的思想启示:(一)慧能的成功是他的个人人格特质与历史机遇相结合的结果,其中最令人感兴趣的有两点:其一,慧能从不迷信本本,而是珍惜和尊重实践经验,可以说,一部《坛经》就是慧能本人修持实践的真实写照和理论总结。其二,与隋唐佛教其他宗派创始人比较,其他创宗者几乎人人都是饱学之士,唯独慧能是文化水准很低的樵夫。而历史表明,在隋唐诸创宗者中,慧能的创新性最高;在诸宗中,禅宗的中国化佛教特色最浓郁,影响最大,流传最久,这是值得深思的。(二)力求适应本土人民尤其是平民的精神需求。与精英佛教、贵族佛教的三论、唯识、华严诸宗不同,慧能创立的禅宗是大众佛教、平民佛教。前者偏于义理探求,往往只能限于士大夫的圈子,后者偏于修证实践,有着广泛的平民群众基础。慧能禅宗流传久远不是偶然的。(三)与中国儒、道固有文化的磨合。慧能虽不是知识分子,但深受中华文化的影响,在处理佛教与儒、道关系方面是成功的,这主要表现为:在佛教与中国固有文化存在尖锐矛盾之处,如对于孝道,慧能采取肯定孝道的鲜明立场;吸取中华文化的人文教化成果,来调适、革新佛教,创立符合中国文化特色的禅宗;提出一套禅修理论,弥补儒、道文化的局限、空缺。如此,慧能禅宗在中国土地上扎根、开花、结果,成为中华文化百花园中的一支奇葩。

(原载《哲学研究》2007 年第 4 期)

三、如来禅与祖师禅

在中国禅宗史上，从如来禅为最上乘禅的提出到祖师禅的崛起，这一过程集中地反映了慧能禅宗一系的分化与演变，具有深刻的思想文化意义。中国古代禅师对如来禅与祖师禅的指称并不一致，且有的语焉不详，有的语意含混，以至影响了后人对如来禅和祖师禅两个名称的含义、两种禅法的差异，以及两者历史的分限的理解和认识，论说五花八门，莫衷一是，直至今天仍困扰着对禅宗史的深入研究。本文拟在充分理解古代禅师的有关用语及其思想原意的基础上，试图探讨和厘清以上诸问题，以求对如来禅与祖师禅的再认识。

（一）何谓如来禅？

就现存的佛教文献来说，最早出现如来禅这一名称的经典，是南朝刘宋时求那跋陀罗译的《楞伽经》（全称为《楞伽阿跋多罗宝经》）。该经卷2称禅有四种，并列举了愚夫所行禅、观察义禅、攀缘如禅、如来禅四种名目①。这四种禅也称为凡夫所行禅、观察相义禅、攀缘如实禅、如来清净禅②。据《楞伽经》讲，愚夫所行禅，是指闻声、缘觉和外道修行者了知"人无我"的道理，体察到人身的苦、无常、不净的相状，而进入"无想定"、"灭

---

① 见《大正藏》第16卷，492页上。

② 同上。又，菩提留支译《入楞伽经》称四种禅为：愚痴凡夫所行禅、观察义禅、念真如禅、诸佛如来禅。见《大正藏》第16卷，533页上。

尽定"的境界。观察义禅,是既已懂得"人无我"的道理,也观察"法无我"的意义。攀缘如禅,是谓若执著前二种禅境,分别二种"无我",仍是虚妄之念;若能了知两种"无我"是虚妄之念,不令生起,契合于"如来藏心",则为攀缘如禅。如来禅是"谓入如来地,行自觉圣智相三种乐住,成办众生不思议事"①。这里的"圣智",是指圣者的智慧,佛的智慧。"自觉圣智"是自悟的如来智慧。这是说,如来禅是指已经获得如来智慧,成就了佛果,而住入如来地,受用法乐,又示现不可思议的妙用以普度众生。《楞伽经》总结了禅的四个类型或四个层次,把"人无我"、"法无我"亦即空寂的思想与"如来藏心"统一起来,以具备自觉圣智的如来禅为止观的最高层次,又以契合"如来藏心"的攀缘如禅为阶梯,这就直截指示了佛家修持实际的究竟和源头——如来藏清净心,启发当时一些禅师另辟返归清净心的禅修途径。中国禅宗的思想实导源于此②。

自菩提达摩以来,中经慧可、僧璨、道信、弘忍,至慧能,据现存有关文献来看,他们几乎都没有论及如来禅。禅宗内部最早论及如来禅的是慧能的弟子神会。神会说:

> 有无双遣,中道亡者,即是无念,无念即是一念,一念即是一切智,一切智即是甚深波若波罗蜜,波若波罗蜜即是如来禅。是故经云:佛言,善男子,汝以何等观如来乎? 维摩诘言:如自观身实相,观佛亦然。我观如来,前际不来,后际不去,今即无住。以无住故,即如来禅;如来禅者,即是第一义空。③

"波若",当作般若。神会以般若智慧为如来禅,这和《楞伽经》以具备自觉圣智为如来禅有相通之处,然而,神会所讲的智慧是有无双遣的般若中道,这和自觉圣智泛泛而谈的如来智慧又并不等同。神会还以无念、无住为如来禅,这与慧能的"无念为宗"、"无住为本"思想相呼应,实是肯定了慧能的禅法为如来禅。

① 《大正藏》第 16 卷,492 页上。
② 参见吕澂:《中国佛学源流略讲》,369 页,中华书局,1977。
③ 《荷泽神会禅师语录》,《中国佛教思想资料选编》第 2 卷第 4 册,96 页。

《历代法宝记》云："东京荷泽寺神会和上每月作坛场，为人说法，破清净禅，立如来禅，立知见，立言说，为戒、定、惠（慧），不破言说，云：正说之时即是戒，正说之时即是定，正说之时即是惠（慧）。说无念法，立见性。"[①]清净禅是九种大乘禅法之一，是菩萨以上阶位长期修行后达到的禅境。这里是以顿悟说的立场，来称赞神会破神秀的清净禅而立如来禅。肯定神会的如来禅是立知见、立言说的，言说即是戒、定、慧，并强调知见、言说与顿悟是一致的。

宗密是历史上第一个对禅宗史进行系统总结的佛教学者，他对禅法的内涵、类别、高下，对禅宗各派的传承系统、理论主旨、修行方法以及深浅得失都作了深入的评述。他把禅法分为五类，即五个层次，将如来禅置于最上等级。他在《禅源诸诠集都序》卷上之1中说：

> 禅则有浅有深，阶级殊等。谓带异计，欣上厌下而修者，是外道禅。正信因果，亦以欣厌而修者，是凡夫禅。悟我空偏真之理而修者，是小乘禅。悟我法二空所显真理而修者，是大乘禅。（以上四类，皆有四色四空之异也。）若顿悟自心本来清净，元无烦恼，无漏智性本自具足，此心即佛，毕竟无异，依此而修者，是最上乘禅，亦名如来清净禅，亦名一行三昧，亦名真如三昧，此是一切三昧根本。若能念修习，自然渐得百千三昧。达摩门下展转相传者，是此禅也。[②]

宗密在这里把禅分为五等：第一外道禅，是把境分为上下两种，厌弃在下的经验世界，欣慕在上的超越世界，也就是厌弃世间，企求摆脱现实的苦难，希求天上的悦乐，把心定止于在上之境，从而造成一心的分裂。第二凡夫禅，没有外道禅的那种"欣上厌下"的分裂，此禅信仰因果报应，使心定止于善行以求善报。由于心定止于善行在先，希求获得果报在后，这样，心也有先后二境，同样存在难以定止下来的缺陷。第三小乘禅，知我为空，不求善行必有善报，但不知法空，而将心定止于法上，也是有所偏。

---

① 《大正藏》第51卷，185页中。
② 《大正藏》第48卷，399页中。

第四大乘禅,知我空,也知法空,能于一切境观其空,使心与境(空)冥合为一,但还不是最高层次的禅法。第五如来禅,宗密认为这当是最上乘禅。他指出,这种禅法的特质在于:肯定人人自心本来清净,本具佛性,本无烦恼,自心与佛毕竟无异;在这种基础上,众生经过禅修,若顿悟自心本来清净,使本来清净的自心得以呈现,众生就是佛了。这是在强调如来禅的本源——清净本心,如来禅的修持方式——顿悟。修持这种如来禅,既能直接把握修持的源头,又能顿然快速觉悟。与前面四种禅法相较,如来禅是最上等的禅法。宗密还明确指出,如来禅是菩提达摩门下代代相传的禅法。

宗密在《中华传心地禅门师资承袭图》中把禅宗分为牛头宗(法融一系)、北宗(神秀一系)、南宗(慧能一系),又由南宗分出荷泽宗(神会一系)和洪州宗(马祖道一一系)。在《禅源诸诠集都序》中,宗密又把禅宗分为由低到高的三宗:一是修心息妄宗,指北宗;二是泯灭无寄宗,指牛头宗;三是直显心性宗,指洪州宗和荷泽宗。宗密虽然把洪州宗和荷泽宗并列为禅宗的最高层次,但是又强调荷泽宗比洪州宗更高一畴。首先,宗密认为荷泽宗是慧能南宗的嫡系,而洪州宗则是傍出。他说:"荷泽宗者全是曹溪之法,无别教旨。为对洪州傍出故,复标其宗号。"①在荷泽宗人看来,马祖道一一系并非嫡传只能算是"傍出",只有荷泽宗一系才是正统,才是南宗真正的代表。其次,在禅法的理论和实践方面,宗密认为,洪州宗承认真心或真性是众生成佛的本源,这是正确的,正因如此,与荷泽宗同被列为"直显心性宗"。但是,"洪州意者,起心动念,弹指动目,所作所为,皆是佛性全体之用,更无别用。全体贪、嗔、痴,造善造恶,受乐受苦,此皆是佛性。""朝暮分别动作,一切皆真。"②据此,宗密评论说:"真心本体有二种用:一者自性本用,二者随缘应用。……今洪州指示能语言等,但是随缘用,缺自性用也。又,显教有比量显、现量显。洪州云心体不可指示,但以能语言等验之,知有佛性,是比量显也。荷泽直云心体能知,知即是心,约知以显心,是现量显也。洪州缺此。"③宗密认为,洪州宗把一

---

① 《中华传心地禅门师资承袭图》,《中国佛教思想资料选编》第 2 卷第 2 册,460 页。
② 同上书,465 页。
③ 同上书,470 页。

切行事、一切修持，乃至一切现象都等同于佛性本体，这是"随缘应用"，是"比量显"，也就是佛性需经过外援而有的推知作用，而缺乏"自性本用"、"现量显"，即缺乏佛性的直接显现作用。也就是说，这种缺憾妨碍了对真心本体的认识、体悟，甚至会以现象代替本体，以为现象之外别无本体，从而导致在修持上误入歧途。宗密的这种批评，必然引发洪州宗人的强烈反弹。时移斗转，到了公元 11 世纪，洪州宗犹如燎原之火，传遍了大江南北，并自认为慧能南宗的"嫡传"，而此时的荷泽宗却被说成"傍出"。洪州宗人提出祖师禅以贬低如来禅，就是和禅宗内部这一分歧的历史背景直接相关的。

与宗密同时代的、曾获得马祖道一门人怀海印可的黄檗希运禅师也有对如来禅的论述。他说："夫学道者，必须并却杂学诸缘，决定不求，决定不著。闻甚深法，恰似清风届耳，瞥然而过，更不追寻，是为甚深入如来禅，离生禅想。从上祖师唯传一心，更无二法。指心是佛，顿超等、妙二觉之表，决定不流至第二念，始似入我宗门。"①希运在心即是佛的思想基础上，强调排除杂学诸缘，不求不著，顿入如来禅。希运对如来禅是充分肯定的，他对如来禅法门的解说和神会、宗密的思想也是一致的。

仰山慧寂(841—890)是由洪州宗分衍出来的沩仰宗创始人之一，他首先提出与如来禅相区别的祖师禅的名称，并把如来禅作为与祖师禅相对举、在层次上低于祖师禅的禅法。相应地，他还对如来禅的内涵作了新的解说。史载：

> 师(仰山慧寂)问香严："师弟近日见处如何？"严曰："某甲卒说不得。"乃有偈曰："去年贫未是贫，今年贫始是贫。去年无卓锥之地，今年锥也无。"师曰："汝只得如来禅，未得祖师禅。"②

从仰山慧寂、香严智闲师兄弟的对话内容来看，香严对贫的认识在时间上有从去年到今年，在内涵上由无地进到无锥的变化过程，就禅法来说，这

---

① 《黄檗希运断际禅师宛陵录》，《古尊宿语录》，46 页，中华书局，1994。
② 《景德传灯录》卷 11《袁州仰山慧寂禅师》，《大正藏》第 51 卷，283 页中。

种变化大约与渐悟方式相应。若这一解说得以成立,似可说仰山禅师是以渐悟指称如来禅,以顿悟为祖师禅的觉悟方式。仰山不仅把祖师禅与如来禅加以区别,而且还肯定祖师禅高于如来禅,这在中国禅宗史上是第一次。

自仰山以来,如来禅与祖师禅对举的观念日益为禅宗各派禅师所认同,一些禅师重视把握、区别两种禅法,如北宋时临济宗杨岐派禅师法演(?—1104)就关注两种禅法的区别,常问门徒:"还说得如来禅么?……还说得祖师禅么?"①上述仰山慧寂区分如来禅与祖师禅的说法,后来成为禅门的参禅公案。例如,临济宗石霜楚圆禅师对仰山的公案作了这样的开示:"大众,还会么? 不见道:'一击忘所知,更不假修持。''诸方达道者,咸言上上机。'香严怎么悟去,分明悟得如来禅,祖师禅未梦见在。"②这里的"一击忘所知"是联系到禅宗史上的"香严击竹"公案进行开示。这个公案是说香严拜沩山灵祐为师,一日灵祐对香严说,我不问你平日的学习心得,只想问你在未出世时的本来面目是什么样。香严连进数语,都不契理,又遍检所集诸方语句,也没有一言可以酬对,于是就焚烧所集语句,泣涕辞去。后偶于山中芟草,以瓦砾击竹作声,廓然省悟。便归堂沐浴,焚香遥礼沩山,赞云:"和尚大悲,恩逾父母。当时若为我说却,何有今日事也?"③石霜楚圆禅师评论香严击竹省悟是"一击忘所知",意思是,悟则悟了,但是仍有言语知解,悟得的只是如来禅,而不是祖师禅。

值得注意的是,后出的《坛经》北宋契嵩本和元代宗宝本对如来禅的界定和肯定。经载唐中宗李显神龙年间,中宗据神秀等人的荐举,派内侍薛简南下,驰诏迎请慧能进京。薛氏见到慧能后,二人有一段对话,"薛简曰:'京城禅德皆云,欲得会道,必须坐禅习定,若不因禅定而得解脱者,未之有也。未审师所说法如何?'师曰:'道由心悟,岂在坐也! 经云:若言如来若坐若卧,是行邪道。何故? 无所从来,亦无所去,无生无灭,是如来清净禅。诸法空寂,是如来清净坐。究竟无证,岂况坐耶?'"④这段对话

① 《法演禅师语录》卷中,《大正藏》第 47 卷,656 页下。
② 《五灯会元》卷 12《石霜楚圆禅师》,703 页,中华书局,1984。
③ 《景德传灯录》卷 11《邓州香严寺智闲禅师》,《大正藏》第 51 卷,284 页上。
④ 《六祖大师法宝坛经·护法品第九》,《中国佛教思想资料选编》第 2 卷第 4 册,61 页。

反映了宋代以来《坛经》增补者的观点,是针对神秀一系坚持坐禅方式而发的,并以心悟与坐禅相对立。增补者依据般若思想,强调不来不去、不生不灭就是如来清净禅,如此坚持诸法空寂,也叫如来清净坐。在增补者看来,慧能的禅法是如来禅,而坚持坐禅是邪道。这也反映了此时禅宗内部有些禅师对如来禅的推崇和对神会、宗密的如来禅观点的认同。上述"无所从来,亦无所去,无生无灭,是如来清净禅"云云,在敦煌写本《坛经》原本(法海本)和惠昕本中都没有记载,而当代有些学者以此为据,谓慧能认为自己的禅法是最上乘的如来清净禅,看来这种说法是难以成立的。

从以上佛典和历代禅师对如来禅的论述来看,关于如来禅的意义,概括起来,重要的约有六说:1.佛地的禅定,此为《楞伽经》所说。2.般若波罗蜜、无住、第一义空,此为神会偏于以般若智慧来言如来禅。神会的如来禅重视立知见、立言说。3.顿悟自心本来清净,宗密以此为如来禅,希运也持这一说法。4.渐悟空无为如来禅,慧寂首创此说;慧寂并置如来禅于祖师禅之下,使如来禅的意义发生重要变化。5.以立语言知见为如来禅,楚圆此说符合神会、宗密的界说,但含有贬义。6.不来不去、不生不灭为如来禅,此为后出契嵩本和宗宝本《坛经》所言,其思想与神会对如来禅的界说是一致的。以上表明,如来禅的意义是多种的、复杂的、不断演变的。总体说来,禅宗内部先是以般若智慧和顿悟清净本心为如来禅的本质规定,祖师禅名称提出后,强调以主张渐悟和言说为如来禅的特征,并偏于贬斥。

(二)何谓祖师禅?

禅宗史上论及祖师禅的重要史料,除上面提到的仰山慧寂对香严智闲禅师的评论,后来还有香严禅师与仰山慧寂的又一段对话:"复有颂曰:'我有一机,瞬目视伊。若人不会,别唤沙弥。'仰乃报沩山,曰:'且喜闲师弟会祖师禅也。'"①"机"是禅修时心灵产生的一种能力。"伊"指佛

---

① 《五灯会元》卷9《香严智闲禅师》,537页。

法。香严颂文的意思是说,我的心灵,眨眼间就能直觉到佛法。也就是说,这种直觉是应缘接物,一如无心道人,是不存在知见又不废视听的,若不会这种禅法,就如同未受具足戒的沙弥。香严禅师的颂文,这次得到了仰山慧寂的肯定,认为是得到祖师禅的真传了。根据颂文"我有一机,瞬目视伊"就是祖师禅的立义,显然,仰山慧寂是以不作分别,当下顿悟为祖师禅的本质规定的。

石霜楚圆禅师发挥仰山慧寂的祖师禅说,进一步阐发祖师禅的长处。他说:"且道祖师禅有甚长处? 若向言中取,则悮赚后人,直饶棒下承当,辜负先圣。万法本闲,唯人自闹。"①"赚",骗。他认为如来禅"向言中取",是误导甚至是欺骗后人,有负先圣。万法本来无事,只是庸人自扰。这就是说,祖师禅的长处是离开言语文字的,是靠自心体悟,当下即是,这里说的"万法本闲,唯人自闹"即一切现成的思想,实是祖师禅的理论基础。

后来,修祖师禅的禅师还进一步提出过祖师关的说法,强调修禅者必须要参透祖师禅机的关门,领悟祖师禅法的关口。《无门关》云:"参禅须透祖师关,妙悟要穷心路绝。祖关不透,心路不绝,尽是依草附木精灵。且道,如何是祖师关? 只者一个无字,乃宗门一关也。"②这里说祖师关的核心问题就在一个"无"字上,这个"无"字的内涵是什么呢? 就是无一切相对相状,无一切相对差别,无一切相对格局。过祖师关,就是过"无"字关,就是离却言语知解,断绝思维活动,也就是"穷心路绝",超越相对分别。只有这样,才能当下体证悟得,才算是进入了祖师禅的境界。

为了突出祖师禅的渊源有自,历史久远,禅门还提出"拈花微笑"的公案、"西天二十八祖"的说法和"祖师西来意"的机语。"拈花微笑"公案是说"世尊昔在灵山会上,拈花示众。是时众皆默然,惟迦叶尊者破颜微笑。世尊云:'吾有正法眼藏,涅槃妙心,实相无相,微妙法门,不立文字,教外别传,付嘱摩诃迦叶。'"③这是一则在宋代以后才流传的故事。这里的"正法眼藏,涅槃妙心"是指佛的内证法门,也即不能以言说表达,只能

---

① 《五灯会元》卷 12《石霜楚圆禅师》,703 页。
② 《大正藏》第 48 卷,292 页下。
③ 《无门关》,《大正藏》第 48 卷,293 页下。

以心传心的甚深微妙法门。"拈花微笑"被祖师禅奉为"以心传心"方式的典型,是传授佛法真理的典范。中国禅师把创立佛教的教主释迦牟尼说成是不立文字、教外别传的创立者。实际上,不立文字、教外别传这种说法只是中国祖师禅法的要旨,是与释迦牟尼的法门迥异其趣的。

与"拈花微笑"的公案相应,中国禅师还提出"西天二十八祖"说。"西天二十八祖"是指印度依次传承禅法的有二十八位祖师,灵山法会上得释迦牟尼心印的迦叶被推为一祖,阿难是二祖,直至菩提达摩为二十八祖①。菩提达摩是西天第二十八祖,同时又是东土初祖。菩提达摩后,依次相传为慧可、僧璨、道信、弘忍、慧能,总称为"东土六祖"。宋代以来,禅宗通过编排历代祖师的传授关系,以表示祖师禅自佛祖释迦以来,代代相承,法脉不绝,为祖师禅的源远流长制造了历史根据,同时它的编排的虚拟性又为祖师禅的形成演变增添了历史迷雾。

菩提达摩既是从西方印度来中土传播禅法的初祖,他从西方印度传来的密意,即是禅的真消息、真精神。"祖师西来意"究竟是什么?这个问话,成为祖师禅开悟的机语,重要的公案。祖师禅认为,禅的真髓是强调人人具有成佛的心,而自心及其觉悟成佛,是要个人亲证,而不能以言诠来表示的。所以,禅师们对于"如何是祖师西来意"的提问,通常是给以不着边际的回答,以示"西来意"只能意会,不能诠释,从而启发提问者转向自我内心的体悟。

在仰山慧寂以祖师禅与如来禅对举以前,马祖道一的门下庐山归宗寺智常禅师已将一味禅与五味禅相对扬,一味禅正是通向祖师禅的重要一环。史载:"师(智常)因小师大愚辞,师问:'什处去?'云:'诸方学五味禅去。'师云:'诸方有五味禅,我这里有一味禅,为什不学?'云:'如何是和尚一味禅?'师劈口便打,愚当下大悟,乃云:'嗄!我会也,我会也。'师急索云:'道!道!'愚拟开口,师又打,即时趁出。"②这里所说的"五味禅"是指前述宗密禅师在《禅源诸诠集都序》卷1中所归纳列举的五种禅。智常禅师贬斥五味禅为五味驳杂不纯不净的禅,高扬一味禅是纯正

---

① 契嵩:《传法正宗记》,《大正藏》第51卷,716—744页。
② 《联灯会要》卷4《庐山归宗智常禅师》,《续藏经》第1辑第2编乙第9套第3册,250页。

无杂的最上乘的禅。智常禅师不让小师大愚开口,开口便打,就是在暗示禅是不能言说的,这就是祖师禅的本质所在。

以上祖师禅禅师关于祖师禅意义的论述,概括起来要点是:1.主张当下顿悟,凡提倡渐悟的.都不属于祖师禅。2.强调教外别传,不立文字,主张经教、知解和言诠的,不是祖帅禅。3.提倡参透祖帅关,斩断一切思念活动,凡参禅时心路不绝者,不算祖师禅。4.以心传心,师资相承,凡不属东土六祖系统和慧能一系的,不列入祖师禅。祖师禅的这些意义既是互相联系的,又是相对独立的,如凡提倡渐悟的,都不属于祖师禅,但又不等于凡主张顿悟的就都是祖师禅,只有既主张当下顿悟,又强调不立文字、教外别传的,才是祖师禅。教外别传、不立文字,是祖师禅最重要、最本质的核心规定,是祖师禅与其他禅相区别的主要标尺。

(三)如来禅与祖师禅的禅法区别

如来禅与祖师禅是既有联系又有区别的两种禅修形态,而祖师禅又是在如来禅的基础上形成的,也主要是针对如来禅提出的。那么,如来禅与祖师禅的主要区别点何在呢? 根据祖师禅禅师的有关论说,并结合祖师禅的习禅表现可以看出,两者的主要区别点大约有以下四个方面:

1.藉教悟宗与教外别传——宗旨不同。如来禅禅师重视从佛教经典出发理解佛学和禅。他们或奉《楞伽》,或尊《般若》,或诵《金刚》,主张用经教发明心地,只是在构成信仰以后,才不再凭借言教。他们也主张"不离文字",强调知解。如慧能是听闻经义后"言下大悟"的。慧能也重视说法,其弟子还集录《坛经》传世。祖师禅则以"教外"自居,打出"教外别传"的旗帜,以与"教内"依据经籍的诸教派相区别,也表示与禅宗内部藉教悟宗的宗旨不同。《佛果圆悟禅师碧岩录》第十四则云:"禅家流,欲知佛性义,当观时节因缘,谓之教外别传,单传心印,直指人心,见性成佛。"[1]在祖师禅看来,佛教的真髓,禅法的密意,不是任何经籍文字所能契合的,也不是任何教说所能表露的,只能是直接地以心传心的体验方式

---

① 《大正藏》第48卷,154页下。

来传达。这种对语言文字的超越性才表现出真正的禅法和更高的理境。祖师禅认为,以文字言说来传达的佛学和禅法,是教内系统,以心传心则是在教之外,是教外别传。祖师禅的斗机锋、打手势、参话头,乃至棒喝等奇诡动作,甚至呵佛骂祖等超常言行,就是表示以心传心的种种不可言说的禅修形式和手段。

2. 真心体用与自心显用——禅源差别。禅源即禅的本源,指众生本来具有的真心、本性、佛性,这是最高主体性,是众生成佛的根据。如来禅与祖师禅都认同众生本来具有佛性,这一点是相同的,然而对佛性的体与用,或者说对真心、佛性作用的看法则不完全一致。如来禅强调真心的体与用的区别,强调真心的用是依恃真心本体的作用,据此而预设一超越的分解,通过分解以显示超越的真心,显示真心本体的作用。祖师禅不同,它把真心、佛性和自心、自性等同起来,以自心、自性表示众生本来具有的超越的真心、佛性,全面地、充分地肯定自心、自性的意义和作用,认为语默动静,作恶造善,乃至全部贪、嗔、痴都是佛性的作用、表现。祖师禅强调作为真心、佛性的自心、自性的当前的觉悟,排除显示超越的真心、佛性的分解工夫。

3. 渐修顿悟与无修顿悟——方式歧异。自菩提达摩以来,如来禅并不排斥顿悟,而是主张通过渐修以达到顿悟的境界,为此提倡坐禅、看心、看净等渐修方式。祖师禅不讲渐修,而主张无修,所谓无修就是顺其自然,随缘任运,无修而修,修而无修。史载:"王常侍一日访师(临济义玄),同师于僧堂前看。乃问:'这一堂僧还看经么?'师云:'不看经。'侍云:'还学禅么?'师云:'不学禅。'侍云:'经又不看,禅又不学,毕竟作个什么?'师云:'总教伊成佛作祖去。'"①这是在自心显用、平常心是道的思想基础上,进一步主张无事是贵人,提倡不看经、不坐禅,而在日常行事中随时体悟禅的境界,提倡生活就是禅,无修即是修的平俗化的禅修模式。

4. 人格理想与艺术境界——境界的偏离。如来禅与祖师禅通过不同的禅悟方式而使个体生命意义飞跃,进入宗教境界、道德境界、哲学境界与艺术境界。如来禅与祖师禅都追求禅修成佛的境界,这点是相同的。

① 《古尊宿语录》卷4,74页。

然而如来禅更偏重于宗教道德的修持,欲望的排除,观念的调整,人格的提升,而祖师禅则把终极理想落实在现实生活中,强调现实生命就是佛性的体现,主张在现实活动中获得情趣和美感、自得与满足,在感性直观中获得一种特殊的审美愉悦体验,从而在心灵的深处发挥、提升出一种灿烂的意识境界。

以上是我们根据有关的资料对如来禅与祖师禅的区别所作的概括,而从禅宗发展史来看,由于对祖师禅的界定不够明确,以致如来禅与祖师禅的区别一直成为一些禅师的一大困惑。《潭州沩山灵祐禅师语录》在论及仰山慧寂勘定香严会祖禅师后,有这样的附录:"玄觉云:'且道,如来禅与祖师禅是分不分?'长庆稜云:'一时坐却。'云居锡征云:'众中商量,如来禅浅,祖师禅深。只如香严当时何不问如何是祖师禅,若置此一问,何处有也?'"①这里把玄觉禅师和唐末五代长庆慧稜禅师以及宋代云居清锡禅师的话组织在一起,表现出一种因难以区分如来禅与祖师禅而取消两者分别的倾向。

迄至明末,临济宗汉月法藏禅师还关注如何抉择如来禅与祖师禅,并就两者的界说作了明确的区分:"祖师禅者,透十法界之外,不堕如来之数,故曰出格。如来禅者,起于九种法界,堕在十法界之顶,犹是格内。欲知格内格外之分,须在一事一物上分清十法界诸种之见,直到极顶方是如来地位,祖师禅又从佛顶上透出。"②法藏禅师以十法界为格局,认为祖师禅是超出十法界的极顶佛的界限,而如来禅则以如来佛为目标,是在十法界之内。如来禅与祖师禅的区别就是"格内格外之分"。法藏禅师把祖师禅视为在境界上超出或高于成佛的禅法,如此,在理论上必然带来困难:佛教以佛为觉悟者,为十界之最上等,也即达到了最高境界者,而"从佛顶上透出"的"出格",应是高于佛的更高境界了,在佛教看来,这种境界是不存在的。通常禅宗讲超佛越祖是指超越佛与祖师的权威,显露众生自家本具的佛性,并不是说在成就的果位上超越佛,在达到的境界上高于佛。"出格",是超越佛的境界,实际上也就游离于佛教之外了。此外,

---

① 《大正藏》第 47 卷,580 页下。

② 《三峰藏和尚语录》卷 6,《禅宗全书》第 52 册,621 页,台湾文殊文化有限公司印行。

法藏还认为,要达到格内格外之分,就必须在具体事物上分清十法界的不同知见、见解。法藏的这一看法和传统的祖师禅反知见、反见解的主张也是不一致的。由此看来,法藏禅师对如来禅与祖师禅的区分,虽然简要明快,但是并不符合以往禅宗祖师区分如来禅与祖师禅的主流界说。

当代太虚法师(1889—1947)在《中国佛学特质在禅》①一文中,把菩提达摩至五家的禅分为三个发展阶段和三种禅修形态:从菩提达摩到慧能的禅为"悟心成佛禅",慧能以后至五家禅宗之前为"超佛祖师禅",五家禅宗称为"越祖分灯禅"。从名称的角度言,"悟心成佛禅"实即如来禅,而后两种禅均可称为祖师禅,因为祖师禅自然是"超佛"的,而"越祖分灯"也是祖师禅的分灯,并没有越出祖师禅法的轨道。把太虚法师提出的三种禅法名称归结为如来禅与祖师禅两种也未尝不可,这样也许更为简要、明确。不过,从历史的角度而言,太虚法师提出从菩提达摩至五家禅宗的禅法存在着三个阶段,可以看出其间禅法的演变,又给人以重要的启示。

(四)如来禅与祖师禅的历史界限

在禅宗学说史上,宗密禅师明确指出如来禅是禅法中最上乘禅,并认定从菩提达摩以下直至洪州宗均属如来禅。仰山慧寂提出了祖师禅的概念,他实际上还把重渐悟的神秀一系列入如来禅。在唐武宗会昌五年(845)灭佛以后,一些禅师确把教外别传、不立文字作为祖师禅的根本特征,从而更鲜明地表现了祖师禅与如来禅的区别。祖师禅禅师还有西天二十八祖、东土六祖说。由此,古代禅师通常认为祖师禅传承是指菩提达摩传入禅法始,经慧能下及五家七宗,或是指慧能、马祖一系的禅法。也有近代禅师依据如来藏清净心的思想,把菩提达摩至慧能均归属于如来禅。

当代学者对如来禅与祖师禅的历史界限的看法分歧也很大。除了认

---

① 载于《现代佛教学术丛刊》第 2 册《禅学论文集》,1—111 页,台湾大乘文化出版社,1976。

为两者等同不作区别的看法之外,重要的看法有:1. 菩提达摩以前所传的禅,无论是小乘禅,还是大乘禅,都是如来禅,菩提达摩是禅宗的开山祖师,所传的是直指心源、见性成佛的禅法,是有别于如来禅的祖师禅。2. 慧能以前所传的是如来禅,慧能、马祖一系开出直指本心、见性成佛的顿悟的禅法,是为祖师禅。3. 洪州宗、石头宗成立前是如来禅,提倡教外别传、不立文字、直指人心、见性成佛的洪州宗、石头宗是祖师禅。有的还认为只有禅宗五家才是真正的祖师禅。还有的学者从广义和狭义两方面界说如来禅与祖师禅①,认为广义的如来禅包括印度佛教的禅法及其在中国的传播,直至慧能南宗创立以前的禅法,狭义的如来禅则指神秀一系和宗密的禅法;广义的祖师禅是指慧能一系的禅法,狭义的祖师禅则指慧能本人的禅法以及保持慧能禅法风格的禅法,这主要是指荷泽宗神会和大珠慧海的禅法。这些分歧看法,反映了区分如来禅与祖师禅的根据不同,也反映了对有关禅师禅法的认识差异。这些分歧的焦点集中在慧能禅法的归属问题上。牟宗三先生在《如来藏与祖师禅》一文中认为,慧能是"将《般若经》与空宗之精神收于自心上来,转成存在地实践地'直指本心,见性成佛'之顿悟的祖师禅",而神会则是"以如来藏真心系统为背景而来的如来禅"②。对于牟先生的这种看法,唐君毅先生则持有鲜明的疑义和异议③。

划分如来禅与祖师禅的历史界限,是一个十分复杂的问题。我们认为,中国禅宗从如来禅到祖师禅是一个历史演变的过程,其间并不存在绝对的界限,但如来禅与祖师禅在禅修的途径、方式、方法以及风格上也确实存在着差别。如上所述,我们以为应从古代禅师的论述和实践中概括出区别点,这种区别点集中表现在是否主张在日常行事中随时体现佛性与禅境,尤其是,是否标榜"教外别传,不立文字,直指人心,见性成佛"的宗旨。就总体而言,凡是提倡这种宗旨的是祖师禅,而如来禅则是和这一宗旨不符合或基本上是不符合的。

---

① 详见董群:《祖师禅》,6—17 页,浙江人民出版社,1997。
② 见《现代佛教学术丛刊》第 52 册《禅宗思想与历史》,96 页,台湾大乘文化出版社,1978。
③ 《致张曼涛的信》,见同上书,111—112 页。

应当指出的是,自菩提达摩始,禅门就已主张见性成佛了,他在《略辨大乘入道四行》中说,一切众生都具有清净的真心真性,只是在现实生活中,这真心真性为烦恼所蔽,不能显了罢了。他教人彻底排除虚妄的烦恼,回归本身自有的真心真性。菩提达摩提出了见性成佛的思想,但还没有明确提出直指人心的说法。慧能则进了一步,他宣扬"悟人顿修,自识本心,自见本性","一切万法,尽在自身中,何不从于自心顿现真如本性"①。这种顿修、顿现的说法显然已有"直指人心,见性成佛"的思想,也就是提倡单刀直入的顿教。同时,慧能虽也讲"法以心传心",但又多次重复强调自己闻说《金刚经》,言下大悟,顿见真如本性,以此来开导门人②。慧能并不排斥经教,这与禅宗后来的"教外别传,不立文字"的主张有所不同,而他的自识本心、自见本性的思想又与"教外别传,不立文字"的主张相通。按照自识本心、自见本性思想的逻辑要求,成佛并不必依赖经论的权威,不必经过任何言说的分解方式,据此后来的禅宗五家最终形成了"教外别传,不立文字,直指人心,见性成佛"的禅修路线,至此祖师禅真正进入了成熟阶段。

　　根据以上判别如来禅与祖师禅的标准,以及由如来禅发展为祖师禅的历史进程,我们认为菩提达摩至沩仰、临济、曹洞、云门、法眼"五家"的禅法似可分为三个阶段:从菩提达摩至弘忍是如来禅,从慧能至禅宗五家形成前是由如来禅向祖师禅的过渡形态,五家的形成标志着禅宗进入了祖师禅的历史阶段。

　　为什么说从慧能至五家形成前是由如来禅向祖师禅的过渡形态呢?这是因为从慧能至五家形成前的禅法背景复杂,很难直接归入如来禅或祖师禅的范畴。例如慧能,他的基本思想是性净顿悟,或者说是真心自悟;在修禅上,他重视藉教悟宗,也不笼统地排斥读经、念佛、禅定,这都是与如来禅相类似的。同时,慧能又主张自识本心,自见本性,顿悟成佛,还鼓吹"定慧等",扩大了禅定的范围,并有把"定"融入于"慧"的倾向,这又是与祖师禅相近的。从慧能至五家形成共有四、五代法系,其间是不断演

----

① 敦煌本《坛经》,《中国佛教思想资料选编》第 2 卷第 4 册,9、15 页。

② 同上书,5、8、16 页。

变的过程,也是祖师禅成分愈来愈多的过程。如黄檗希运明确说的:"祖师直指一切众生本心本体,本来是佛,不假修成。""祖师西来,唯传心佛。直指汝等心,本来是佛。"①相比较而言,慧能较后继者较多如来禅色彩,而他的法嗣如马祖道一、百丈怀海、黄檗希运等则越来越富祖师禅的风格。至于有人把慧能说成是祖师禅,而把他的门下神会说成是如来禅,我们认为是不恰当的。实际上,慧能的单刀直入、直了见性的顿教法门应是神会举扬起来的,神会和慧能应同属从如来禅向祖师禅的过渡阶段,同是兼具如来禅和祖师禅两种色彩的禅师。

一部禅宗史昭示人们:沩仰宗的问世,标志着祖师禅的形成。此后祖师禅禅师更日益鲜明地高举"教外别传,不立文字,直指人心,见性成佛"的旗帜,不持戒,不诵经,不念佛,不坐禅,强调任其自然,自性自度,动辄扬眉瞬目,行棒行喝,甚至超宗越格,呵佛骂祖。在唐末、五代和北宋时代,祖师禅蔚然成风,一度成为禅宗的主旋律,影响广泛而深远。直至明代文人在评论北宋时代亲炙禅法的两大著名诗人苏东坡和黄庭坚的禅法时还说:"黄、苏皆好禅,谈者谓子瞻是大夫禅,鲁直是祖师禅,盖优黄而劣苏也。"②子瞻和鲁直分别是苏东坡和黄庭坚的字。苏氏主禅净皆修,黄氏则嗣临济宗支派黄龙祖心禅师的禅法。从谈者的评论可看出,明代文人认为祖师禅高于大夫禅,在禅法上黄庭坚优于苏东坡。

禅宗五家都以日常行事为禅的生活,也主张不滞文字,离开言句,但是实践这些主张的具体方法则是灵活多样、各不相同的。如五代末期,在禅宗中影响极大的派系法眼宗,其创始人清凉文益就是重视经教,提倡认真看经的,他对《华严》很有研究,并以《华严》的理事圆融说为中心来讲禅。他既不凌空谈禅,又不滞着于文字,对当时祖师禅的缺陷和丛林的时弊起了一种补救作用。后来,约在两宋之际,从曹洞宗演化出的默照禅,提倡以打坐为主的寂默静照,并与从临济宗演化出来的看话禅相对峙,从此结束了祖师禅主导禅宗天下的历史。

① 《黄檗希运断际禅师宛陵录》,《古尊宿语录》,40、41 页。
② 袁衷等录《庭帏杂录》卷下,见《丛书集成初编》[〇九七五]《郑氏规范》,11 页,中华书局,1985。

（五）祖师禅提出的思想背景及其流传的文化意义

祖师禅是中国佛教中唯一标榜"教外别传"的流派，是佛教中国化的最突出的典型。祖师禅的提出具有深刻的思想文化背景，祖师禅的流传具有重要的历史文化意义。

祖师禅既是禅宗禅法的逻辑发展，也是中国固有文化影响的结果。中国禅宗吸取了印度佛教的真心真性思想，进一步把真心真性与自心自性等同起来，强调生心起念、一举一动、善恶苦乐都是佛性的表现，突出了自心自性的作用与返归自心自性的意义。这就势必导向摆脱经教功能、排斥文字语言的禅修轨道。中国儒家倾向于人性本善，重视心性修养，道家也认为人性自然，提倡返本归源。儒道两家也都偏重于直觉思维，重视在现实生活中提升自我，实现理想。在这种文化背景下，具有中国固有文化素养的禅师们，就自觉不自觉地融合了中印两国的相关思想，创造出祖师禅禅法。祖师禅是在佛教的框架内融入了中国的民族思维、民族性格、民族追求，呈现出强烈的主体思想和鲜明的世俗倾向，表现了异于印度佛教的重要特色。

自由批判和独立判教是祖师禅形成的又一重要思想文化背景。佛教是开放的、创新的体系，内部不同派别的自由论争、相互诘辩，不断推动了佛教学说的新发展。祖师禅的提出就是与慧能一系批判神秀一系的渐悟法门直接相关的，也是与洪州宗一系批判神会、宗密的重知见的禅法直接相关的，没有这种学术上的自由批判，也就没有祖师禅的出现。独立判教是中国佛教学者的一大优长，宗密禅师把佛教禅法判为五类或五等，后来洪州宗一系禅师又把宗密所判的五类禅称为五味禅，把它贬斥为五种杂交的禅法，而与一味清净的禅相区别，其实一味禅实质上就是祖师禅。所以，在一定意义上说，祖师禅也是判教的结果。由自由批判和独立判教而形成祖师禅的史实看，禅师的性格，一是具有反教条、反传统、反权威的批判精神；二是在佛教修持上追求快速、纯一，排拒缓慢、多杂，这就比较适应中国古代苦难深重的劳动者的需求，符合民众的愿望和民族的心理。从这一角度考察祖师禅的形成和流传，对于了解中国民众宗教信仰取向和民族心理结构,是有着重要意义的。

　　禅宗祖师地位的提高与民间祖先崇拜的影响,是祖师禅形成与流传的又一重要因素。禅门讲究传承、嗣法,若没有师承关系,没有得到祖师印可证明,这样的禅师是没有地位的。从菩提达摩到弘忍的传承是一代一位领袖,一位祖师只能印可一位弟子。慧能废除衣钵传授制度后,是由祖师用一定的方式判定弟子是否得到正法,哪位弟子若获得祖师的印证,也就被认为得到了传授。这种传授制度,突出了祖师在传承过程中的权威性,推动了祖师信仰的形成。祖师作为佛法、禅门的代表,与佛已无实质的区别,祖师与佛祖平起平坐,互相转位,也就成为禅门平常的事了。祖先崇拜是中国固有的基本信仰与民间习俗,祖先崇拜影响了禅宗的祖师崇拜,如寺院设祖师堂,安置祖师遗像,以供拜瞻。又立祖师忌,规定在祖师忌日时,举行法会,以示纪念。祖师的崇高地位、祖师信仰的流行和祖先崇拜的习俗,直接影响了祖师禅名称的确立与祖师禅的流传。从禅门视祖师与佛祖平等,甚至比佛祖更崇高的现象来看,其间反映出的中国禅宗的民族主体意识是强烈的,所透露出的民间信仰习俗是浓郁的。

（原载《中国社会科学》2000 年第 5 期）

四、南岳禅系的佛教平民化倾向

从宗教社会史的角度考察，随着六朝以来门阀贵族制社会的瓦解，唐代中期后，逐渐转变为相对区别于中古门阀时代贵族社会的平民社会。与此相应，佛教贵族化的经院佛学，即只流行于宫廷或上层知识分子之间的义学宗派也趋于衰落，而以禅宗为代表的信徒平民化宗派则应运崛起，繁荣兴盛。在佛教平民化的进程中，南岳禅系①发挥了开拓性的作用。本文拟在论述禅宗实际奠基者慧能开创佛教平民化的业绩后，就南岳禅系的怀让、道一、怀海三位著名禅师对佛教平民化的推动，作一简要的论述。

（一）慧能开创佛教平民化的新方向

禅宗的佛教平民化方向始自慧能，此前的禅宗，包括神秀一系的禅宗，多弘传于北方贵族阶层，大抵上是属于贵族化的佛教。慧能（638—713）因家境衰落，文化程度不高，被神秀门徒讥为"不识一字"②。实际

---

① 笔者以为南岳禅系可作广义和狭义两种界论。广义的是自南岳怀让以下，包括沩仰宗和临济宗的禅师，狭义的则指怀让、道一、怀海几位在开创南岳禅系上有突出作用的禅师。为论述方便，本文取狭义说。又，青原禅系希迁曾奉行思之命往南岳向怀让问学，后曾受请住衡山南寺。然史载希迁向怀让参学事迹很少，且青原行思和南岳怀让两系分头发展，宗风不同，故本文也不论及希迁。

② 《六祖大师法宝坛经·顿渐品》，《大正藏》第48卷，358页中。

上,慧能的悟性极高,他提出的舍离文字义解、直指心原的主张,构成了改造禅宗的宗旨。

慧能针对于个体之外的外在成佛轨迹,把成佛转换为个体自身的本性显现。他说:"善知识!菩提般若之知,世人本自有之,即缘心迷,不能自悟,须求大善知识,示道见性。善知识!遇悟成智。"①又说:"世人性本清净,……如天常清,日月常明,为浮云盖覆,上明下暗。忽遇风吹云散,上下俱明,万象皆现。……智如日,慧如月,智慧常明。于外著境,被妄念浮云盖覆,自性不得明朗。若遇善知识,闻真正法,自除迷妄,内外明彻,于自性中,万法皆现。见性之人,亦复如是,此名为清净法身佛。"②又说:"汝若不得自悟,当起般若观照,刹那间妄念俱灭,即是自真正善知识,一悟即知佛也。"③慧能认为,每个人本有清净自性,具有菩提般若智慧,只是被妄念遮盖,没有觉悟。若是得到善知识的开导,念念起般若观照,一旦妄念俱灭,当即顿见清净本性,成就佛道。这可概括为"性净自悟"说,是为禅宗的核心思想。这一思想为佛教修持者指明方向,提高自信。慧能还强调"人即有南北,佛性即无南北"④,反对边远山区平民无佛性的论调,为平民百姓成佛直接提供理论根据。

慧能又针对以义理思辨淹没了感性体悟的传统,以自悟体证取而代之。他强调"诸佛妙理,非关文字"⑤,反对佛教义学宗派执著文字、不求悟解的倾向。他还综合世俗信仰而推重宣传"离一切诸相"、文句简单的《金刚经》,为不识字或文化低的广大平民摆脱烦琐名相的思想束缚,运用单刀直入求得开悟的禅修法门提供经典依据。

慧能针对佛教繁杂的修持仪式,提倡简易的顿悟法门。他宣扬禅修是"自心顿现真如本性"⑥,"言下便悟,即契本心"⑦,强调觉性本有,烦恼本无,在一刹那间灭除妄念,直接契证觉性,便是顿悟。慧能不以静坐敛

---

① 敦煌本《坛经》,《大正藏》第 48 卷,338 页中。
② 《六祖大师法宝坛经·忏悔品》,同上书,354 页中、下。
③ 敦煌本《坛经》,同上书,340 页下。又,"一悟即知佛也",有作"一悟即至佛地"。
④ 敦煌本《坛经》,同上书,337 页中。
⑤ 《六祖大师法宝坛经·机缘品》,同上书,355 页上。
⑥ 敦煌本《坛经》,同上书,340 页下。
⑦ 敦煌本《坛经》,同上书,342 页中。

心才算是禅,他说:"一行三昧者,于一切时中行住坐卧,常真心是……但行真心,于一切法上无有执著,名一行三昧。"①"一行三昧",是指修定心,以观真如实相,慧能对其加以推广扩展,认为不须脱离日常生活,在一切时中行住坐卧动作云谓里,都可以体悟禅境,禅修并不限于静坐一途。

慧能还强调佛法与世间两者相即不离的关系,说:"佛法在世间,不离世间觉;离世觅菩提,恰如求兔角。"②认为决不能离开世间去寻求解脱。他还进一步声称:"若欲修行,在家亦得,不由在寺。"③根据佛法在世间的理念,提倡在家修行,这是使佛教由出世转向入世的重要宣告,有利于禅宗接近平民,走向平民,深入平民。

慧能还长期在岭南一带弘扬禅法,一是利于向山野农村的下层平民传教,二是利于为禅宗开辟新天地。

(二)怀让开南岳禅系的先河

怀让(677—744)早年出家,后赴曹溪礼谒慧能,学习禅法,前后八年。慧能圆寂后,往南岳衡山,居般若寺观音台,弘扬慧能顿悟法门,开南岳禅系,世称"南岳怀让"。史载有著名的"怀让磨砖"故事:"开元中有沙门道一,在衡岳山常习坐禅。师知是法器,往问曰:'大德坐禅图什么?'曰:'图作佛。'师乃取一砖,于彼庵前石上磨。一曰:'磨作什么?'师曰:'磨作镜。'一曰:'磨砖岂得成镜邪?'师曰:'磨砖既不成镜,坐禅岂得作佛?'一曰:'如何即是?'师曰:'如牛驾车,车若不行,打车即是,打牛即是?'一无对。师又曰:'汝学坐禅,为学坐佛?若学坐禅,禅非坐卧。若学坐佛,佛非定相。于无住法,不应取舍。汝若坐佛,即是杀佛。若执坐相,非达其理。'一闻示诲,如饮醍醐。"④"法器",指具有传承佛法才器的僧人。怀让明确指出坐禅不得作佛,否定坐禅,是对慧能禅修不限于坐禅的主张的发展。联系达摩修行"壁观","面壁九年";道信和弘忍的东山

---

① 敦煌本《坛经》,《大正藏》第48卷,338页中。

② 《六祖大师法宝坛经·般若品》,同上书,351页下。

③ 《六祖大师法宝坛经·疑问品》,同上书,352页中。

④ 《五灯会元》卷3《南岳怀让禅师》,127页。

法门修行坐禅观心;直至神秀仍是主张"凝心入定,住心看净"①的入定看净法门,可见怀让贬低、否定坐禅,修禅而不坐禅,是对禅宗修持方式的历史性调整,为灵活修持洞开大门,从而也有利于平民修持禅法,有利于佛教平民化。

怀让和马祖道一的对话,还论及如何修持、如何是佛等问题。怀让继承慧能的思想,认为"一切法皆从心生"②,佛从心生,心即是佛。这也是否定坐禅的理论根据。

怀让是慧能的高足,而其弟子中的翘楚马祖道一更是在开拓南岳禅系门风方面发挥了重大作用,马祖下传百丈怀海等南岳禅系巨匠,南岳一系后又分出沩仰、临济二宗,成为禅宗的重要流派。怀让轻视、否定坐禅修行法门,和善巧教化、培养出马祖这样杰出的龙象,对于南岳禅系的发展演变影响极为深远,对于争取吸收平民信奉佛教的影响非常巨大。

(三)道一推行禅修的生活化和行为化

道一(709—788),幼年出家,后到衡山结庵,整日坐禅。经怀让开导,豁然契会,侍奉十年,深入堂奥。后赴福建,再至江西,创建禅林,聚徒说法。因本姓马,后世称为"马祖",有"马驹踏杀天下人"③的传说。又因道一在洪州弘传慧能、怀让的宗旨,时称为"洪州宗"。道一是禅宗南岳一系的主要奠基人。

与佛教平民化的发展趋势相适应,马祖在禅宗义理、接化方式和禅林创建等方面,都做出了与时俱进的新创造、新发展。

道一根据慧能的性净自悟的学说,倡导"即心即佛"说。史载:"一日谓众曰:'汝等诸人,各信自心是佛。此心即是佛心。达摩大师从南天竺国来至中华,传上乘一心之法,令汝等开悟。'"④马祖道一宣扬"心外无别

---

① 见《荷泽神会禅师语录》,《中国佛教思想资料选编》第 2 卷第 4 册,89 页。
② 《五灯会元》卷 3《南岳怀让禅师》,127 页。
③ 《五灯会元》卷 3《江西马祖道一禅师》,128 页。
④ 同上。

佛,佛外无别心"①,又恐人落于知解窠臼,执著心与佛,而倡导"非心非佛"。"僧问:'和尚为什么说即心即佛?'师曰:'为止小儿啼。'曰:'啼止时如何?'师曰:'非心非佛。'"②相传马祖弟子法常有这样的故事,法常因听马祖"即心即佛"的说法而得悟,后到浙江余姚南大梅山修行。马祖为考察法常的领悟程度,特意派一个人去见他,说马祖近来又讲"非心非佛"了。法常回答说,任他讲"非心非佛",我只管"即心即佛"。那人回去面告马祖,马祖对大家说:"梅子熟也。"③这说明"即心即佛"和"非心非佛"是从表诠和遮诠两方面说明众生心性与佛性是相即无异的。

道一从"即心即佛"思想出发,进一步认为佛道不用刻意修行,并提出"平常心是道"的命题:"道不用修,但莫污染。何为污染?但有生死心,造作趣向,皆是污染。若欲直会其道,平常心是道。谓平常心无造作,无是非,无取舍,无断常,无凡无圣。……只如今行住坐卧,应机接物,尽是道。道即是法界,乃至河沙妙用,不出法界。"④这段话意思有三:一是众生自性具足,不需另行修道,只要求不造作,不沾滞,也即不污染心性。二是众生若能了解道不用修,但莫污染的道理,不随名起相,起惑造业,如此众生心即是圣心。这种圣心是众生本来具足的。由此也可说,众生平常心也就是本来具足的圣心,平常心就是道。三是悟得"平常心是道",由此日常行事、行住坐卧、应机接物都是道,都是修道,无需别样修持。道一的这一思想,彻底地把寻常生活与禅修统一起来,强调在日常实践中去体会意义,发现理想,从而把禅引向了生活化、行为化,为佛教修持实践开辟了新途径、新天地,为平民在平常生活中禅修指明新路向、新方法,对后来修禅的人发生了很大的影响,在中国禅宗修持史上可以说具有里程碑的意义。

在接机和教学的方式上,道一也有新的发展。他从教人返本还原,悟得本心的基点出发,运用打、喝、画地、竖拂等方法,截断学人的情执、知解,以求自悟。后人评论其机锋峻峭,变化多端,卷舒擒纵,杀活自如。此

---

① 《五灯会元》卷3《江西马祖道一禅师》,128 页。
② 同上书,129 页。
③ 详见《景德传灯录》卷7,《大正藏》第51 卷,254 页下。
④ 《景德传灯录》卷28,同上书,440 页上。

经弟子西堂智藏进而影响义玄，开临济宗风。

　　道一在江西开辟荒山，创建禅林，开堂说法，声名鹊起，声誉日隆，四方禅者奔辏而来，学人云集，弟子有百丈怀海、西堂智藏、南泉普愿等一百三十九人，后奔赴四地弘法，各为一方宗主，多有建树。慧能后，禅宗以道一的门叶最为繁荣，禅宗也由此而大为兴盛。相应地，佛教平民化的倾向也益趋显著。

（四）怀海对禅林教规建设的贡献

　　怀海(720—814)出家后，修行严谨，阅藏多年。因闻马祖道一在南康(今江西赣县)竖立南禅法幢，遂前往参学，为入室弟子，相传师徒间有"野鸭子"公案[①]，又有"祖(道一)振威一喝，师(怀海)直得三日耳聋"[②]之说。怀海侍奉道一六年，得到印可。道一圆寂后，怀海曾补师位，接化学人。后至洪州百丈山(今江西奉新)弘法，世称百丈禅师。

　　怀海继承道一的"平常心是道"思想，而在体用关系上，更明确具体地阐发了即用显体的南岳禅法心要，他说："灵光独耀，迥脱根尘。体露真常，不拘文字。心性无染，本自圆成。但离妄缘，即如如佛。"[③]认为众生心体(心性)本来圆满成就，只要不被妄想所污染，就能随事显现，与诸佛无异。据此他宣扬大乘顿悟法要是："先歇诸缘，休息万事。善与不善，世出世间，一切诸法，莫记忆，莫缘念。放舍身心，令其自在。心如木石，无所辨别，心无所行，心地若空，慧日自现，如云开日出相似。"[④]

　　怀海的最大贡献是，糅合大小乘律，制定了《禅门规式》，后世称为《百丈清规》。《清规》为禅院确立了组织体制、生活方式和行为规范，规定禅宗僧众不再住在律寺，别立禅院居住。禅院的最大特点是不立佛殿，唯设佛堂，表示以"法"为重。规定实行"普请"(集众作务)法，上下平等，协力劳动。怀海苦节高行，带头劳动，勤劳不息，后禅林流行有怀海"一日

---

①　详见《五灯会元》卷3《百丈怀海禅师》，131 页。
②　同上。
③　同上书，133 页。
④　同上书，133—134 页。

不作,一日不食"①的佳话。这对培育禅院内部的平等关系,养成热爱劳动以及勤劳节俭的习惯,都有重要意义。又规定设立住持,住在方丈,尊为长老。此外还有关于禅院事务的种种规定。可以说,怀海创立禅院,并初步完成了禅院的制度建设,从教规的层面推动了佛教平民化的发展。

怀海弟子众多,其中杰出者有沩山灵祐、黄檗希运等。沩山门下出仰山慧寂,师弟共创沩仰宗。黄檗门下则出临济义玄,创临济宗。

(五)小 结

从上简述可知,慧能和怀让、道一、怀海诸禅师在教义、教规、修行方法、生活方式、寺院形式等各个方面,都为平民佛教奠定了基础。这种佛教平民化倾向奠基工程的主要特色是:

教义人文化:禅宗理论的核心是性净自悟,强调人心本性的清净、呈现;强调人人都平等地具有佛性,一旦佛性显现,即成佛道。"平常心是道",佛就在每个人自己的心中。人与佛的距离拉近了。这实质上是把佛教义理归结为人的主体心性学说,带有鲜明的人文化特征。

信仰入世化:禅宗认为佛法不离世间,不能脱离世间寻求智慧和解脱,又鼓励在家修持,从而消除了在家与出家、世俗与佛国、此岸与彼岸的鸿沟,这大大淡化了佛教的出世主义色彩,增强与中国固有的儒家文化的积极入世传统的协调。

方式简易化:禅宗强调不立文字,教外别传,直指人心,见性成佛,也就是以自悟、顿悟为修持方式,成佛与否,只在悟与不悟之间。修持人不用坐禅,不必读经,也不须拜佛,只要排除妄念,保持心性清净,体悟本有自性,当即进入佛地。这为广大平民提供了一种适应其心理需求和传统习惯,而又简便易行的修持方式。

修行生活化:禅宗认为行住坐卧都蕴含禅道,日常生活都充满禅味,修行者要在现实生活中,时时处处从中体悟禅意,显现自性,成就正果。这被洪州宗人视为禅师修行的基本轨迹。

---

① 详见《五灯会元》卷3《百丈怀海禅师》,136 页。

经济自给化：怀海提倡农禅生活，不仅把劳动生产与禅修生活结合起来，也为禅僧物质生活的自给提供保障。寺院经济基础的改变，也缓解了佛教与社会的经济利益冲突，有利于禅宗的发展。

上述禅宗的特色适应了唐宋之际中国社会的变化，适应了平民社会的需要。与禅宗相近、同样富有平民化色彩的另一佛教宗派是净土宗。净土宗以其念诵佛号就可往生净土的宗旨，而对下层平民具有更大的感召力、吸引力。在宋代，禅净两宗最为流行。朱熹描述宋代佛教信徒平民化的现象说："不问大人、小儿，官员、村人、商贾，男子、妇人，皆得入其门。"①随着佛教从上层社会走向平民社会，不仅佛教信徒的重心由上层贵族和知识分子转向下层平民，而且宋代佛教寺院和僧尼在数量上也比唐朝多，佛教更加深入民间社会生活，更加广泛地影响民间习俗。

佛教平民化与佛教世俗化属于两个不同的范畴，是两个不同的概念。但是从禅宗的平民化过程来看，实际上又伴随着世俗化，这表现在随顺尘世、附和习俗等诸多方面，从而冲击了佛教固有的特质。一部中国禅宗史表明，佛教平民化与佛教世俗化几乎同步发展，佛教不作适度的世俗化变革，就难以平民化，而过度世俗化又必将淡化佛教的超越性、神圣性，也即淡化佛教的宗教性。如何把握世俗化的"度"，如何协调世俗化与神圣性的关系，看来始终是关涉中国佛教发展的一个根本问题。

（原载《船山学刊》2004 年第 2 期）

---

① 宋·黎靖德编《朱子语类》卷 126 "释氏"，第 8 册，3037 页，中华书局，1986。

五、永明延寿与禅教一致思潮

永明延寿生于唐昭宗天复四年(904),卒于宋太祖开宝八年(975),浙江余杭人。延寿为禅宗法眼宗创始者文益的再传弟子,他以禅宗命家,强调万法唯心,以心立宗,力使经教纳入禅宗范畴,进而倡导祖佛同诠、禅教一致。在中国佛教禅教关系演变史上,永明延寿是继宗密之后影响最大的人物。正是在延寿之后,禅教一致说日益成为强劲思潮,并进而影响了宋以后中国佛教的格局与走向。

永明延寿为什么要阐扬禅教一致理论? 他是怎样阐扬禅教一致理论的? 延寿禅教一致理论有什么历史意义? 下面拟就这几个问题作一简要的说明。

(一)佛教发展的历史要求

永明延寿阐扬禅教一致学说是由五代、北宋初的佛教形势决定的,是禅宗流传的迫切需要,也是佛教发展的历史必然。

随着佛教的发展,隋唐时代佛教形成了八个宗派,这些宗派大体上可分为两种类型:一类是以义理、学解为主的派别,有天台、三论、唯识、华严诸宗;一类是以修持、践行为主的派别,有律、净土、禅、密诸宗。唐末以后,义理宗派渐趋衰落,然天台宗因根据地在南方,地理条件优越,在五代和宋代仍有新的发展;唯识宗和华严宗的义学在宋代也相当流行。又因一般佛教信徒注重修持,故在五代和宋代禅净两宗最为流行。自唐末至五代，禅宗形成了沩仰、临济、曹洞、云门、法眼"五家"。五代以后，禅宗、天台宗和律宗等学者多兼弘净土，净土宗信众愈来愈多，在宋代结社念佛之风愈来愈盛。

相对而言，义理佛教缺乏修持的内证实践，修持佛教则缺乏义理的正见支撑。随着隋唐佛教八宗的流传，宗派佛教也暴露出自身存在的问题。在五代宋初，佛教内部的问题主要有三个：一是禅宗修持的验证问题，二是义理宗派间的理论差异问题，三是禅宗与其他宗派的关系问题。这三个问题是互相联系的，其中最重要、同时牵涉其他两个问题的是禅宗与其他宗派的关系问题。

禅宗标榜"教外别传"，自立于佛说经典权威之外，强调成佛是个体内在的自我证明（暗证），成佛在当世而非来世。禅宗的这一基本特质，不仅直接否定了经典义理、闻思正见的重要性，而且也否定了佛经所说的成佛标准。成佛究竟有无统一标准，成佛到底如何证明，成为禅宗难以解说的内在理论矛盾。这一根本性矛盾的展开，一方面有利于充分发挥禅师的主体性、原创性，一方面也给禅宗的发展带来了负面的影响。这种负面影响，一是表现为当成佛变成脱离统一标准的个人印证时，必然导致禅门内部的争斗、争夺，分宗立派，门派林立；二是不信佛经言教，排斥经论所讲的理论，易于导致佛教修持目标和方向的失落；三是禅修混乱，当传佛心印难以检验时，就会流行无知、邪见，甚至出现狂禅、痴禅。延寿就尖锐地指出："近代或有滥参禅门不得旨者……并是指鹿为马，期悟遭迷。执影是真，以病为法。只要门风紧峻，问答尖新。发狂慧而守痴禅，迷方便而违宗旨。"[①]延寿认为有些禅僧是滥参，盲修瞎练，不着边际，不落实处，徒为虚劳，有违宗旨。

义理宗派和义理学者也存在纷然诤竞、不别真伪的问题。延寿说："诸佛如来，一代时教，自古及今，分宗甚众，撮其大约，不出三宗：一相宗，二空宗，三性宗。若相宗多说是，空宗多说非，性宗惟论直指，即同曹溪见性成佛也。如今不论见性，罔识正宗，多执是非，纷然诤竞，皆不了祖佛密

---

① 《宗镜录》卷25，《大正藏》第48卷。

意,但徇言诠。"①又说:"今时学者,既无智眼,又缺多闻,偏重遮非之词,不见故常之理。奴郎莫辨,真伪何分。如弃海存沤,遗金拾砾,掬泡作宝,执石为珠。"②延寿批评教门学者执著是非有空,尤其是偏执是非之词,不见圆常之理,不论见性,是观念的偏差、理论的错误。

禅宗与其他宗派的关系,即禅与教的关系。禅宗把佛教分为两种:宗门与教门、禅家与教家。宗门、禅家,即禅宗,为教外之法;教门、教家,即禅宗以外其他所有以经论为依据的宗派,为教内之法。禅宗认为,佛教的真髓,在经典义理、文字言说之外,是必须通过参禅实践才能获得的。禅与教的矛盾、紧张表现在诸多方面,例如,禅宗认为语言文字是假名性空,并非真理的表现,而教家则认为佛教经典是佛的说法,表达了佛教真理。禅宗强调即心是佛,不需外求,而教门则认为佛典言教是入道的阶梯,是衡量区别邪见正见的准绳。禅宗也不认同广兴唱诵,往生西方极乐世界,而净土宗则力主称名念佛,往生净土。禅宗主张善恶都莫思量,以直入心体,而教门一般都强调区分善恶,弃恶从善,如此等等。这些都表明禅宗与其他宗派在成佛方法、成佛途径上存在着巨大差异。

以上情况表明,重新整合禅宗与其他宗派的相互关系,并借以克服禅宗内部的弊端、协调教家各宗的关系,成为关乎佛教命运的重大的理论问题和实践问题,是当时影响佛教发展的迫在眉睫的现实课题,延寿的禅教一致说即在此种形势下应运而生。

(二)延寿的禅教一致论

禅教一致实质上即是禅教统一。永明延寿通过编著《宗镜录》和撰写《万善同归集》、《唯心诀》等,着力阐述禅教统一的理论机制,从哲学思维与宗教思想两方面调和禅与教的关系,进而构成了禅宗与教家相统一的学说。

相传永明延寿曾邀请天台、华严、唯识三宗的学者,分居博览,彼此诘

---

① 《宗镜录》卷25,《大正藏》第48卷。

② 同上。

难，互相探讨，然后他以"心宗"即禅宗的心性理论为准绳，对各家学说加以折中调和，并广泛征引印度和中国的三百种佛教文献资料，加以参比审定，编辑成百卷本《宗镜录》，以宣传禅教一致的主张。延寿又撰《万善同归集》三卷，根据诸经论的言教，阐扬禅宗"以心立宗"的旨趣。还著《唯心诀》，阐明万法归于一心、由观心而达一心的唯心思想。由此可见，"心"是永明延寿佛教思想的根本理念和核心主题，是他阐明禅教一致说的指导思想和理论基石。

永明延寿对心作了界说，他说："何谓一心？谓真妄、染净一切诸法无二之性，故名为'一'；此无二处，诸法中实，不同虚空，性自神解，故名为'心'。"①又说："心也者，冲虚粹妙，炳焕灵明，无去无来，冥通三际。非中非外，朗彻十方。不生不灭，岂四山之可害？离性离相，奚五色之能盲？处生死流，骊珠独耀于沧海；踞涅槃岸，桂轮孤朗于碧天。大矣哉，万法资始也。"②延寿还说："（心）乃万化之原，一真之本。"③这是说，心是万法的本性、万法的始基、万化的本原，也就是说心是宇宙万法的实相、本质，宇宙万法是心的显现、现象。延寿也称心有真心与妄心之别，但作为万法的本原，成佛的本体是真心，而不是妄心。

永明延寿强调，心是佛教的宗旨、意趣，是修行的根本、归趣。《宗镜录·自序》表述全书的宗旨云："举一心为宗，照万法如镜。"④《万善同归集》卷下也说："问：'所修万善，以何为根本乎？'答：'一切理事，以心为本。'"⑤这都是以禅宗的"心"去统摄融会全体佛法和全部教义，以自心的觉悟为修持和成佛的准则。延寿还热烈赞颂"心"的殊胜功能："此一心法，理事圆备，是大悲父，般若母，法宝藏，万行原。……是以若了自心，顿成佛慧，可谓会百川为一湿，抟众尘为一丸，融镮钏为一金，变酥酪为一味。"⑥总之，"心"是诸法的真源、佛教的宗旨、万善的根本、智慧的源泉、

---

① 《宗镜录》卷2，《大正藏》第48卷。
② 同上。
③ 《宗镜录》卷27，《大正藏》第48卷。
④ 《大正藏》第48卷。
⑤ 同上。
⑥ 《宗镜录》卷2，《大正藏》第48卷。

成佛的根据。

在立足于心论的基础上,永明延寿强调了禅与教的统一,禅宗与佛教经典义理的统一。唐代宗密曾作过这样的界定:"诸宗始祖即是释迦。经是佛语,禅是佛意,诸佛心口必不相违。"①"语",语言;"意",思想。认为经是释迦佛的言教,禅是释迦佛的意蕴。意非言不显,言非意不立,佛的思想与语言是不相违背的,佛教经典内容与禅宗佛教思想是一致的。延寿也说:

> 问:"若欲明宗,只合纯提祖意,何用兼引诸佛菩萨言教以为指南?"……答:"从上非是一向不许看教,恐虑不详佛语,随文生解,失于佛意。……直了佛心,又有何过?只如药山和尚一生看《大涅槃经》,手不释卷。……且如西天上代二十八祖,此土六祖,乃至洪州马祖大师,及南阳忠国师、鹅湖大义禅师、思空山本净禅师等,并博通经论,圆悟自心,所有示徒,皆引诚证,终不出自胸臆,妄有指陈。"②

这是说,禅门不是不许看教,而是关注看教不失佛意。禅宗历代祖师都是重视佛典、博通经论的。延寿一方面强调禅宗一向重视经论,一方面又强调佛教诸经也都说一心。他在《宗镜录》和《万善同归集》中援引《妙法莲华经》、《大方广佛华严经》、《维摩经》和《金刚般若波罗蜜经》等经典,或说真心,或说一心,或说自性清净心,或说本心,总之,认为佛经都讲心,都是以一心为宗的。延寿还说:"名空性实,皆唯实相,但从缘起,不落有无。"③他肯定了语言文字具有诠说诸法的性质与功能,从根本上改变了禅宗排斥语言文字的看法,为禅教一致说提供了理论根据。

在禅教一致的思想基础上,永明延寿还进一步阐发了一心与万善的关系,高扬"万善同归"的主张。延寿针对当时禅宗蔑视佛教修持善行的流弊,强调一心要不落空窠,必须修持善行。万行由心生,万行又同归于一心,也就是说心生万善,万善归心,由此又可说禅即万善,万善即禅。

---

① 《禅源诸诠集都序》卷上之1,《大正藏》第48卷。
② 《宗镜录》卷1,《大正藏》第48卷。
③ 《万善同归集》卷上,《大正藏》第48卷。

延寿说:"夫万善是菩萨入圣之资粮,众行乃诸佛助道之阶渐。……《法华》会三归一,万善悉向菩提。《大品》一切无二,众行咸归种智。"①"万善"与"众行"相应,诸如持戒、念佛、持咒、修忏等善行,都是修持佛法的资粮、功夫。又说:"夫戒为万善之基,出必由户,若无此戒,诸善功德,皆不得生。"②万善功德中,以持戒为第一。延寿强调持戒是万善的根本,万善始于持戒,认为只有强化自身的内在规范机制,以此为出发点,才能产生种种善行。

禅宗提倡明心见性,即心即佛,主张依靠自力的修持,当下觉悟,成就佛果。净土宗强调凭借阿弥陀佛的本愿力而往生西方极乐世界,进而达到成佛的目的。禅宗重自力,净土宗则重他力,这是两宗的根本对立之处。但永明延寿并不排斥念佛,而视念佛为万善的一种,他引证慈愍三藏的话说:"慈愍三藏云:'圣教所说正禅定者,制心一处,念念相续,离于昏掉,平等持心。若睡眠覆障,即须策动念佛诵经,礼拜行道,讲经说法。教化众生,万行无废。所修行业,回向往生西方净土。'"③慈愍慧日法师主张禅修与念佛并举,延寿显然也以此肯定了念佛诵经行香礼拜的善行和往生西方净土的目的。也就是说,在延寿看来,净土宗的口唱佛号,并非有碍于禅修,甚至还有助于禅僧的修行,是禅修者不可或缺的。永明延寿以此调和了禅宗与净土教门的根本差异,将禅净统一了起来。延寿还以求同存异的思维方式、综合兼修的修持模式来处理禅宗与净土宗乃至其他宗派的差异、矛盾。如他说:"诸法法门,亦不一向。皆有自力他力,自相共相。"④又说:"若自力充备,即不假缘;若自力未堪,须凭他势。"⑤还说:"内则唯凭自力,外则全仰佛力,遂得障尽智明,云开月朗。"⑥延寿认为,佛教有自力与他力、特殊与普遍的不同法门。每个修持者的条件、业力不同,可视自身情况采取或自力或他力、或自力与他力相结合的方法来

---

① 《万善同归集》卷上,《大正藏》第 48 卷。
② 同上。
③ 同上。
④ 同上。
⑤ 同上。
⑥ 同上。

修行。对于修持者来说，既靠自力，也靠外力，自力与外力是相辅相成的。这是从方法论的高度论证禅教一致，尤其是禅净一致的必要性、合理性。

世传永明延寿撰有专论禅与净土的《四料拣（简）》，共有四偈。据《净土指归集》卷上《永明料拣》载："一曰有禅无净土，十人九蹉路，阴境若现前，瞥尔随他去。""二曰无禅有净土，万修万人去，但得见弥陀，何愁不开悟。""三曰有禅有净土，犹如戴角虎，现世为人师，来生作佛祖。""四曰无禅无净土，铁床并铜柱，万劫与千生，没个人依怙。"《四料拣（简）》对元代以来的禅净思潮影响深远。近年来，随着学术界对永明延寿思想研究的逐渐深入，有些学者如顾伟康、杨笑天等人，对《四料拣（简）》的真实性提出疑问，认为是后世净土宗人的假托，其理由如下：一是《四料拣（简）》内容是净高于禅，抑禅扬净，并非禅教一致、禅净一致，与永明延寿以禅宗思想为主导协调禅教关系、禅净关系的根本宗旨不符。二是《宗镜录》等永明延寿现存著作中均未见记载。三是从现有史料来看，最早提到《四料拣（简）》并作节录的是元代慈寂于公元 1334 年编的《天目中峰和尚广录》，最初收录全文的是明代大祐编纂的《净土指归集》①。笔者也认为《四料拣（简）》是后人的附会，并认为这是净土宗思想影响的进一步扩大、一时甚至超过禅宗影响的历史反映。

永明延寿的禅教一致说是奠立在佛教心性论，尤其是禅宗心性论基础上的。展开一点说，其要点有三：一是以禅宗的一心、自心、本心、真心作为衡量其他宗派教义的标准和统一其他宗派教义的基石，即把佛教一切教义都归结到禅宗的"心"义上来；二是认为禅宗与教门各派的关系，是佛的心、意与佛的口、语的关系，这种心意与言教的关系，是本原与现象、内在与外在的关系，是相依相即、相互统一的；三是禅宗与教门各派具体修持实践的关系，是心与行的关系，强调自心觉悟要落实到种种修持实践上来，而一切修持实践的功德又回归到心，成就自心觉悟，进入成佛境界。

---

① 参见顾伟康：《禅净合一流略》，183—196 页，台北，东大图书公司，1997。

(三)延寿思想的历史影响

在中国佛教禅教一致的思潮史上,最早提出禅教一致说并从理论上加以论证的是唐代的圭峰宗密。宗密是兼通华严学与禅学的学者,他有见于禅宗流传后的某些弊端和当时佛教内部的种种矛盾,特意会通华严宗义理和禅宗心性思想,提倡"华严禅",进而还以禅的各派与教的各派相对应,融会禅与所有教家,高扬禅教一致说。禅宗五家最后形成的法眼宗,其创始人文益曾作《宗门十规论》,列举出五代时禅门的流弊,他也抉取华严宗的六相圆融和理事圆融思想来重建禅宗的学说。这都表明吸取教家义理已成为禅宗的理论需要,也成为禅宗的发展方向。宗密和文益在禅教一致思潮史上都占有重要的历史地位。

永明延寿是在禅宗流弊进一步严重化、禅与教的对立进一步尖锐化的形势下,高扬禅教一致思想旗帜的。他的《宗镜录》和《万善同归集》两书奠定了他在禅教一致学说史上的显赫地位。永明延寿的突出贡献是,在宗密全面恢复、重立佛教经典的权威的基础上,进一步强调了教门修持实践的重要性,为从实践层面落实禅教一致说提供了广阔的前景。自延寿以后,禅教一致说逐渐成为佛教的思潮,禅教兼修日益成为佛教的主流。

入宋以后,佛教僧俗的禅教双修、禅净双修都承继永明延寿的遗风,且不断推进。在禅教一致思潮影响下,宋代禅宗形成了以语言文字为特色的禅法——"文字禅"。这是一种通过参究禅门语录、公案以把握禅理的修持方式,强调以语言文字学禅、教禅、参禅、悟禅,从而改变了轻视佛教经典和言语文字的禅风。与"文字禅"的盛行相应,《楞伽》、《金刚》、《首楞严》、《华严》、《法华》、《维摩》、《圆觉》诸经,都成为禅僧诵读的经典。禅师与天台、华严、净土等宗僧人交往也日益频繁、密切。元代以后,禅净双修之风尤为盛行。被誉为"江南古佛"的临济宗僧人中峰明本,不仅读《金刚》、《法华》、《圆觉》诸经,还奉持五戒,其弟子天如惟则兼通天台教理。师徒两人都心归西方净土,提倡禅净合行。迄至明代,著名僧人楚山绍琦、空谷景隆、一元宗本等,相继倡导禅净合行。晚明"四大高僧"

云栖袾宏、紫柏真可、憨山德清和蕅益智旭也都倡说禅教一致思想,其中云栖袾宏尤为着力于高唱禅净合一说。在近现代,禅僧的修持也都是参禅与念佛结合的,佛教继续沿着禅净合行的道路展开。

　　教门诸宗中,与禅宗在成佛理念上反差最大的是净土宗。但值得注意的是,宋以来的佛教史表明,在当时中国佛教禅教一致的总的发展趋势中,恰恰是这两个理念上差别最大的宗派却又最重视强调彼此的一致。佛教发展的历史潮流把禅宗与净土宗推向合流,禅教一致重点落实为禅净一致,事实上禅净一致思潮也一直延续到当代。为什么会出现这种现象呢? 这其间必然蕴藏着极为深刻的原因。我想以下情况也许是重要的。首先,两宗在成佛理论上的巨大差异,需要彼此融通,以缓解矛盾,并利于扩大各自的影响。据唐净觉《楞伽师资记》载,道信禅师谓:"《无量寿经》云:'诸佛法身入一切众生心想,是心作佛。'当知佛即是心,心外更无别佛也。"①《观无量寿佛经》是这样说的:"诸佛如来是法界身,遍入一切众生心想中。是故汝等心想佛时,是心即是三十二相、八十随形好。是心作佛,是心是佛,诸佛正遍知海,从心想生。是故应当一心系念,谛观彼佛。"②这段话本是解说"念佛三昧"即佛现前定的,强调的是透过念佛法门集中心思时,在冥想中显现出佛的形象,是有此心才显有此佛。禅门则加以发挥,宣扬的是众生心中本自有佛,心外更无别佛。净土经典义理和禅师思想虽然不同,但是两者都把"人与佛"的关系转化为"心与佛"的关系,以便于或力求直接进入佛土,或力求直接成就为佛,从而在心性论方面为禅净一致说提供了理论基础。其次,禅宗与净土宗都是重修持的宗派,修持方式的巨大差异不利于共同发展,这也就要求彼此互补,缩小差异。而两宗的修持方式又同是从禅定中演变出来的,同是佛教修持中国化的产物,这又为两者的结合提供了源头上的根据。再次,尤为要紧的是,两宗的力量雄厚强大,都拥有自己的广大信众,若彼此排斥,势必两败俱伤,若彼此融合,则必双赢,为求共存共荣,彼此寻求统一是最明智之举。而两宗都是平民化的佛教宗派,也为禅净合流提供了群众基础。

历史编

055

五、永明延寿与禅教一致思潮

---

① 《大正藏》第 85 卷。
② 《大正藏》第 12 卷。

永明延寿在理论和实践两方面都对禅教一致说作出了贡献,这种贡献是巨大的。但是他没有也不可能对禅与教的种种具体矛盾都作出合乎逻辑的融会。比如究竟如何把教外别传与教内相传统一起来,就是一件难事。又如佛性说与恶性说、真心论与唯识论的理论差异,也是不易调和的。当然,这是不能苛求延寿的。同时,这些问题的依然存在,也并不影响作为开放性系统的佛教的继续发展。不断产生矛盾、不断整合、不断分立、不断合一,也许正是佛教生命力之所在。

（原载《哲学研究》2005 年第 3 期）

理论编

一、禅·禅定·禅悟

印度大部分地区的气温偏高,炎热的气候使人们需要以静制动,求得清凉。印度人民又是个长于沉思、富于遐想、善于辩论的民族。自然的和人文的条件,推动了印度人创造出许多种宗教,宗教成为印度人不可或缺的生活内容。禅在印度诸宗教中得到广泛流传,是印度人宗教生活的重要特征。印度佛教也十分重视禅修,认为禅修是进入涅槃的"城门"。在佛教的全部修持中,禅是极为重要和极富特色的一环,是绝对不可缺少的。

(一)禅·禅定

"禅"是梵语 dhyāna 音译"禅那"的略称,汉译是思维修、静虑、摄念,即冥想的意思。用现代话简要地说,禅就是集中精神和平衡心理的方式方法。从宗教心理的角度来看,禅的修持操作主要是"禅思"、"禅念"和"禅观"等活动。禅思是修禅沉思,这是排除思想、理论、概念,以使精神凝集的一种冥想。禅念是厌弃世俗烦恼和欲望的种种念虑。禅观是坐禅以修行种种观法,如观照真理,否定一切分别的相对性,又如观佛的相好、功德,观心的本质、现象等。禅具有多种功能,诸如,精神集中,即集中注意力,以为宗教修持提供稳定、良好的心理状态。调节心理平衡,带来宁静与快适的感受。这两项功能和我国气功的功能又十分相近。再是化解烦恼,舍弃恶念,提升精神境界。禅还能产生智慧,有助于观照人生、宇宙的真实。此外，佛教还宣扬长期禅修能获得超常的能力，即神通力，与今人所谓"特异功能"相当。又禅修或可得见诸佛，得见诸佛而断诸疑惑，这后两项功能极富神秘主义的色彩。

与禅的涵义相应的梵语还有 samādhi，音译三摩地、三昧等，汉译作定、等持等。"定"是令心神专一，不散不乱的精神作用，或指心神凝然不动的状态。一般地说，定是修得的，是禅修的结果。有时，"禅"也当作定的一个要素，被摄于定的概念之中。这样，在中国通常是梵汉并用，称作"禅定"，禅定成为惯用语，被视为一个概念。实际上，禅定的主要内容是禅，是通过坐禅这种方式使心念安定、专一，其关键是静虑、冥想。至于中国禅宗的禅，则明显地向慧学倾斜，带有否定坐禅的意味，强调由思维静虑转向明心见性，返本归源，顿悟成佛。这样，中国禅宗的禅和印度佛教的禅与定在意义上就迥异其趣了。

在中国佛教的修持实践中，与定相当的一个用语是"止"，通常止又与"观"对说，称为"止观"。止和观都是梵语的意译。止是静息动心，远离邪念，止灭烦恼，使心安住于一境。观是发起正智，观想事物的真性，即使心灵直下契入所观的对象，与之冥合为一。如上所说，禅观就是通过坐禅以观照真理。止相当于定，观则相当于慧。所以，止观又称定慧、寂照。天台宗因特别注意止观双运的修持，故又名止观宗。

（二）禅　悟

禅悟，是禅宗用语。从词义来说，禅的本意是静虑、冥想，悟与迷对称，指觉醒、觉悟。悟是意义的转化，精神的转化，生命的转化，含有解脱的意义。禅是修持方式，悟则是修持结果，两者是有区别的。但是，中国禅宗学人却把禅由坐禅静思变为日常行事，由心理平衡变为生命体验，从根本上改变了禅的内涵。中国禅宗学人还认为觉悟要由日常行事来体现，由生命体验来提升。禅与悟是不可分的，悟必须通过禅来获得，禅没有悟也就不成其为禅。没有禅就没有悟，没有悟也就没有禅。从这个意义上说，禅与悟之间不存在手段和目的的关系，或者若从禅包含了悟的意义上说，禅就是禅悟。这是与印度佛教所讲的禅大相径庭的。

一般地说,禅宗的禅修过程大约可分为四个阶段,最初是要"发心",即有迫切的寻求,强烈的愿望,以实现解脱成佛这一最高理想;其次是"悟解",即了解佛教道理,开启智慧,觉悟真理;再次是"行解相应",即修行与理解结合,也就是开悟后要进一步悟入,使自身生命真正有所体证、觉悟;最后是"保任",保守责任,也就是在禅悟以后,还必须加以保持、维护,也就是巩固觉悟成果。

以上禅修过程中的开悟与悟入是禅悟的根本内容,也是禅宗人最为关切之处。开悟与悟入是悟的不同形态。开悟是依智慧理解佛教真理而得真知,也称"解悟";悟入则是由实践而得以体证真理,主体不是在时空与范畴的形式概念下起作用,而是以智慧完全渗透入真理之中,与客体冥合为一,也称"证悟"。证悟和解悟不同,它不是对佛典义理的主观理解,不是对人生、宇宙的客观认识,不是认识论意义的知解,而是对人生、宇宙的根本领会、心灵体悟,是生命个体的特殊体验。也就是说,证悟是对人生、宇宙的整体与终极性的把握,是人生觉醒的心灵状态,众生转化生命的有力方式。解悟与证悟作为觉悟的两种方式,实有很大的区别。禅宗学人中,有的解悟与证悟并重,有的重在解悟,有的则偏于证悟,甚至排斥解悟,虽然他们都抓住心性本源,强调单刀直入,直指人心,见性成佛。禅宗学人在如何看待解悟与证悟的关系问题上,所持态度的不同,实是禅宗内部不同主张的重要根源之一。禅悟不仅有性质的区别,还有程度的不同。局部、浅易的觉悟称为小悟,全面、彻底的觉悟称为大悟。

禅悟的时间还有迟速、快慢之别,由此又有渐悟、顿悟之分。解悟与证悟都可分为渐悟与顿悟两类。渐悟是逐渐的、依顺序渐次悟入真理的觉悟。顿悟是顿然的、快速直下证入真理的觉悟。弘忍门下神秀与慧能两系,对禅悟修持的看法不同,因而形成了渐悟成佛说与顿悟成佛说的对立。

中国禅宗还大力开辟禅悟的途径和创造禅悟的方法。禅宗历史悠久,派别众多,开创的途径和方法繁复多样,五花八门。然概括起来,最可注意者有三:一是禅宗的根本宗旨是明心见性,禅悟的各种途径与方法,归根到底是为了见性。而性与"相"相对,相与"念"相连,念又与"住"（住著）相关。慧能认为众生要见性,就应实行无相、无念、无住的法门,也就是不执取对象的相对相,不生起相对性的念想,保持没有任何执著的心灵状态。这是内在的超越的方法,是禅悟的根本途径。二是性与理、道相通,悟理得道也就是见性。而理、道与事相对,若能理事圆融,事事合道,也就可见性成佛了。由此如何对待和处理事与理的关系,就成为禅悟的又一重要途径。祖师禅的"触目是道"和"即事而真",就是循着这一途径而产生的两类禅悟方法。这种禅悟的途径与方法的实质是事物与真理、现实与理想的关系问题,是强调事物即真理,从事物上体现出真理,强调现实即理想,从现实中体现出理想。三是禅悟作为生命体验和精神境界具有难以言传和非理性的性质。与此相应,禅师们都充分地调动语言文字、动作行为、形象表象的功能,突出语言文字的相对性、动作行为的示意性、形象表象的象征性,以形成丰富多彩的禅悟方法,这又构成了禅悟方法论的一大特色。

悟的境界是追求对人生、宇宙的价值、意义的深刻把握,也即对人生、宇宙的本体的整体融通,对生命真谛的体认。这种终极追求的实现,就是解脱,而解脱也就是自由。禅宗追求的自由,是人心的自由,或者说是自由的心态。这种自由不是主体意志的自由,而是意境的自由,表现为以完整的心、空无的心、无分别的心,去观照、对待一切,不为外在的一切事物所羁绊、所奴役,不为一切差别所拘系、所迷惑。自由的意义对禅宗来说,就是要超越意识的根本性障碍,这个障碍就是个体生命与万物、时间、空间的差别、隔阂、矛盾,以求在心态结构的深处实现个体与整体、短暂与永恒、有限与无限的统一,使人由万物、时间、空间的对立者转化为与万物、时间、空间的和谐者。

一般说来,禅宗的禅悟是排斥逻辑的,但排斥逻辑的禅悟是否还有特定的自身逻辑可寻呢? 我们认为这种特定的逻辑是存在的。禅林盛传所谓"离四句绝百非","四句"即:有、无、亦有亦无、非有非无,属于概念思考。"百非","非",否定,即一百种否定,多重否定。"离"、"绝"是超越的意思。禅宗认为,"四句"、"百非"都是言说的表现,而绝对真理是超越这种种表现的。这绝对的真理就是"无"（"空"）,"无"也是人生、宇宙的

禅宗概要

最高本体。这个"无"字是破除一切分别心的,是超越二元对立的根本:若能勘破一切差别、对立,参透这个"无"字("空"字),也就解脱无碍而自由自在了。由此可见,超越——空无——自由,是为禅悟的特定逻辑和本质。

（原载《中国文化研究》1999 年秋季卷）

二、禅宗的理论要旨

禅宗源远流长，历史悠久。它以形形色色、异彩纷呈的禅法吸引了众多的信徒和广大的教外人士。禅宗的禅法是奠立在什么思想原则上的呢？指导禅宗修持实践的理论要旨是什么？我们拟通过简要的论证，说明心性论是禅宗的理论要旨。

（一）禅宗的心性论是禅修方法的理论基础

禅宗是最为典型的中国化佛教宗派，因重于禅，主参禅，故名。禅宗的禅法是多种多样的，不仅只是坐禅。禅宗又因主张"以心传心"，直传佛的心印，而称佛心宗。"以心传心"的心，指佛心、自心。意思是说，师父不依经论，离开语言文字直接面授弟子，以佛法大义使弟子自悟自解，这就叫做传佛心印。弟子为师父当下直接认可而得到的心印称为"正法眼藏"，即是得佛教正法。被师父直接认可的徒弟可以相承嗣法，为嗣法弟子。如此由师父传弟子，弟子传徒孙，一代一代内证传承，构成禅宗的"法脉"。禅宗的特征通常被概括为"不立文字，教外别传，直指人心，见性成佛"。"不立文字"，即不依据文字、不依据经书。三论宗吉藏也有"不立文字"的说法，而"教外别传"却是唐代中期以后禅宗的特色。"教外别传"是"不立文字"说的发展，它并不是与经教完全绝缘，而是强调在传授上不依文字、言教，即另有"心印"。故禅宗又称作别传宗。"直指人心，见性成佛"，指深究、彻见心性本源，从而成就佛果。从这些对禅宗特色的表述中,可以看出禅宗的主旨是以参究的方法彻见心性的本源。

从历代禅师的著作看,禅宗并不关注如何认识世界,以满足外在需要的问题,不关注世界观、宇宙论的问题,它在这方面的理论贡献较小。唯有对禅修方法极为重视,探讨、辩论和创造甚多,棒喝、机锋、语录、公案、古则、话头、默照,甚至呵佛骂祖等教学方法和参禅法门,令人目不暇接,而这形形色色的禅法,都是从心性思想发挥出来的种种机用。禅宗的种种修行方法、不同的途径,也都是以达到见性成佛为目的的。由此,禅宗对于心性的内涵、本质,心性与成佛的关系等问题,也作了极富特色的论述。我们只有结合禅宗心性思想才能理解其禅法的真意。

禅宗作为佛教的一个流派,归根到底也是讲如何了生死、如何解脱、如何成佛的问题。人既是自然的一部分,又是从自然分裂出来的独立主体。向往与自然同样具有永恒性、无限性,向往与自然的同一,是人的最深沉、最强烈的内在心态。而现实与这种向往是对立的。禅宗的禅法作为一种生命的智慧和艺术,正是力图为人们实现这种向往提供方法。在中国古代占主导地位的儒家思想的强烈影响下,禅宗又转向重视人的现世,重视此岸,并着重从人的心性方面去探求实现生命自觉、理想人格和精神自由的问题。禅宗视心为人性的主体承担者。禅师们既重视心,也重视性,并把心性结合起来,从而也就把心看作存在的范畴。他们把实现自我觉悟,开发自己的心灵世界,作为人生的主要任务和最大追求。强调要自识本心,自见本性,实现自我超越,解脱烦恼、痛苦和生死,成就为佛,即在有限、短暂、相对的现实中实现无限、永恒、绝对。

由此可见,禅宗的心性论是禅修方法的理论基础,是禅宗哲学思想的核心内容,也是禅宗全部思想理论的主要旨趣。

(二)禅宗的禅修方法演变与心性思想发展

禅宗的心性论是在不断变化、发展过程中丰富起来的,而这种情况又是与禅法的演变、流派的分化、禅师的见解直接相关的。从中国禅宗思想发展史来看,大体上可以分为三大阶段:一是从印度禅法传入,尤其是菩提达摩推行"理入"和"行入",亦即理论和实践相结合的禅法以来,一直到弘忍时代,提倡凭借经典,重视整体佛法,以求参禅成佛,这可以说是准备时期①。二是从慧能开始提倡自性清净,超越文字义解,直下彻悟心源,顿悟成佛,标志着中国化禅宗的形成。随后并分衍出五家七宗,门叶繁茂,禅宗臻于鼎盛,这可以说是兴盛期。三是从宋代以后,禅宗思想,包括心性思想趋于停滞,由守成渐至衰退,这可以说是衰落期。对于禅宗的心性论,我们主要论述的是准备期和兴盛期,特别是兴盛期的心性论思想内容。

这里我们想简要地梳理一下禅宗准备期和兴盛期的禅法演变、流派分化和心性思想的发展,以便于从纵向把握中国禅宗心性论的概貌。

禅,源于古印度的瑜伽,原意是静坐敛心,正思审虑。在释迦牟尼之前,印度就盛行禅法,如有的人就企图通过坐禅达到升天的目的。释迦牟尼也提倡以达到涅槃为目的的禅法。随着佛教传入中国,小乘佛教的禅观思想也相应传入,其特点是以带有数字的佛教名词为禅观对象,如三界、四谛、五蕴等。东晋时的鸠摩罗什、佛驮跋陀罗介绍了大乘禅法,尤其是"念佛法门",即着重观念佛的相好、功德。南朝刘宋求那跋陀罗译出四卷《楞伽经》,该经卷 2 列举了四种禅②,其中的如来禅是指具备自觉圣智,又为利益众生而示现的不思议妙用,是高层次的禅。又以"攀援如禅"为达到如来禅的阶梯。攀援如禅是超越分别,如实证悟真如的禅法。这种禅法以契合于真如即契合"如来藏心"为旨归,从而为禅学者指出了成佛的根源,标示出禅修的方向,由此又激发禅师们去开拓种种禅修途径,为禅修的兴盛和禅宗的创立开了先导。

被禅宗尊为初祖的菩提达摩,曾被误作为佛驮跋陀罗所译禅经中的达摩多罗。史载,达摩于南朝梁武帝时从印度来到建业(今江苏南京),后渡江北上,至嵩山少林寺,面壁坐禅。《略辨大乘入道四行》是代表达摩思想的较为可靠的著作,文中提出了"理入"和"行入"的"二入"修行方

---

① 这样的分期并不排斥称达摩为禅宗的初祖,也不排斥通常称神秀一系为禅宗北宗、慧能一系为禅宗南宗的传统说法。我们认为,从主张教外别传、提倡顿悟等方面考察,彻底中国化的禅宗是自慧能开始的。在禅宗史上,禅宗这一名称是在慧能百年后即 9 世纪才开始出现的。

② 四种禅为:愚夫所行禅、观察义禅、攀援如禅和如来禅。

法。达摩传慧可(487—593),史载慧可为了获得达摩的禅法而"雪中断臂",以示决心。慧可的禅法是依据达摩传授的四卷《楞伽经》,重视玄理,强调得意,而不在语言。慧可又传僧璨(? —606)。自达摩至僧璨三代师徒都称为楞伽师,都奉行《楞伽经》,把此经作为禅修的指导和印证。道信(580—651)嗣法于僧璨,传于弘忍(602—675),师徒二人除继承《楞伽经》思想外,又因受《大乘起信论》和《文殊般若经》的影响而提出"即心即佛"、"一行三昧"(心专于一行而修习的正定)之说。强调心法是根本,重视念佛。他们还一改以往的禅风,聚徒定居。道信就住湖北黄梅双峰山三十多年。又因弘忍住黄梅东山阐扬禅法,故世称道信和弘忍的禅法为"东山法门"。东山法门因弘忍的弘扬而大盛,一时被誉为禅法的正统。道信、弘忍在禅宗的酝酿过程中发挥了历史性的作用,在禅宗史上占有重要的地位。

与道信几乎同时代的法融(594—657),相传曾受道信的印可,弟子称他为"东夏的达摩"。法融长住南京牛头山弘法,而形成牛头宗,并辗转传了六代。法融的著作,现存有《心铭》和《绝观论》。法融认为"道本虚空",主张"无心为道"、"无心用功"。牛头禅的特色在于排遣多言,着眼于空寂,鲜明地反映了中国道家和玄学家的思想色彩,从而与东山法门的"即心即佛"说法以及坐禅观心守一禅法相对立。牛头禅对于后来禅宗尤其是慧能南宗青原石头一系的影响颇大,并为石头法系所融摄而法脉断绝。

弘忍门下的门徒很多,其中绍隆其禅法且影响巨大者,首推神秀(606—706)和慧能(638—713)。他们分别成为北渐南顿二系禅学的首倡者,开创了北宗和南宗两大禅风迥异的派系。

神秀完全继承了道信、弘忍以心为宗的东山法门,"持奉《楞伽》,近为心要"①。又兼重《文殊般若经》而修持一行三昧,主张"坐禅习定","住心看净",构成一种渐悟法门。神秀被弟子普寂立为禅宗第六祖,但后来慧能门下荷泽神会(668,一说686—760)出而论定是非,抨击神秀

---

① 张说:《唐玉泉寺大通禅师碑铭并序》,《全唐文》卷231,2335 页,中华书局,1982。

"师承是傍,法门是渐"①,提出达摩宗的正统法嗣不是神秀而是慧能,此后神秀的门庭渐趋寂寞,传四五世即归于消亡。

从达摩、慧可、僧璨、道信、弘忍直至神秀的禅法来看,其间虽有不少变化,但都是重视经教,提倡藉教悟宗的,同时也重视坐禅、念佛、守心、去妄求净,这样参禅也就成为一个繁难的静态渐悟过程。从心性论方面看,达摩以"如来藏"为禅修成佛的思想基础,慧可继承达摩的思想,并进一步强调自心觉悟,肯定自心觉悟即是佛。道信认为念佛心是佛,妄念是凡夫,高扬念佛的净心,强调排除妄念。弘忍继承道信的思想,并更加强调染净二心的对立。神秀沿着弘忍的心性论理路,进一步偏于息灭染心。在这一禅宗准备期间又横出一枝法融牛头禅,认为没有心可守,也不主张观照,提倡无心、忘情,以求解脱,表现为一种以心性空无为特征的心性论。

慧能禅法的主旨是提倡单刀直入的顿教。他既倚重经教,又主张摆脱经教名相的思想束缚。他强调自证于心,不外求佛。他还进而主张归戒入禅;强调定慧一体,反对定慧割裂;并批评一行三昧仅限于坐禅的说法和做法,认为一切时中行住坐卧动作云谓里,都可体悟禅的境界。这就从根本上突破了传统禅学的框架,改变了"念佛净心"的东山法门,并与当时神秀北宗的渐教相对立。慧能的自性清净、自悟本性、直了顿悟的心性论,在整个中国禅宗心性史上带有某种转折的意义。

自达摩直至慧能,都是藉教弘法的,然而慧能提倡的单刀直入求得开悟的禅法,又为摆脱经教提供了根据。慧能的禅学,一方面主张立言说,依文字,一方面又强调自性具足,向自心中求取。这两个方面在《坛经》中是统一的,即众生在迷妄时,要依经教言说,以提高知解;而要真正自我觉悟,则应不假文字,自用智慧观照,自心体悟,才能解脱。慧能门下有的倾向于立言说,有的则倾向于不立言说,又由于师徒承传关系的不同,结果出现了对立的潮流,并引发出在接引参学者的形式、方法上的种种差别。

慧能门下弟子很多,著称于世的,有荷泽神会、南岳怀让、青原行思、

---

① 《中华传心地禅门师资承袭图》,《续藏经》第1辑第2编第15套第5册。

南阳慧忠、永嘉玄觉五人,且各自成一家。其中又以南岳、青原二系弘传最盛、最久。至于荷泽神会,为确立慧能在禅宗的正统地位作出了巨大贡献,而他的荷泽宗心性论与南岳、青原二系的心性论却存在着鲜明的差异。

慧能门下主张尊教读经、追求知解的是神会一系的荷泽禅。正如其后继者宗密所说的"知之一字,众妙之门"①,认为人人都有内在的灵知,这灵知是人心的体性、本质,强调开发灵知,重视知解在自悟中的作用。但是南岳怀让门下的翘楚马祖道一(709—788)一系,和青原行思门下的大弟子希迁(700—790)一系,尤其是马祖洪州宗则要求一般参学者不许读经讲教,不许觅求知解,从而形成了与荷泽门下的对立。在南岳、青原门下看来,神会只是一个"知解宗徒",依然只是在文字障内讨生活,是求不得解脱的。他们为了避免自心、自悟与知解的混同,而反对神秀的说法,并强调用心于知解之外,即不立文字言教,不求经义知解,提倡直指人心的直觉主义。

马祖道一及其门下派生出沩仰和临济两宗,提倡直指人心,认为本心的自然流露、外在表现就是解脱,平时言语举动、日常生活表现都是禅修,都体现了禅意,都充满了禅味。马祖首先提出了"平常心是道"的命题,认为具体而平俗的心就是禅道、佛道。不用禅定敛心,不修不坐,就是如来清净禅。如此运水搬柴、着衣吃饭、屙屎送尿等日常生活和平时动作都是佛事,都可以从中体悟真理。马祖门下还强调心的活动都是佛性的显现,都是自性的作用。也就是说,众生心识接触外境的见闻觉知都体现了自然的真性,都是解脱的契机。总之,是把禅修与现实生活统一起来,形成了一种随缘任运的态度。临济义玄(?—867)还发展了马祖的"平常心"思想,提出了"无事"的观念,认为佛与祖都是无事人,无事是人的本质。一味看经重说教是专意造业,求佛求法更是造地狱业。强烈反对向外求取价值,追求解脱,竭力肯定现实人及其行为的无限价值。临济宗五祖法演(1024—1104),以及后来的大慧宗杲(1089—1163)阐发和强化了参究"无"字功夫,形成为一种排除感觉和知识、专心于主体觉悟的直观

---

① 《禅源诸诠集都序》卷上之2,《大正藏》第48卷。

方法,"无"字成为打碎感觉和知识的武器。无门慧开(1183—1260)还作《无门关》,进一步主张全身心地参究"无"字这个话头,通过对"无"字的体悟、突破,以显示自身的主体性,获得主体的精神自由。

石头希迁及其门下后来又衍化出曹洞宗、云门宗和法眼宗。此系吸收了华严宗和牛头宗的思想,由此又倾向于调和顿渐法门,调和荷泽宗与洪州宗的对立,后来有的禅师更明确地提倡禅与其他教派的统一、禅法与净土思想的统一。在教法和禅修方面,此系创造了种种法门,灵活多样,丰富多彩,如曹洞宗有正偏、功勋、君臣、王子四种五位说之类,甚为细密。云门宗有涵盖乾坤、截断众流、随波逐浪三句和一字关之类,极为简捷。法眼宗则介于二宗之间,细密简捷兼备。后来此系有的禅师还提倡坐禅,有的禅师越来越重视经教、知解。总体说来这些方法是从理与事、本与末的角度去把握、体悟心物一体境界的。在心性论方面,此系也相应地认为人的心灵是圆满完美的,主张即心即佛,直指人心,解脱成佛。此系重视一切尽由心造的唯心论,认为只要心地自然,就会佛法遍在,一切现成。有的禅师也还继承牛头宗的心性思想,宣扬无心合道、无情说法的心性论。

自中唐以后,慧能开创的禅宗日益成为中国佛教的主流,分宗立派,源远流长。禅宗不同宗派的区别主要是两方面:一是禅林传承关系不同,一是教法和禅法不同,这两方面合成为家风、门风、宗风的不同。不同宗派,尤其是马祖、石头两大系在主张不立文字、教外别传、直指人心、明心见性、顿悟成佛、以求解脱的根本宗旨上是一致的,或基本上是一致的。这种一致性是奠立于共同的心性论基础之上的。慧能禅宗各派都在心生万法的基础上,强调众生的自心、自性的清净,都肯定众生具有真心、净心,也就是人人都有佛心、佛性,主张即心即佛,心即是佛。禅宗各派对于心体即心的本质属性的看法,则在肯定其清净性基础上各有侧重,有的认为是本知(灵知),有的认为是平常(无为),有的认为是空寂,也有的认为是自然,对于心用即心体的外在表现,有的认为人的一切行为、现实表现都是心体的体现,也有的认为人的行为、表现有染净之分,并不都是心体的本质流露。可见慧能禅宗各派的心论是同中有异,并非完全一致的。

如果我们把禅宗的准备期和兴盛期的心性论作一简要的历史考察,

可以这样说,佛性、如来藏心或真心是这两个时期禅师心性论共同的思想内核,由于都认定众生具有如来藏心或真心,因此都提倡通过这样或那样的禅修,以求证悟成佛。这其间最主要的区别是,在准备期,禅师多偏于真心与妄心的对立,强调去妄求真、灭妄存真,而兴盛期的禅师则强调真心和妄心的统一,甚至不讲妄心,主张直指本心,顿悟成佛。这是在慧能,尤其是在马祖道一、石头希迁前后不同禅师的心性论乃至整个教义的主要分歧所在。其次是在预备期有牛头法融"无心为道"说与道信、弘忍等人"即心是佛"说的对立,而马祖和石头二系,尤其是石头系则把这两种说法调和起来,融合为一种有别于以前的新的心性论。正是在继承、扬弃和发展以往心性论的基础上,强调众生本有真心的决定作用,慧能及其门下得以相应地运用简易直捷的禅修法门,而取得了巨大的胜利和成功。可见慧能禅宗之所以成为晚唐以来禅宗乃至佛教的主流,也就不是偶然的了。

（原题为《心性论——禅宗的理论要旨》,

载《中国文化研究》1995 年冬季卷）

三、禅宗的核心思想

佛教是富于理想主义和超越主义思想色彩的宗教。佛教的最高目的是通过特定的修持，以求超越生死的痛苦，获得人生的解脱，实现成就正果的理想。

"佛"是佛教觉悟圆满的理想人格、崇高象征、庄严代表，追求成佛是中国佛教徒的最高终极目标。什么是佛？佛的特性、本质、功能、形象如何？佛如何定性、定位？这是佛教传入中国后首先遇到，也是备受关注的问题。中国佛教学者历来比较注重对"佛"的解释、探究和阐发。由于儒、道传统文化的影响等原因，中国佛教学者对这个问题所作的论述颇富浓重的中国特色。

中国佛教学者对"佛"的解释，大体上经历了三个阶段：汉魏晋时期，是着重以儒、道的有关观念与"佛"进行比附；南北朝隋唐时期，又回归于以佛教元典来平实地表述佛的含义；唐代中叶以来，禅宗热心关注"如何是佛"问题的问答，打开禅宗的各种语录，师徒们关于"如何是佛"问题的回答比比皆是，具体说法数以百计，真是五花八门，令人眼花缭乱，茫然莫解。然若把各种回答加以梳理、归类和分析，我们就能发现其实质是日益以自我心性去沟通、缩小众生和佛的界限与距离，以人的主体与心性清净等同于佛，这也就是慧能一系禅学的核心思想。

"如何是佛"的问题，包含什么是佛和怎样成佛两层意义。下面，我们就什么是佛这一意义来论述禅宗回答"如何是佛"的思想实质。为了说明问题，我们将先介绍隋唐以前中国佛教学者对"佛"的典型解说，然后再评述禅宗对"如何是佛"的回答,以有助于了解在这个问题上禅宗与前人思想的联系与区别,进而揭示禅宗的核心思想之所在。

(一)隋唐前中国佛教学者对"佛"的解释

在隋唐以前,中国佛教学者对于"佛"的解释,最富中国特色的典型说法有以下诸项:

第一,体道者是佛。牟子《理惑论》就"何以正言佛,佛为何谓乎"的问题回答说:"佛乃道德之元祖,神明之宗绪。佛之言觉也。恍惚变化,分身散体,或存或亡,能小能大,能圆能方,能老能少,能隐能彰。蹈火不烧,履刃不伤,在污不染,在祸无殃,欲行则飞,坐则扬光,故号为佛也。"这段话不仅对佛作了界说,而且描绘了佛的形态和功能。意思是说,佛是道德的始祖,神明绪业的体现,也就是觉者。佛的形态恍惚不定,聚散、存亡、大小、方圆、老少、隐显,随意变化,且具有奇异的神通,刀火不能入,污祸不会沾。这显然是受当时的老庄道家和黄老神仙家思想的影响,按照道家无为无不为的思想逻辑来规定佛的特性,实际上这是把佛与神仙等同了起来。值得注意的是,"佛乃道德的元祖"一语中"道"的含义,《理惑论》说:"道之言导也。导人致于无为。牵之无前,引之无后,举之无上,拟之无下,视之无形,听之无声,四表为大,绵绵其外,毫厘为细,间关其内,故谓之道。""四表",指四方极远的地方。这是说,道是引导人入涅槃(无为),入涅槃就是得道。这个道无声无形,没有四方上下的约束,充斥于整个宇宙,与佛的特性毫无二致,成佛也就是与道合为一体。这个道的内涵与特征是"虚无恍惚","虚无"的道就是本体。佛就是体证道本体的觉者、神明。支谦在他译出的《大明度经》中也说:"夫体道为菩萨,是空虚也。斯道为菩萨,亦空虚也。"以虚无、虚空为道,这与道家所言的道颇相类,而与大乘中观学说虽可比附,但从整体来说,是与作为整个佛教教义的佛道之道相悖的。由此可见,所谓体道的佛、菩萨实质上是具有道家理论色彩的中国化的神明。

第二,"周孔即佛,佛即周孔"。东晋时期奉佛的代表人物孙绰转而从儒佛比较的角度来解释"佛",他在《喻道论》中说:"周孔即佛,佛即周孔,盖外内名之耳。……佛者,梵语,晋训觉也。觉之为义,悟物之谓。犹孟轲以圣人为先觉①,其旨一也,应世轨物,盖亦随时。周孔救极弊,佛教明其本耳。共为首尾,其致不殊。"孙绰认为,周公、孔子与释迦牟尼在本质上没有什么不同,他们同是觉者、先觉者,只是教内外的名分不同,社会功能不同罢了。儒家是"救时弊",重在社会治理,佛教是"明其本",偏于内心的教化。这是从治国安民的社会作用的角度,肯定儒、佛的出发点和目的的一致性、共同性,从而推动了儒、佛思想的合流。但另一方面,由于孙绰将佛等同于周孔,也就模糊了佛教与儒家的区别,削弱了佛教超越世俗的神圣性。

第三,佛是人格神。东晋时,南方佛教领袖慧远,在继承中国传统的形尽神不灭观念的基础上,结合佛教的解脱成佛理论,认为"冥神绝境,故谓之涅槃"②,把解脱境界归结为"神"处于冥然不可知又不为外境所影响的超然状态。他曾在庐山之阴、般若台精舍阿弥陀佛像前,率弟子一百二十三人建斋立誓,发愿共同往生西方极乐世界。其弟子刘遗民执笔的《发愿文》中就有"其有惊出绝伦,首登神界"③的话,这里慧远是把西方极乐世界称为"神界"。神界就是涅槃境界,也就是佛教所说的,人经过修持所达到的死后往生的境界。在这个境界里,永恒主体"神"获得了解脱,人得到了永生。在慧远看来,所谓成佛,就是"神"最终的舍离情识的妄惑、摆脱形体的枷锁所达到的清净境界,"神"是永恒的真实存在,是成佛的主体,佛是神的升华,是最高的理想人格,是人格神。

慧远对"佛"的解释不同于原始佛教,原始佛教反对灵魂不灭,主张无我说,也不同于牟子《理惑论》以体现本体"道"为佛的说法,而是以"神"的超越为佛,强调的是永恒的主体精神、灵魂的存在和作用。

第四,"法即佛"和"理者是佛"。东晋宋时的著名佛教学者竺道生,运用中国传统的得意忘象的思维方式,把般若实相说和涅槃佛性学说结合起来,认为体认宇宙本体(实相)和显现众生本性(佛性)就是佛。竺道生对"佛"的解释既富中国民族特色,又是综合印度大乘佛教空有两宗思

禅宗概要

① 《孟子·万章下》中以伊尹为先觉者。
② 《沙门不敬王者论》,《弘明集》卷5。
③ 《释慧远传》,《高僧传》卷6。

想的结果。

竺道生说:"以体法为佛,不可离法有佛也。若不离法,有佛是法也。然则佛亦法矣。"①这是说,体认法为佛,不可离开法另有佛,从这层意义上说,佛即是法。那么什么是法呢?"法者,无非法义也。无非法义者,即无相实也。"②"法者,理实之名也。"③所谓法就是"无非法",宇宙间无一不是法,法囊括了宇宙的一切,由此,法也是无相状的。法就是"理实",就是"理",也就是真理。可见法是遍于一切的本体,是普遍的真理。所以竺道生又说:"体法为佛,法即佛矣。"④法是反映宇宙本体、真理的普遍概念,是成佛的原因、根据,佛离不开法;佛是体认本体、真理,即"体法"的结果。由此一方面说"佛亦法",一方面又说"法即佛"。竺道生还就"体法"的意义这样说:"一念无不知者,始乎大悟时也。以向诸行,终得此事,故以名焉。以直心为行初,义极一念知一切法,不亦是得佛之处乎?"⑤意思是说,在一念之间直下感知一切法,也就是"得佛之处"。

由于法是"理实",因此竺道生又说,"佛以穷理为主"⑥,"佛为悟理之体"⑦,佛就是"穷理"、"悟理"的结果、体现。"理者是佛,乖者凡夫。"⑧成佛是体认本体实相的"理",从这层意义上说,理就是佛,而违背理就是凡夫。

竺道生还强调宇宙本体的法、理也体现在众生的心性之中,众生的本性、佛性,就是成佛的内在根据。他说:"夫体法者,冥合自然,一切诸佛,莫不皆然,所以法为佛性也。"⑨意思是说,"体法"即"冥合自然",而"法"就是佛性。由此又可以说,显现佛性也就是冥合自然。竺道生又说:"不偏见者,佛性体也。……不偏则无不真矣。"⑩"偏",偏离、不正。"不

---

① 《注维摩诘经》卷8。
② 《注维摩诘经》卷2。
③ 《大般涅槃经集解》卷54。
④ 同上。
⑤ 《注维摩诘经》卷4。
⑥ 《注维摩诘经》卷3。
⑦ 《注维摩诘经》卷4。
⑧ 《大般涅槃经集解》卷21。
⑨ 《大般涅槃经集解》卷54。
⑩ 同上。

偏"，不偏离正道，也就是无不真实。这是说，不偏，无不真，是佛性体，法与自然也是不偏、无不真的。在不偏、无不真这层意义上说，佛性、法和自然这三者是相同的。竺道生认为，众生若能显发佛性，冥合自然，直觉宇宙真相，也就成就为佛了。

（二）禅宗对"如何是佛"的回答

就什么是佛这一层意义，禅宗对"如何是佛"的种种回答，可以归纳概括为四种典型的说法：

第一，心即佛。

禅宗人对"如何是佛"的基本回答是心即佛。"心"，有的侧重指主体的现实心灵，有的则偏于指主体的清净心，即心的本性。"佛"，有的指佛性、佛心，有的指佛果。心与佛的关系，有的强调两者互不相离，有的则认定两者是相等的、无差别的。心即佛的典型说法有：

是心是佛。被奉为禅宗二祖的慧可在回答什么是佛法的问题时，对弟子说"是心是佛"①，认为众生的心就是佛。后来马祖的弟子大珠慧海也说："是心是佛，是心作佛。"②

即心即佛。史载："马祖因大梅问如何是佛，祖云：'即心是佛。'"③又大珠慧海在解释"即心即佛"哪个是佛时说："有行者问：'即心即佛，哪个是佛？'师（慧海）曰：'汝疑哪个不是佛？指出看。'无对。师曰：'达即遍境是，不悟永乖疏。'"④强调众生的自心即是佛。

心即是佛。黄檗希运（？—850）说："诸佛与一切众生，惟是一心。……惟此一心即是佛……此心即是佛，佛即是众生。"⑤希运认为心是佛与众生沟通的桥梁，心是众生，心也是佛。

以上三种说法的表述虽略有不同，其思想实质是一致的，都是肯定无

---

① 《景德传灯录》卷 3。
② 《景德传灯录》卷 28。
③ 《无门关》，《大正藏》第 48 卷。
④ 《景德传灯录》卷 6。
⑤ 《黄檗山断际禅师传心法要》，《大正藏》第 48 卷。

论是众生心,还是佛心,其心的体性是与佛无异的,此心即是佛。

禅师们对于此心即是佛的此心,也有不同的表述,重要的有:

念佛心是佛。被奉为禅宗四祖的道信宣扬"念佛心是佛,妄念是凡夫"①。把念佛心与妄念相对立,认为排除妄念,专心念佛,即能心中见佛,从这一意义上说,念佛心也就是佛。

自心是佛。禅宗六祖慧能大力倡导自心是佛说。他说:"我心自有佛,自佛是真佛;自若无佛心,向何处求佛? 汝等自心是佛,更莫狐疑。"②慧能讲的自心,也就是自心具有的自性,他说:"自性迷,佛即众生;自性悟,众生即是佛。"③"自心是佛"是就自心悟、自性悟而言的,处于迷妄状态的自心、自性,不是佛而是众生。

清净心是佛。黄檗希运提出了"本原清净心"的概念,以及"此心是本原清净佛"④的命题,强调此心是本原之心,是心本性,众生若能直下体悟此心,当即是佛⑤。希运弟子、临济宗创始人义玄进一步说,心清净就是佛,认为"一念心上清净即是佛"⑥,如此每一念心上都清净不染,"心心不异,名之活祖"⑦。这是强调众生日常的清净心,就是真正的祖师、真正的佛,从而更充分地肯定了人类的主体价值。

"汝自是佛"与"我即是佛"。当弟子向师父请教"如何是佛"的问题时,有的禅师往往回答问者说,你本人就是佛。"师(福州大安)上堂云:'汝诸人总来就安求觅什么? 若欲作佛,汝自是佛。'"⑧又如,"僧问:'如何是佛?'师(大龙山智洪)曰:'即汝是。'"⑨又,"裴一日托一尊佛于师(黄檗希运)前,跪曰:'请师安名。'师召曰:'裴休!'公应诺。师曰:'与汝安名竟。'公礼拜。"⑩这是说,佛的名字就是裴休,你裴休就是佛。又

① 《入道安心要方便法门》,参见《楞伽师资记》引,《大正藏》第85卷。
② 《坛经》[52]。
③ 《坛经》[35]。
④ 《指月录》卷10。
⑤ 参见《黄檗山断际禅师传心法要》,《大正藏》第48卷。
⑥ 《镇州临济慧照禅师语录》,《大正藏》第47卷。
⑦ 同上。
⑧ 《景德传灯录》卷9。
⑨ 《景德传灯录》卷23。
⑩ 《指月录》卷10。

如，"庐山归宗寺法施禅师策真，曹州人也。姓魏氏，本名慧超，升净慧之堂，问：'如何是佛？'净慧曰：'汝是慧超。'师从此信入。"①这里回答的意思是说，你慧超就是佛。近代自称虎禅师的杨度也高唱"我即是佛"，称"一旦此心豁然，我即是佛。死去活来，大彻大悟"②。所谓"汝自是佛"与"我即是佛"，都是在心、佛、众生三无差别的思想基础上，强调心外无佛，由此，你我是佛，一切众生都是佛。

第二，无心是佛。

禅宗继承印度唯心一系的思想，也吸取般若空宗一系的学说，强调禅悟解脱是"离一切相"的。史载："问曰：'诸经说，佛常住；或即说，佛灭度。常即不灭，灭即非常，岂不相违？'答：'离一切相即名诸佛，何有出入灭之实乎？见出没者，在乎机缘。'"③这是圭峰禅师宗密对佛的生灭出没问题的回答，认为佛是离开一切相的，从本质上说并无出世入灭。所谓出世入灭的相状是随机缘而定，并非佛身真正具有的。临济义玄也说："古人云，如来举身相，为顺世间情。恐人生断见，权且立虚名。假言三十二，八十也空声。有身非觉体，无相乃真形。"④意思是说，所谓佛身体的三十二相、八十种好都是为顺应众生的世俗之见而讲的，实际上并不存在，佛的真形是无相的。禅宗认为，佛是离一切相的，因此禅修者也应无求无著，黄檗希运说："学道人只怕一念有，即与道隔矣，念念无相，念念无为，即是佛。学道人若欲得成佛，一切佛法总不用学，为学无求无著，无求则心不生，无著则心不染，不生不染即是佛。"⑤无求无著，就是心不生不染，这也就是佛。"心不生"就是"无心"，无心就是佛。史载："常州僧灵觉问曰：'发心出家本拟求佛，未审如何用心即得？'师（南阳慧忠）曰：'无心可用，即得成佛。'曰：'无心可用，阿谁成佛？'师曰：'无心自成，佛亦无心。'"⑥南阳慧忠认为"无心"成佛，佛也"无心"。他还进一步认为"无即

① 《景德传灯录》卷25。
② 《我佛偈序·赠美国贝博士》，参见《杨度集》，657页，湖南人民出版社，1986。
③ 《景德传灯录》卷13。
④ 《指月录》卷14。
⑤ 《景德传灯录》卷9。
⑥ 《景德传灯录》卷28。

佛"："常州僧灵觉问曰：'如何是一念相应？'师曰：'忆智俱忘，即是相应。'曰：'忆智俱忘，谁见诸佛？'师曰：'忘即无，无即佛。'曰：'无即言无，何得唤作佛？'师曰：'无亦空，佛亦空，故曰无即佛，佛即无。'"[①]意思是说，忘却记忆智慧就是无，无也是空。忘却忆智即是无，即是空，也即是佛，因为佛是空无一切相的。

"心即佛"与"无心是佛"两个命题，实际上是统一的，两者都是从不同角度讲心与佛的关系。"心即佛"是说众生都有佛心、佛性，肯定心与佛不相离，直至认定心等同于佛。"无心是佛"则是强调学道修禅者对于佛身形相不要执著和追求，这样的"无心"就是佛。可以说，"无心"是对主体"心"的活动内涵的进一步规定，"无心是佛"是对"心即佛"的进一步说明。正如马祖道一禅师时而说"即心即佛"，时而又说"非心非佛"[②]一样，两者并不矛盾。非心非佛是破除对心与佛的执著，以避免将心觅心、将佛觅佛而不得解脱，这是对即心即佛的特定意义的否定，也是对即心即佛的更深层意义的肯定。

第三，理事不二，即如如佛。

沩山灵祐说："实际理地，不受一尘；万行门中，不舍一法。若也单刀直入，则凡圣情尽，体露真常。理事不二，即如如佛。"[③]"如如佛"，即法身佛。意思是说，真理不受一尘污染，无数修行法门中，不舍任何一种法门。若果直指人心，一切情想俱尽，心体就显露出真常状态。由此理与事圆融不二，也就是如如佛，或法身佛了。这是在自心觉悟的基础上，实现理事相即无碍的境界，这样的禅境也就是佛的境界。

第四，其他种种回答的背后。

对"如何是佛"的问题，禅师们除了上述正面的回答以外，还有大量的种种意在言外的回答，这些回答意在触动问者的灵性，令人十分费解。然而仔细体会，也仍有思路可寻，真意可求。下面我们分类加以简要的评述。

形象喻说，或者说答非所问。不少禅师在回答"如何是佛"的问题

---

① 《景德传灯录》卷28。
② 《古尊宿语录》卷1。
③ 《指月录》卷12。

时,往往是以各种不同形象的事物来回答,如答"麻三斤"①、"土块"②、"殿里底"③、"白额大虫"④、"干屎橛"⑤、"洞庭无盖"⑥、"金沙照影"⑦等等。"麻三斤"、"土块"、"殿里底",是指佛殿里麻缠泥塑的佛像,意思是殿里的佛像只有象征意义,学道者不要执著佛相,向外追求。"白额大虫"即毒蛇,"干屎橛"乃擦拭人粪的东西,是污秽的,意在表明执著佛的名字是毒害、污染自心清净本性的,应当打破向外对佛名字的执著,而转向对内追求自心的清净。至于"洞庭无盖"、"金沙照影",是说佛法现成,大地万物无一不是佛的当体。

以问答问。有些禅师在回答"如何是佛"的问题时,还采取反问的方式,向问者提出各种问题,如"问:'如何是佛?'师(崇寿契稠)曰:'如何是佛。'"⑧又如答"汝是什么人?"⑨"问谁?"⑩"如何是上坐?"⑪"更是阿谁?"⑫"自屈作么?"⑬"更是什么?"⑭等等。这里,有的是答语即是问语,有的是避开所问而反问对方,这两种回答的目的,是启发问者从回答中认识到,佛不是离开自心而独立存在的,自心就是佛,自己就是佛,不必向外寻求。

此外还有其他形形色色的回答,如以不答作答,当人问:"如何是佛?"答曰:"老僧并不知。"⑮有的则干脆予以否定,当人问:"如何是佛?"

---

① 洞山守初语,参见《碧岩录》第 12 则。
② 《景德传灯录》卷 11。
③ 《景德传灯录》卷 10。
④ 《五灯会元》卷 12。
⑤ 《无门关》,《大正藏》第 48 卷。
⑥ 《五灯会元》卷 12。
⑦ 同上。
⑧ 《景德传灯录》卷 25。
⑨ 《五灯会元》卷 10。
⑩ 《五灯会元》卷 16。
⑪ 《景德传灯录》卷 14。
⑫ 《景德传灯录》卷 24。
⑬ 《五灯会元》卷 16。
⑭ 《五灯会元》卷 8。
⑮ 《五灯会元》卷 11。

答曰:"错。"①还有当人问"如何是佛",答者"当面便唾"②。也有答者动手便打问者的,即以动作来回答③。这些回答和动作,也都在于启发问者明白提出问题本身就是错误的,成佛应当向内追求,佛就在学道者的心中。

(三)心性论是禅宗思想的核心

综上所述,我们似可以得出两个基本的看法:

第一,中国佛教学者重视从体认人生宇宙的本质、本体、真理,以及从伟大崇高的人格的角度界说"佛"的含义,这一思想传统为禅宗所继承。从禅宗对"如何是佛"的回答来看,它与《理惑论》《喻道论》以及慧远、道生的论说,在思索的理路上是完全相通的。同时,禅宗又把"佛"集中地定位于人的自心、本性的转换、体悟、提升,从而又推进了"佛"的含义的发展。

第二,从以上的叙述中还可见,禅宗是从心性上论佛的,认为众生的自心、本性就是佛,离开自心、本性去论佛、求佛都是错误的;自心、本性是空寂清净的,执著自心、本性,执著佛,也是不对的。总之,心性论是禅宗成佛理论的基础,是禅宗思想的核心,也是了解禅宗思想实质和禅修实践的切入点。

(原题为《从对"如何是佛"的回答看禅宗的核心思想》,
载《中国文化研究》1996 年冬季卷)

---

① 《景德传灯录》卷20。
② 《五灯会元》卷18。
③ 参见《景德传灯录》卷12。

四、禅宗的基本精神

在中国佛教史上，禅宗是中国禅师依据中国思想文化，吸取并改造印度佛教思想而形成的颇具创造性的成果，在东亚思想文化史上产生了巨大的作用和影响。禅宗经历了准备、兴盛和衰落的过程，历史悠悠，流派众多。自达摩迄至道信、弘忍以来，有牛头宗的兴起和南宗北宗的对立，南宗内又有荷泽、洪州、石头等诸宗的竞起，洪州、石头两宗又衍出临济、沩仰、曹洞、云门、法眼五家的分立，门叶繁茂，家风各异，兰菊争艳，异彩纷呈。禅宗主流标榜不立文字，教外别传，直指人心，见性成佛。其间不同流派或云即心即佛，或谓非心非佛，或言即事而真，或称本来无事，还有诸如扬眉、瞬目、叉手、踏足、擎拳、竖拂、口喝、棒打甚至呵佛骂祖等类机锋，其教学与禅修的方法更还有语录、公案、古则、话头、默照以及云门三句、黄龙三关、临济三玄三要、四料简、四宾主、四照用、曹洞五位等，五花八门，纷然杂呈，令人眼花缭乱，困惑难解。究竟如何认识禅宗？禅宗的根本精神是什么？这是研究禅宗首先遇到的重大问题。我想，若要解决这个问题，必须了解禅宗的思想核心、本质及其特点。

（一）禅宗思想体系结构与其核心内容

中国古代封建社会，以高度的中央集权专制和分散的自然经济为基本特征。自中唐以来，这种社会格局的内在阶级紧张、中央与地方摩擦、民族之间冲突，渐趋激化，适应破产农民和失意士大夫的精神需要，禅宗获得了广泛的社会基础和普遍流传。禅宗为解救人生的苦难而产生，也在解救人生的苦难中发展，形成了一套人生价值哲学体系。禅宗思想体系包括本体论、心性论、道德论、体悟论、修持论和境界论等思想要素，其中最主要的是心性论、功夫论和境界论三大要素，分别阐明了禅修成佛的根据（基础）、方法（中介）和目的（境界）三个基本问题。从这三大思想要素的相互关系来看，心性论是禅宗思想体系的核心内容。

禅宗把自心视为人的自我本质，认为苦乐、得失、真妄、迷悟都在自心，人生的堕落、毁灭、辉煌、解脱都决定于自心。自心，从实质上说是本真之心，也称本心、真心，也就是佛性、真性，正如唐代道宣在《高僧传》中介绍菩提达摩新禅法时所说的"含生同一真性"，此真性为人人所平等具有。由此，禅宗在传法时讲"以心传心"，即师父不依经论，离开语言文字直接面授弟子，以禅法大义使弟子自悟自解，这也称传佛"心印"。"自心"是众生得以禅修成佛的出发点和根据，是禅宗的理论基石。

禅宗也以"自心"为禅修的枢纽，提倡径直指向人心，发明本心，发见真性，以体认心灵的原本状态，顿悟成就佛果。也就是说，禅修是心性的修持。从中国禅宗的发展来看，禅师们都把修持功夫专注于心性上，如，达摩、慧可、僧璨重视坐禅守心，道信、弘忍重视"心心念佛"、"念佛净心"。牛头法融主张"无心"，也是心性的禅修功夫。北宗神秀的禅法，其弟子普寂归结为"凝心入定，住心看净，起心外照，摄心内照"（见《荷泽神会禅师语录》）。南宗慧能提倡单刀直入，自证于心，自悟本性。神会认为灵智是人心的体性、本质，强调开发灵智。马祖及其门下派生出的沩仰和临济两宗，提倡直指本心，强调平时的言语举动、日常生活表现都是本心的自然流露，由此而有着衣吃饭、屙屎送尿、走路睡觉、运水搬柴等都是佛事之说，认为都可以从中体悟真理。石头希迁及其门下衍化出的曹洞、云门和法眼三宗，重视一切尽由心造的唯心论，认为人的心灵是圆满完美的，只要心地自然，就会佛法遍在，一切现成。由此可见，虽然禅宗各派在修行的方式、方法、风格上各有不同，但是，或为了启导心地的开悟，或顺应心地的自然展现，或求得心灵的自由，各种禅修实践都围绕着心性进行，这是一致的。

禅宗还把禅修的目的、追求境界、成就佛果落实在自心上，强调佛从心生,自心创造(成就)佛,自心就是佛。如道信提出的"念佛心是佛"的命题,就是专念于佛,心心相续,以求心中见佛。如此,心与佛相融无别,佛就是心,心就是佛。神秀主张"离念心净",并认为净心的呈现就是佛地。慧能宣扬"我心自有佛,自佛是真佛;自若无佛心,向何处求佛","见自本性,即得出世"(《坛经》),认为人的自心、自性就是成佛的内在根由,就是佛的本性。成佛并不是另有一种佛身,众生的自心、自性就是佛。众生只要认识自我,回归本性,当即成佛。在慧能看来,佛就是众生原始心灵、内在本性的人格体现,就是本心、本性的觉悟者,并不是外在于众生的具有无边法力的人格神。慧能门下及其后来的临济、曹洞等五宗都宣扬"即心即佛"的思想,"即心",此心;"即佛",就是佛心,就是佛。认为众生当前的现实心就是佛之所在。有的禅师还强调"即境是佛","触境皆如"。"境",指事、物。眼前的事物就是佛"真如"之所在。这是从理与事相即的角度,即把理事两边统一起来,以求禅境。这里的"理"是指性理,心性的"理",性理是指一切事物的本质和根源。实际上就是以心性(佛性)与事境相统一,以事境为心性的体现作为禅修的境界。还有的禅师鼓吹"本来无事"、"无心可用",这是强调人心本来是清净的,而心清净就是佛。所谓心清净就是从主观上排除执著佛法和万物为实有的观念,排除把心视为能实生佛法和万物的实有心的观念。可见,仍是"即心即佛"的变相。简言之,所谓涅槃,所谓佛,就是本性的护持,心态的复原,心灵的升华。

从上述禅宗的根据、方法和目的三方面思想来看,都是围绕心性展开的,心性是禅宗禅理的基础、禅修的枢纽和禅境的极致,心性论是禅宗思想的核心。研究禅宗,必须着重研究禅宗的心性思想。

(二)禅宗的内在超越思想本质

从禅宗思想体系的内涵、结构、核心来看禅宗的基调是以心性论为基点,通过心性修持获得心性升华的心性学说,是一种摆脱烦恼、追求生命自觉和精神境界的文化理想。贯穿于禅宗心性学说、文化思想的本质内容是:自然——内在——超越。

禅宗吸取中国道家的"自然"观念来诠释人的生命自然状态、人的自性。道家把自然规定为万物的本质、本性，是不假人为、自然而然、本来如此的真实存在。"僧家自然者，众生本性也。"（《荷泽神会禅师语录》）禅宗认为，"自然"就是众生本性，也就是佛性。这也就是把佛性界定为自足完满、纯真朴实的生命本然。人的本性既然是自然的，也就是内在的，是内涵于人身的本质性存在，既非外在的神灵所赋予，又非通过超越经验、违背人性的作为所获得的，同时也是各种外在因素所不能消灭的。人的内在自性是生命的主体、成佛的根据。人的现实感性生活是自性的外在作用和体现，人转化为佛是自性的发现，是由此而生的精神境界的显现。人的自性是内在的又是超越的，因为内在本性是清净、圆满、纯朴、觉悟的，是离开一切现象，有别于人的外部表现的。如何实现超越？禅宗认为修禅成佛，就是见性成佛，就是向自己心性去体认，识得自性便成佛道，便是实现了超越。禅宗强调佛就在心中，涅槃就在生命过程之中，理想就在现实生活之中。这样，禅宗就把彼岸世界转移到现实世界，把对未来生命的追求转换为内心反求。由此禅宗反对舍弃现实感性生活，扭曲自性去寻求超验，而是强调"佛法在世间，不离世间觉"（《坛经》），要求在日常生活中发现超越意义，实现理想精神境界。禅宗公案中的"世尊拈花，迦叶微笑"（《法演语录》卷下）就是提倡心灵沟通，要求会心体悟。禅宗要求从"饥则吃饭，困则打眠，寒则向火，热则乘凉"（《密庵语录》）中体会禅道，从"青青翠竹，郁郁黄花"（《祖堂集》卷3）中发现禅意。禅宗要求从青山绿水中体察禅味，从人自身的行住坐卧日常生活中体验禅悦，在流动无常的生命中体悟禅境，从而实现生命的超越，精神的自由。

禅宗提倡内在超越，这种超越意识的具体内涵是什么呢？我们认为包括了超越对象、超越方法和超越结果几个方面，这里着重论述超越对象和超越结果。

为了追求解脱，成就佛道，禅宗设计了一套消解人们心灵深处的紧张、矛盾、障碍，超越二元对立的方案。人是自然的一部分，又是从自然中分裂出来的独立实体，向往与自然同样具有永恒性、无限性，向往与自然的同一是人类最深沉、最根本、最强烈的内在愿望。生命现实与美好愿望并非一致，生命短暂与时间永恒、生命个体与空间整体、生命主体与宇宙客体等一系列人类所面临的矛盾,是禅宗的超越对象、超越目标。

人生短暂与宇宙永恒的矛盾最能激发人内在心灵的不安与痛苦。了脱生死大事是佛教也是禅宗的最基本目的。禅宗以"无生"思想来泯灭生死界定,超越生死的时间界限。"几回生,几回死,生死悠悠无定止。自从顿悟了无生,于诸荣辱何忧喜。"(《永嘉证道歌》)"无生",指一切事物是无实体的、空的,由此也是无生灭变化的。这是要求转变观念,从生灭的现象中看到无生无灭的本质。生灭是短暂的,无生无灭是永恒的,从悠悠生死中了悟无生,就是在短暂中体认永恒,消除短暂与永恒的隔阂。

个体生命的认识和实践等多方面的有限性与宇宙空间的无限性的矛盾,也是引人困惑不安的永恒性课题。禅宗通过无限扩张个体心灵的作用来摆脱个体生命的局限,进而消除有限与无限的矛盾。"心境明,鉴无碍,廓然莹彻周沙界。万象森罗影现中,一颗圆光非内外。"(《永嘉证道歌》)这是说只要人的心境明净透彻,就能周遍宇宙万物,从而在内心实现泯灭内外的超越,使有限与无限在个体心灵中相即圆融。

由生命与万物、主体与客体的矛盾而引发的物我、有无、是非、善恶、真妄、苦乐等一系列的差别对立,是又一使人产生烦恼、痛苦的根源。这也是禅宗大师们所着力寻求解决的一大问题。他们继承道家的思想,通过直观宇宙本体(道、无)来寻求解决问题的途径。他们宣扬"本来无一物"(《坛经》)、"本来无事"以消解矛盾,称"体诸法如梦,本来无事,心境本寂,非今始空。……既达本来无事,理宜丧己忘情,情忘即绝苦因,方度一切苦厄"(《禅门师资承袭图》),即一个人了悟万物如梦如幻,一切皆空,做到忘却情欲,超越自我,也就不存在生命与万物、主体与客体的对立了。为此,他们特别强调"无念"的重要性,"念",指妄念,要求人们不被纠缠于种种差别的妄念所迷惑。

从上面的论述,我们可以看到,禅宗是通过心性、心理、认识、观念等范畴,即在主观精神领域转变生灭的观念,扩大心的作用,泯灭情欲,排除妄念等内在活动来消解人的基本矛盾,排除心灵的紧张,克服人的意识障碍,从而实现自我超越的。

实现自我超越,就会出现不同层次的超越结果:(1)在泯灭种种矛盾的禅修过程中,会使人的情感得以宣泄,烦恼得以排除,痛苦得到缓解;

禅宗概要

（2）禅修具有心理调节的功能，这种功能的增强，使得人们的心绪趋于稳定，心态归于平衡；（3）禅宗把涅槃理想落实于现实生活中，强调在日常生活实践中实现人生理想，这会使人安居乐道，使人满足、愉快、兴奋，平添生活情趣；（4）禅宗尊重宇宙万物自然本性的自发流露，又提倡从统一和谐的视角超越地审视宇宙万物，这会使人从对自然、对宇宙万物的感性直观中获得一种特殊的愉悦体验，即审美经验，从而极大地提高人们的生活意境；（5）禅宗超越短暂与永恒、有限与无限、主体与客体的对立，使人由悲叹人生短暂、渺小、孤独转而提升为体验不朽、伟大、和谐，从而提高人的主体地位，并把人格尊严高扬到极致；（6）在肯定人的主体地位和人格尊严的基础上，禅宗进一步确立人的内在本性与超越佛性的终极合一，从而使每个人获得真正认识和极终安顿：我是自然本性未曾扭曲的我，一旦对自然本性自我发现，整体体悟，我就与宇宙万物和谐共存，我就与宇宙同在，我就是佛。这些超越结果，禅师们自然会因根机差异和修持程度而有所不同，有的可能达到某个层次，或某几个层次，也有的可能同时达到上述全部超越境界。

（三）禅宗的思想特点

禅宗的思想特点主要是相对于印度佛教、中国佛教其他宗派的差异性而言，禅宗内部不同派别的思想也有差异，这里是从总体上论述禅宗的思想特点，主要有：

1. 直指人心，不立文字。佛教其他各派都重视心性修持和经典教化在由凡转圣中的作用，禅宗却有所不同。它在心性修持上提倡单刀直入，径直指向当下现实的人心，体验清净本性，见性成佛。不重视经典和言教，废除坐禅，排斥繁琐名相辨析，否定绝对权威，反对偶像崇拜。这种简易明快的禅修道路和方法是禅宗思想的根本特点。

2. 成就理想，不离现实。其他佛教派别普遍地排斥现实生活，而禅宗却肯定现实生活的合理性，认为人们的日常活动是人的自然本性的表露，洋溢着禅意，人们要在平平常常的感性生活中去发现清净本性，体验禅境，实现精神超越。这种寓理想于现实中，在现实生活中成就理想的主张使禅修具有最为接近世俗生活的优长,具有十分明显的活用实用价值。

3.继承传统,不断创新。禅宗除继承佛教外,最重视结合中土固有的传统思想,是最典型的中国化佛教宗派。如它继承道家的道、无、自然、无为无不为等范畴、命题和思想,也和道家一样具有鲜明的超越差异、对立、矛盾的意识。同时,禅宗不仅创造了一系列生动活泼、丰富多彩的现实超越方法,而且又否定了道家"游于尘垢之外"的脱离现实生活的超越道路。如上所说,禅宗主张在现实的感性生活中实现心理、观念、精神的超越。禅宗是继承道家,又超越道家,这也是它的影响作用在唐末以来一时超过道家的原因所在。

(四)小　结

综合以上对禅宗思想的核心、本质和特点的简要评析,我们似可以回答以下的问题:

1.什么是中国禅宗的禅?中国禅宗的禅是一种文化理想,一种追求人生理想境界的独特修持方法,或者说是一种生命哲学、生活艺术、心灵超越法。

2.什么是禅宗精神?回答是超越精神。超越是禅宗思想的本质,超越现实矛盾、生命痛苦,追求思想解放、心灵自由,是禅宗追求的理想目标,它如一条红线贯串于整个禅宗思想体系之中。

3.如何评价禅宗?禅宗的修持方法、生活态度、终极关怀、超脱情怀,对于人的心灵世界、精神生活是有不可否认的正面意义的。在历史上,它对破产农民和失意士大夫、知识分子起到一定的思想解放作用,吸引了大批破产农民聚集山林,过着农禅并重的生活,同时,也深受一些思想家、文学家、艺术家的欢迎和赞赏,从而推动了思想文化的发展。在当前社会转型期中,出现了某种价值取向失衡,道德水准下降,拜金主义、享乐主义和极端个人主义盛行的倾向,我们若能重视吸取禅宗的超越精神的合理内核,无疑有助于端正人们的价值坐标和道德规范,提高人们的文化品位和精神境界。与禅宗的这种积极作用相联系,禅宗对客观环境和客观矛盾的悲凉超越,对物质生产和物质生活的消沉冷漠,则又是和人类的物质需

求相悖的。我们认为,人们面对大自然大宇宙,也应当以现实的人文精神为主导,永不满足,不懈求索,依靠智慧与创造、知识与科学的力量,不断战胜苦难,求得人类幸福。如果精神上的自我超越,变成精神上的自我满足,进而丧失了进取精神、开拓精神与奋斗精神,是既不利于实现人生的价值与光华,也不利于推动社会的进步与发展的。

(原题为《禅宗精神》,载《哲学研究》1995 年第 3 期)

四、禅宗的基本精神

五、禅宗的语言观

　　禅宗的终极关怀是明心见性，彻见本来面目，也就是体悟"父母未生时"的本来状态。这种修持的根本目的，就决定了以禅悟为其基本的修持方式。禅悟的禅是追求心灵超越的主观感受、心理体验，是回归理想精神家园的内在价值形态，是复杂的精神文化现象。禅悟就是实现心灵的超越，就是超越经验、知识、理性、逻辑的主观体验，其内容或者说是自我本性的发现，或者说是本有佛性的呈现，亦或者说是对佛教真理的彻悟，总之是对禅的终极理想的自我验证。禅悟的独特修持觉悟方式，决定了它是超越思维、推理的，是排斥语言文字的，"不立文字"就成为禅宗作为佛教特殊一系修持实践的本质要求。

　　然而，语言文字毕竟是人类传达思想、意志、情感的最普通的方式，禅师在传达禅理、禅法乃至禅悟时，也难以全面地、彻底地排拒语言文字的功用，由此有些禅师也强调不能离开文字，主张"不离文字"。从禅宗的历史来看，禅师们始终是在"不离文字"与"不立文字"之间摇摆、游移的，有的禅师偏于"不立文字"，有的禅师则偏于"不离文字"。当禅修只注重讲经说法、研析经教义理，忽视实践时，往往强调"不立文字"；而当禅修流于主观随意、庸俗空泛时，则又偏重"不离文字"。从菩提达摩来中国传播禅法至明清时代，禅宗的语言观大体上经历了由"不离文字"到高唱"不立文字"，再回到"不离文字"的演变过程。从禅师的禅修实践来看，"不立文字"与"不离文字"并非是绝对对立的，多数禅师是在"不立文字"的基础上讲"不离文字"，只有少数禅师认为两者是对立的、互相排斥的。

下面我们就从"不立文字"与"不离文字"两个方面来论述禅宗的语言观。

（一）不立文字的含义与理论基础

究竟"不立文字"的含义是什么，"不立文字"说的哲学理论基础是什么，禅师们又是如何实践"不立文字"的修持方式的，这是探讨禅宗"不立文字"说的几个重要问题。

禅宗主流的基本理路是"教外别传，不立文字，直指人心，见性成佛"，"不立文字"是其中的一层内涵，是与其他三句话紧密联系着的一个环节。这句话的中心意思是说，禅意不能通过语言文字来表达，与借语言文字来表达佛法的言教系统不同，禅宗是教外别传，是直接地以心传心。这是标示禅宗传法的特质，不等于彻底破除言教。禅宗认为，佛教有重内证自悟的宗门与重经典言说的教门之分别，禅宗自奉为宗门，不重教门。在禅宗看来，语言文字不具有实体性、真实性、指代性、权威性，并不能传达禅意，甚至还可以说是传达禅意的障碍：主体的内在心性、纯主观的心理体验是语言文字难以传递的；宇宙实相、佛法真理是语言文字无法表达的；禅悟的终极境界是语言文字无从表述的。在这些方面语言文字都是无能为力的，甚至是一种障碍。可见，禅宗所说的"不立文字"，其中还包括在运用文字时不要为文字所蔽的意思。禅宗著述在其他语境中所表述的"不用文字"、"不假文字"、"不著文字"、"不拘文字"、"不执文字"等说法，表明"不立文字"不是不要文字，更不是取消文字。

禅宗通过对宗通与说（言）通、言与心、言与理关系的分析，以及对语言文字本性的揭示，来论证"不立文字"说。

第一，宗通与说通。"宗通"是通过自我内证而体悟佛教的根本旨趣。"说通"是以语言文字解说佛教的根本旨趣。《楞伽阿跋多罗宝经》卷3云：

> 佛告大慧："一切声闻、缘觉、菩萨有二种通相，谓宗通及说通。大慧！宗通者，谓缘自得胜进相，远离言说文字妄想，趣无漏界自觉地自相；远离一切虚妄觉想，降伏一切外道众魔，缘自觉趣光明晖发，

是名宗通相。云何说通相？谓说九部种种教法，离异、不异、有、无等相，以巧方便，随顺众生，如应说法，令得度脱，是名说通相。"①

这是说，"宗通"是远离言说文字、远离思维活动的自觉内证，而"说通"则是以言说文字为方便工具，为众生说法。禅宗据此强调释迦牟尼创立的佛教，除言教外，还有教外别传、不立文字的"正法眼藏"。"眼"，此指智慧，"正法眼藏"就是体悟正法的智慧的宝藏，是释迦牟尼甚深微妙的内证之法，也即宗通。禅宗提倡以内证悟得正法，悟得禅理，强调内证法门是有别于言教的，主张在言教之外另传内证之法，即一种不同于言教系统的独特的觉悟方式。可以说，佛教"宗通"与"说通"的说法，开启了禅宗"不立文字"语言观的先河。

第二，言与心。"心"，众生个体的心灵、精神，是最高主体性。禅宗讲的"心"是指心性，即佛心、佛性。禅宗认为心灵的传递、接受、体验是非言说性的，是超越语言的。自宋代以来，在禅林中流行着一则著名的公案，据《无门关》载："世尊昔在灵山会上，拈花示众。是时众皆默然。惟迦叶尊者破颜微笑。世尊云：'吾有正法眼藏，涅槃妙心，实相无相，微妙法门，不立文字，教外别传，付嘱摩诃迦叶。'"②这是说，一次在灵鹫山的说法会上，释迦牟尼于座上，手拈鲜花，默然不语，似有所示。众人多失措，一时不知如何应对。座中唯有摩诃迦叶深解其意，会心微笑。释迦牟尼当即表示把正法传授给他。这则"拈花微笑"公案是中国禅师的创作，历来被视为是以"以心传心"方式传授正法的典范，具有典型意义。

"拈花微笑"公案关系到佛教的传播方式、佛教真理的会通方式，以及佛教修持经验的沟通方式，涉及语言与心灵的关系等问题。"以心传心"是心灵对心灵的传递，也就是个体对个体的传递，是一个人对一个人的单传心印。这种个体心灵中间传递了佛教经验、佛教真理，其间逻辑地包含了这样两项规定：一是"以心传心"只存在于"我与你"之间，是直接的传递，而不是间接的非位格性的"我与他"的沟通；二是佛教经验、佛教

---

① 《大正藏》第16卷。
② 《大正藏》第48卷。

真理不能离开心灵而存在,离开心灵的经验、真理是不存在的、无效的。"以心传心"何以可能? 禅宗把这种可能归结为心灵的内在宗教体验,也即个体主观对真理的体悟。这种体验、体悟是超越日常经验和思维活动的,也是非语言文字所能涉及和表述的。

禅宗大师对个体间心灵的直接传递作了论证。慧能说:"若大乘者,闻说《金刚经》,心开悟解,故知本性自有般若之智,自用智惠观照,不假文字。"①"智惠"即智慧。慧能认为,人的本性具有般若智慧,禅悟是自我的般若智慧观照,是不假文字的。这是说,个体的内在智慧活动,心开悟解,不是知识的增长,而是心灵的直接体悟,是与文字无关的。大珠慧海禅师也说:"经是文字笔墨,性空,何处有灵验? 灵验者,在持经人用心,所以神通感物。试将一卷经安着案上,无人受持,自能有灵验否?"②经典文字是笔墨而成,本身并没有灵验,只有用心体悟才有灵验,文字性空,人心灵验,要成就佛果,必须通过内心的体验才能达到。《五灯会元》卷4《赵州从谂禅师》载:"上堂:'至道无难,唯嫌拣择。才有语言是拣择。'……问:'至道无难,唯嫌拣择。如何是不拣择?'师曰:'天上天下,唯我独尊。'""拣择",即区分、选择。从谂认为语言是分别、择取事物的工具,把握佛道最忌执著语言。怎样做到不拣择呢?"天上天下,唯我独尊",也就是在天地间要突出主体自心的自主作用,而置其他包括语言在内于不顾。语言与自心的功用不同,只有自心的体悟才能成就佛道。上述禅师通过揭示语言文字的机械性、规定性、拣择性,高扬心灵的智慧性、灵验性、主体性,从而在禅悟体验中破除语言文字的价值,肯定了心灵的作用。

第三,言与理。《曹溪大师别传》记载了这样一个故事:比丘尼无尽藏虔诚奉佛,对佛教经典语言持传统观念,常诵《涅槃经》,然始终对经中义理不甚了了,于是请求慧能给她解说经义:"尼将经与读,大师曰:'不识文字。'尼曰:'既不识字,如何解释其义?'大师曰:'佛性之理,非关文字;能解,今不识文字何怪?'"③一般佛教信徒认为,佛法依靠佛陀确立,真理可以诉诸文字,一切教理都包含在佛教经典之中,佛经是佛教至高无

---

① 《坛经》[28]。
② 《景德传灯录》卷28。
③ 《续藏经》第1辑第2编乙第19套第5册。

上的典据和权威,只有反复念诵,才能通达佛法,进而获得开悟。比丘无尽藏就代表了这种认识。但是慧能不同,他认为佛性之理与文字毫无关系,是否能解佛经与识字与否无关。慧能认为,机械地照字背诵,依文解义,并不能真正获得真理。他曾对法达说过:"法达,法即甚达,汝心不达……法达,心行转《法华》,不行《法华》转,心正转《法华》,心邪《法华》转,开佛知见转《法华》,开众生知见被《法华》转。"①佛法不是推理的知识,佛法真理并不能透过佛教词语的理解、概念的分析而寻获,佛法真理的获得不是依靠理性的推论,而是赖于个人的亲证,赖于个人的体验。悟解义理的关键在于心,在于心悟。由此也可见,在慧能看来,真理是个人的、主观的,是具体的、活泼的,把真理客体化、抽象化、知性化、概念化,而成为文字论题、语言陈述,是与真理大相径庭的。

继承慧能的思想,百丈怀海禅师也强调读经看教一定要自由独立地掌握语言:

> 夫读经看教,语言皆须宛转归就自己。但是一切言教,只明如今鉴觉自性,但不被一切有无诸境转,是汝导师。能照破一切有无诸境,是金刚慧。即有自由独立分。若不能恁么会得,纵然诵得十二《韦陁典》,只成增上慢,却是谤佛,不是修行。但离一切声色,亦不住于离,亦不住于知解,是修行读经看教。②

这是说,经教讲观照、体悟清净自性,是不受有无诸境影响、支配的。修行者读经看教,也要将言教转为自身的直觉智慧,转为心灵体验,也就是超越语言,自由独立地彻见本性,体悟真理。若不如此,只会念诵经典,沉溺于知解,就不是修行,而是谤佛。怀海并不反对读经看教,但强调要正确对待言教,不执著语言。可以说,怀海的语言观是通过不离语言文字(因为经教中含有教导修行者明心见性的思想),而归结为不立语言文字(因为明心见性是修行者独自的内在体验),是超越语言文字的。

① 《坛经》[42]。
② 《五灯会元》卷3《百丈怀海禅师》。

大珠慧海禅师则结合中国传统的"得意忘言"观念来阐明意与言、理与教的关系。《大珠禅师语录》卷下云：

> 僧曰："何故不许诵经,唤作客语?"师(慧海)曰："如鹦鹉只学人言,不得人意。经传佛意,不得佛意,而但诵,是学语人,所以不许。"曰："不可离文字语言,别有意耶?"师曰："汝如是说,亦是学语。"曰："同是语言,何偏不许?"师曰："汝今谛听,经有明文,我所说者,义语非文;众生说者,文语非义;得意者越于浮言,悟理者超于文字,法过言语文字,何向数句中求;是以发菩提者,得意而忘言,悟理而遗教,亦犹得鱼忘筌,得兔忘蹄也。"①

慧海认为自己说的是"得佛意"的"义语",是与众生"不得佛意"的"客语"、"学语"、"文语"有区别的,强调佛经虽能传达佛意,但佛经不是佛意,经文不是佛理,应当得意而越于浮言,悟理而超于文字。

第四,文字性空。上面论述言与心的关系时,我们引用了大珠慧海的文字性空无灵验的观点,就文字性空的本质,慧海又进一步论证:"经论是纸墨文字,纸墨文字者,俱空;设于声上建立名句等法,无非是空。"②意思是说,由纸墨文字形成的经典论著是性空的,而名称、语句乃至文字又是建立在音声基础上的,音声是人为的,带有主观性、任意性,由音声形成的语句、文字本身并无实体,并无自性,语言文字本身是性空的。

禅宗的"不立文字"语言观是与其禅修原则相适应的:修行应在自心上下功夫,着重开发自身的直觉智慧,以培养、发现、回归清净心性,而不是迷著经教,拘泥文字,陷于知解和妄念的窟穴中而不得自拔,不得觉悟,不得解脱。"不立文字"语言观是禅宗修持实践的必然要求与突出反映。

(二)不立文字的种种修行方式

禅宗排斥教宗、教理、教学,高扬"不立文字,教外别传",为此相应地

---

① 《中国佛教思想资料选编》第2卷第4册,200页。
② 同上书,191页。

创立了若干截断理路、解构语言、取代文字、直指人心的手段,开发出一系列传达禅定思想、意志与境界的方式,其重要的有以下几种。

1. 棒喝

棒喝是禅师教化、接引学人的重要手段和方式,其特点是以截断其言诠理路,破除其知见迷妄,或考察其悟性,检验其悟境,以达到启示学人,使之转迷为悟的目的。一般来说,常以棒打为教是始于德山宣鉴(782—865),喝的经常施用是始于临济义玄,由于德山、临济分别善用棒喝,故有"德山棒,临济喝"之称。史载:"德山棒如雨点,临济喝似雷奔。"①可见其机锋峭峻,显大机用,影响广远,一时被视为禅宗门风的代表。

德山少年出家,贯通大小乘诸经论,因不赞成南方盛行的直指人心、见性成佛的禅法,遂荷担《青龙疏钞》出蜀,欲与南方禅师辩难,不料在与龙潭崇信禅师的问答之间豁然顿悟,于是将《青龙疏钞》堆于法堂前付之一炬。德山在接受"不立文字"的宗旨后,更创造了棒打这一参禅方式。《景德传灯录》卷15载:"师(德山)寻常遇僧到参,多以拄杖打。"《五灯会元》卷7《德山宣鉴禅师》载:"上堂:'问即有过,不问犹乖。'有僧出礼拜,师便打。僧曰:'某甲始礼拜,为什么便打?'师曰:'待汝开口,堪作什么?'"又载:"示众曰:'道得也三十棒,道不得也三十棒。'"在德山看来,僧人参禅只要开口就该打,无论是道得还是道不得都该打,他认为一有了语言,禅理就成为抽象化、分别化的符号,会妨碍、破坏自我心灵的体验。棒打就是使参学者惊醒,转向自心,见性成佛。德山的棒打不仅有破除经典义理神圣性的意义,也有破除诸佛和祖师权威性的意义:"德山老人寻常只据目前一个杖子,佛来亦打,祖来亦打。"②德山极端化的棒打的初衷在于教化参学者由念诵经文转向心性修持,由崇拜佛、祖转向"独尊"自我,高扬主体性、自主性,以实现心灵的转化、内在的超越。

史载临济义玄向黄檗希运三度发问,三度被打。临济离开黄檗,往参大愚禅师,经点化,于言下大悟;后又回去见黄檗,也打黄檗一掌③。临济

①　《佛果圆悟禅师碧岩录》卷9,《大正藏》第48卷。
②　《景德传灯录》卷19。
③　参见《五灯会元》卷11《临济义玄禅师》。

义玄既经常施用叱喝,也同时施用棒打。棒喝交施构成了临济宗门风的主要特征。临济宗有所谓的四喝八棒的说法①。"四喝"是"有时一喝如金刚王宝剑,有时一喝如踞地金毛师子,有时一喝如探杆影草,有时一喝不作一喝用"②。"如金刚王宝剑",是比喻一喝如一刀,能斩断种种情解;"如踞地金毛师子",威势振立,百兽恐悚,喻能喝破修持者耍弄的伎俩;"如探杆影草",是探测学人有无师承和觉悟程度;"不作一喝用",是指虽在一喝之中而实出一喝之外,卷舒自在,玄妙难测。这说明,"喝"这个极为通俗而简单的声音在不同的语境中有不同的象征意义,能发挥一般语言无法达到的特殊功效。

"八棒",据《五家宗旨纂要》载是"一触令支玄棒",宗师下令,学人不知回避,且支离玄旨,宗师便打,为罚棒。"二接机从正棒",宗师应接学人,顺其根机(素质),当打而打,谓之从正棒,不在赏罚之列。"三靠玄伤正棒",学人来参,宗师故作玄妙,反伤正理,直下便打,为罚棒。"四印顺宗旨棒",宗师拈示宗旨,学人对答相应,宗师便打,以示印证,为赏棒。"五取验虚实棒",一见学人便打,以辨验其修行的虚实,无关赏罚。"六盲枷瞎棒",不辨学人来机,盲目乱打,此为宗师之过。"七苦责愚痴棒",学人资质愚痴,不堪策进,宗师勉强棒打,促其上进,亦非赏罚之类。"八扫除凡圣棒",宗师对学人道得也打,道不得也打,道得道不得也打,直令学人凡情圣解一并扫除,是为最高的正棒。棒有不同类别,应机接化,灵活施用,以利学人觉悟。

棒喝方式的施用,对中国禅的形成与发展有着重要的作用。棒喝貌似戏剧性的行为,其实质在于否定佛经经典、偶像权威,甚至语言文字的权威,是一种把"不立文字"的宗旨推向极端的行为。从语言学的视角来看,棒喝既是对语言的解构,也是一种特殊的语言,是通过肢体活动曲折地表现出来的言说方式。

2. 体势

禅师在教学和修持实践中,以各种各样的姿势来体现"不立文字"的

---

① 参见《五家宗旨纂要》卷上,《续藏经》第1辑第2编第19套第3册。
② 《镇州临济慧照禅师语录》,《大正藏》第47卷。

旨趣,传达禅意。这种形体的作势,可称为"体势"①。禅宗对体势的运用有一个由自发到自由的发展过程。起初是随机运用,而自南岳怀让以来,洪州宗及其派生的沩仰宗和临济宗都自觉地以体势代替语言文字,成为禅门禅修和传达禅意的又一种风尚、习惯和模式。

禅宗的体势,如扬眉瞬目、拳打脚踢、拈槌竖拂、作女人拜以及指月、举一指等的表情、姿态、动作,依随不同的场景,因时制宜地灵活运用。史载沩山灵祐和弟子仰山慧寂相见的情景:"沩山一日见师(仰山)来,即以两手相交过,各拨三下,却竖一指。师亦以两手相交过,各拨三下,却向胸前仰一手覆一手,以目瞻视。沩山休去。"②这是无言的对话,类似哑语,是以动作交流禅意,其深意只有师徒两人会通,心照不宣。根据沩仰宗禅法的思想推论,"两手相交"可能是暗示理事交融,"各拨三下"可能是暗示认识上的理——事——理事不二的三分结构,"竖一指"可能暗示如如佛,至于"向胸前仰一手覆一手"可能是暗示理事归结于主体的清净心。临济宗则有"四大势"和"八大势"之说,两者内容相似。"四大势"是"第一正利大势,从正接人,以此利物,不作高远;第二平常大势,用处寻常,拈来便是,不存奇特;第三真假大势,借假明真,意在言外,不拘一定;第四本分大势,作用自然,毫无勉强,不生枝节"③。"八大势"是"天真"、"秘密"、"平常"、"直示"、"呈似"、"收放"、"权设"、"省悟"八种势④。这是对各种体势据其特点、性质加以总结归类,从而也表明禅宗的体势确实含有特定的禅意。

禅宗还探讨了势与心的关系。《越州大珠慧海和尚语》载:"僧问:'未审托情势、指境势、语默势,乃至扬眉动目等势,如何得通会于一念间?'师(慧海)曰:'无有性外者。用妙者,动寂俱妙;心真者,语默总真;会道者,行住坐卧是道。为迷自性,万惑滋生。'"⑤体势与心念的关系是

---

① 上述棒喝也属体势的形态,因其集中于棒打与叱喝,且异常突出,故单独论列。此处所讲的体势是指除棒喝以外的形体动作。

② 《五灯会元》卷9《仰山慧寂禅师》。

③ 《五家宗旨纂要》卷上,《续藏经》第1辑第2编第19套第3册。

④ 同上。

⑤ 《景德传灯录》卷28。

禅僧最为关注的问题之一,慧海认为两者关系的关键在于禅修者自性的迷悟。若自性悟,各种体势都是心性的自然体现,都是佛性的自然呈现,行住坐卧,日常动作都合乎佛道(这也是禅师们常说的"触类是道");若自性迷,则会万惑滋生,动作失常,破坏禅法,不得觉悟。

禅宗的体势含有象征性、暗示性的意义,具有表达个体禅经验的表意功能,是一种独特的无声的肢体语言。它与世俗的肢体语言和哑语的约定俗成性质并不相同,具有鲜明的随意性、独创性,是正常的思路难以理解的。禅宗一方面使这种无声的肢体语言获得了淋漓尽致的发展,展现出人类在"不立文字"的旨趣制约下禅的思想、情感、经验交流形式,另一方面也是对有声语言更自觉的否定,对佛经传统言说方式更自觉的排拒,对语言更自觉的解构。

3. 圆相

禅宗接化学人的又一方式是作圆相。一般来说,圆相象征真理圆满,境界圆成。作圆相的方式,一是以笔墨划圆圈,二是以手指、拂子、拄杖和如意等于空中或在地上画圆圈。禅宗自马祖道一以来,有时就喜好作圆相以示禅理①,后来作圆相就成为沩仰门庭设施的重要标示。然据禅门传说,圆相之始作者是和马祖师父怀让同为慧能门下的南阳慧忠国师(?—775),慧忠将九十七个圆相传给侍者耽源应真,再由耽源传给仰山慧寂。此外,为了不落言诠,曹洞宗也结合《周易》的卦象,以圆相示意,表达禅理。

《五灯会元》卷9《仰山慧寂禅师》云:

> (仰山)初谒耽源,已悟玄旨。后参沩山,遂升堂奥。耽源谓师(仰山)曰:"国师当时传得六代祖师圆相,共九十七个,授于老僧。乃曰:吾灭后三十年,南方有一沙弥到来,大兴此教,次第传受,无令断绝。我令付汝,汝当奉持。"遂将其本过与师。师接得一览,便将火烧却。耽源一日问:"前来诸相,甚宜秘惜。"师曰:"当时看了便烧却

---

① 史载:"马祖令人送书到,书中作一圆相。师发缄,于圆相中作一画,却封回。"(《景德传灯录》卷4《杭州径山道钦禅师》)

也。"源曰:"吾此法门无人能会,唯先师及诸祖师、诸大圣人方可委悉,子何得焚之?"师曰:"慧寂一览,已知其意。但用得不可执本也。"源曰:"然虽如此,于子即得,后人信之不及。"师曰:"和尚若要重录不难,即重集一本呈上,更无遗失。"源曰:"然。"耽源上堂,师出众,作此○相以手拓呈了,却叉手立。源以两手相交,作拳示之。师进前三步,作女人拜。源点头,师便礼拜。

仰山从耽源手里接过九十七个圆相画本,看后当即付之一炬,后又答应重集一本呈耽源,但只作○相呈上,并获耽源点头认可。这里强调了仰山"用得不可执本"的观点,表明他已悟得作圆相的玄旨。

所谓"九十七圆相",是在讲话时用手画一圆圈,再于圈中写一个字,如写牛、佛等字,或画一个图案。后人明州五峰良和尚总结仰山圆相共有六义:"良曰:总有六名,曰圆相,曰暗机,曰义海,曰字海,曰意语,曰默论。"[1]这是从六个名称即六个不同角度表示圆相的丰富含义。"圆相"是体,后五名是其用。"暗机",暗藏机锋。"义海",所含义理广大无际。"字海",圆相中可书写各种不同的字。"意语",相当于表意语言。"默论",沉默的玄论。六名说总结了圆相的意义,概括了圆相的作用,其间所涉及的圆相这一特殊符号形式与真理、文字、意义、论说的关系,丰富了佛教的语言观。

曹洞宗人吸取《周易》的卦象来充实本宗的"君臣五位"法。"五位"是以理为正位,事为偏位,依偏正回互原则相配合而构成的"正中偏"、"偏中正"、"正中来"、"偏中至"、"兼中到"五种形式,即五位,又以君臣关系为例来说明,称"君臣五位"。此禅法的旨趣在于说明禅理的不同层面和禅修的不同境界。曹洞宗人还以"五相"来表示五位。五相是以圆相为基础的五种形相,依上述五位的次序分别为◗◖☉○●,不同圆相各有相应的定位与象征意义,从而使圆相取得了固定的格式,成为相对的不可言说、只能意会的确定符号。

法眼宗人倾心于华严六相义,认为"此六相义,举一齐收,一一法上,

---

① 《圆相起因》,《人天眼目》卷4,《大正藏》第48卷。

有此六义"①。"六相"即总、别、同、异、成、坏。华严宗以六相圆融来说明缘起实相,法眼宗人也认为六相的关系是举一齐收,每一法上都有六相,六相是交互相渗、圆融无碍的。该宗也以圆相来表示六相义,即画一小圆相,中间写一"总"字,再在小圆相外画一圆相,在此大小圆相中间的"总"字下写一"别"字,再由左往右依次写"同、异、成、坏"四字②,以示六相圆融。法眼宗认为华严六相是体悟宇宙实相的重要禅修法门,为此还以圆相以及在圆相中写的六个字来象征六相圆融的意义,这种做法本身也表明了法眼宗人一面坚持"不立文字"的旨趣,一面又难以离开文字的苦衷。

运用"象"是禅宗"不立文字"、开辟悟境的重要手段和方式。"象",形象、表象,如用中国先秦时代创造的《周易》卦象,象征天地间自然现象与人事社会现象,并据以测定自然界与人事的凶吉变化。禅宗大师仿效中国先圣立象以尽意的先例,结合佛经圆融、圆满、圆通、圆觉等观念,着重运用圆相来象征禅法、禅理、禅境,排拒传统的佛经言说方式,表现"不立文字"的禅悟旨趣,从而丰富了图像语言的内容。

4. 触境

"境",对象。禅宗依据佛教的"三界唯心"、"唯识所变"的基本思想,也强调境是心之所造、禅之表象。禅宗认为成佛的关键在于心,而见境即是见心,心悟也可通过触境来获得,由此外界事物成为禅家参禅修持的又一依托,触境也成为禅宗开悟的又一重要法门。禅门常讲的"触类是道"、"即事而真"、"触境皆知"、"是境作佛",都是对触境开悟法门的总结。

《五灯会元》卷3《百丈怀海禅师》云:"师侍马祖行次,见一群野鸭飞过。祖曰:'是什么?'师曰:'野鸭子。'祖曰:'甚处去也?'师曰:'飞过去也。'祖遂把师鼻扭,负痛失声。祖曰:'又道飞过去也。'师于言下有省。"这

---

① 《华严六相义》,《人天眼目》卷4,《大正藏》第48卷。

② 圆相为:

是以眼前飞过去的野鸭为题材而展开的对话。马祖通过扭怀海的鼻子启发他,迷或悟正在于此,怀海也由此有所省悟。这是触境开悟的一个典型的例子。又如上面提到的马祖另一门下大珠慧海总结的"指境势","指境"即触境,指境也是传达禅意、开悟禅心的重要方式。马祖的又一弟子兴善惟宽禅师与学人有这样一段对话:"僧问:'如何是道?'师曰:'大好山。'曰:'学人问道,师何言好山?'师曰:'汝只识好山,何曾达道?'"①惟宽认为,道就是山,山就是道,道和山浑然一体,不可分割,问者不懂此理,就山论山,就道论道,这只是识山而不达道。也就是说,山河大地,一草一木,宇宙间的一切事物,都是佛道,禅者应在日常生活中触境悟道。

曹洞、云门、法眼诸宗也都强调从境上得悟,如《五灯会元》卷15《云门文偃禅师》载:"上堂拈拄杖曰:'天亲菩萨无端变作一条粟栗杖。'乃画一画曰:'尘沙诸佛尽在这里葛藤。'便下座。……蓦拈拄杖画一画,曰:'总在这里。'又画一画曰:'总从这里出去也。'"这里通过拈拄杖画一画为"境",称诸佛和祖师尽在拄杖头上说法,佛法"总在这里",要从"这里"("境")得悟。禅宗的触境是破除言教说法,要求禅修主体直接从所接触的对象开悟得道,这是体现"不立文字"旨趣的又一重要禅悟方式。

5. 默照

禅法重视坐禅,结跏趺坐,收摄精神,心念专一,以求证悟,这是禅修的基本修行方式,长期以来为中国禅僧所奉行。迄至唐代,慧能高扬性净自悟的禅法,打坐这一修行方式便不再是禅宗的主流。到了宋代,曹洞宗人宏智正觉禅师又标举坐禅,提倡默照禅,强调通过打坐来默契最高真理。宏智在为自己居室"净乐室"所作铭文中有言:"取实之铭,无得而言。善哉摩诘,入不二门。"②《维摩经》一书中论及不二法门,是以维摩诘居士默然无言表示不二法门。宏智推崇维摩诘,认为无有文字语言,是真入不二法门。他的默照禅表现出一种强烈排斥语言文字的倾向。

宏智禅师在阐发默照禅的禅法时说:"默默忘言,昭昭现前。鉴时廊尔,体处灵然。"③意思是说,默照禅是默照相即,摄心打坐,息虑内观,彻

---

① 《五灯会元》卷3《兴善惟宽禅师》。
② 《净乐室铭》,《宏智禅师广录》卷8,《大正藏》第48卷。
③ 《默照铭》,《宏智禅师广录》卷8,《大正藏》第48卷。

见本源。默照的过程是忘言,也就是无言的。又说:"妙存默处,功忘照中。……默唯至言,照唯普应。应不堕功,言不涉听。"①"默"是唯一的真正语言,这种默然之言是无声之言,与听无关,是根本无从听到的。道家讲"至游",即不知所适、漫无边际的外游。宏智视默照禅如同至游,说:"道人至游,了无方所。何辨从来,何求止住。去来迹绝,言诠句灭。"②作为坐禅直觉观照的默照,犹如道人悠乎飘渺,了无踪迹。默照亦然,于坐禅直接观照时,神乎其中,灭尽言诠。宏智还教人"不要作道理,咬言句,胡棒乱喝,尽是业识流转"③。"业识"是导致众生在迷惑的世界中流转的意识作用。意思是说,阐说道理,言说文句,乃至棒喝,都是业识的作用,是不利于解脱生死大事的。在宏智看来,默然静坐、直觉观照是"言语道断",是排除语言的作用的。但是宏智也不是笼统地反对一切言说,他说:"在语也妙,在默也妙,说时常默,默时常说,便能超四空出三界。"④"四空",指法相空、无法空、自法空、他法空四种空义。"三界",即欲界、色界、无色界,为众生所居的世界。宏智认为,语和默都要合乎禅宗的玄妙旨趣,若能如此,语默相即相入,也能转凡成圣,超出凡夫流转世界,获得解脱,成就正果。

(三)不离文字的三个重要理念

禅宗的思想是不断发展、演变的,就禅与教关系的思想来说,大体上先是藉教悟宗,约在晚唐五代北宋则不立文字之风席卷禅林,盛极一时。自北宋中叶以来,不离文字,以语言活用、文字创作为实践形式的参禅活动转而成为禅门的普遍现象。禅宗自创立以来,禅与教的关系问题一直是一个不断受到关注、不断展开讨论的热门话题,不立文字与不离文字两种主张、两种声音一直是相伴而存在的。禅宗语言观的长期演变和持久论辩极大地推进了对语言本质认识的深化。这里,我们围绕禅宗不离文

---

① 《默照铭》,《宏智禅师广录》卷8,《大正藏》第48卷。
② 《至游庵铭》,《宏智禅师广录》卷8,《大正藏》第48卷。
③ 《宏智禅师广录》卷5,《大正藏》第48卷。
④ 同上。

字的语言观侧重论述两个问题:禅宗不离文字说的思想支撑点;禅宗在不立文字旨趣指导下的语言实践方式,即在语言实践方面怎样不离文字又不违背不立文字精神的。

不离文字与不立文字的对立,实质上是对禅教关系看法的分歧。对禅教关系的看法决定了禅师对语言文字的立场。支持不离文字说的重要理念有三:藉教悟宗、禅教一致和禅教一体。

藉教悟宗。"教",指用语言文字来表示的义理体系。"宗",宗旨,禅宗指不可言诠的内在真性。藉教悟宗就是藉着佛经的教义以悟入禅宗的宗旨。如前所述,菩提达摩提出了两种悟入佛道的途径,即理入和行入。理入是在原理方面悟入,其方法是"藉教悟宗",即藉掌握佛教经典义理而悟入禅宗的旨趣,以体证众生生命中本来具足的真性①。菩提达摩虽然重视禅悟,但也肯定语言文字的功能,认为离开经教文字要悟入真性是不可能的。慧能继承了达摩的思想,认为佛法是为不同根机的众生而设的,他说:"一切经书,及诸文字,小大二乘,十二部经,皆因人置,因智惠性故,故然能建立。若无世人,一切万法,本元不有,故知万法本因人兴,一切经书,因人说有,缘在人中有愚有智。"②意思是说,人的根性有愚智之别,智慧高超的人可以不假文字而顿悟成佛,而缺乏智慧的愚人则需要经过经典文字的学习、理解才能有所觉悟。五代末期的延寿(904—975)进一步强调说,一切众生,由凡入圣,必须学习和把握佛教义理:"若因言悟道,藉教明宗,谛入圆诠,深探佛意,即多闻而成宝藏,积学以为智海。从凡入圣,皆因玄学之力;居危获安,尽资妙智之功。言为入道之阶梯,教是辩正之绳墨。"③强调语言文字是入道的必经阶梯,经教、经典是检验证悟的标尺,一切众生不分愚智,都要学习经典言教。由此看来,藉教悟宗说充分肯定了语言文字的重要作用,同时也强调学习言教探求佛意是为了悟道明宗。

禅教一致。禅门中的一些禅师认为,根据佛教经论而建立的宗派,与传承心法、教外别传的禅宗是对立的,即教宗与禅宗是对立的,但也有些

---

① 参见《楞伽师资记》,《大正藏》第 85 卷。

② 《坛经》[30]。

③ 《万善同归集》卷中,《大正藏》第 48 卷。

禅师如宗密、延寿则强调禅教一致,认为两者是统一的。宗密说:"经是佛语,禅是佛意,诸佛心口必不相违。"①认为诸佛的言教与心意是互相吻合不相违背的,教(经)与禅是一致的。又说:"达摩受法天竺,躬至中华……欲令知月不在指,法是我心,故但以心传心,不立文字,显宗破执,故有斯言,非离文字说解脱也。"②认为菩提达摩的禅法只是引导禅修者破除对文字的执著,并不是要离开文字另求解脱。他还把当时的教归纳为三教,禅归纳为三宗,以三教对应三宗,把教与宗相应地统一起来③。延寿继承宗密的思想,进而把提倡顿悟的禅宗和宣扬圆修的《华严》结合起来,构成为自身佛教学说的基础。他还引用南阳慧忠国师的话:"禅宗法者,应依佛语一乘了义,契取本原心地,转相传授,与佛道同。"④强调要依据佛经契合义理、发明本原心性,从而与佛道相通。宗密强调经典所载的是佛语,延寿强调依据佛语发明心地是通向佛道的根本。宗密与延寿都是把经教置于首要的地位,表明了他们对语言文字功能的高度重视与充分肯定。可以说,在宗密、延寿看来,不立文字是以不离文字为前提的。由于延寿努力阐扬禅教一致的思想,不仅使禅宗的思想发生了较大的变化,而且也为其他宗派所接受。

禅教一体。宋代以来,在禅教一致说的基础上,一些禅师还反对离开语言文字说禅的倾向,强调禅教本为一体,语言文字即是禅,进一步提出了禅教一体说。北宋临济宗黄龙派禅僧惠洪(1071—1128)著有《石门文字禅》三十卷和《临济宗旨》等,他评论当时禅宗的学风说:"禅宗学者,自元丰以来师法大坏,诸方以拨去文字为禅,以口耳受授为妙。"⑤"元丰",宋神宗年号。惠洪抨击北宋后期以排除文字、离开文字为禅的做法是师法大坏,完全违背了禅宗的宗旨。他还就心与语言的关系提出了新解:"心之妙不可以言语传,而可以语言见。盖语言者,心之缘,道之标帜也。

---

① 《禅源诸诠集都序》卷上之 1,《大正藏》第 48 卷。
② 同上。
③ 参见《禅源诸诠集都序》卷上之 2,《大正藏》第 48 卷。
④ 《宗镜录》卷 1,《大正藏》第 48 卷。
⑤ 《题隆道人僧宝传》,《石门文字禅》卷 26。

标帜审则心契,故学者每以语言为得道深浅之候。"①认为心的微妙是难以言传而可以语言表现的,因为语言既是心的所缘,也是佛道的标帜。语言审慎周密则与心相契合,故学者也以所说语言作为禅师得道深浅的表征。惠洪区分"言传"与"言见",进而强调心可言见、视言为心的表现,言与心契,则言与心一体,教与禅一体。此说推进了对语言与心灵的关系,以及语言表意功能的认识。

明末佛教四大师之一真可,立志恢弘禅宗。他非常重视语言文字的作用,说:"凡佛弟子,不通文字般若,即不得观照般若;不通观照般若,必不能契会实相般若。"②认为通晓文字般若是获得观照般若,进而契会实相般若的前提、关键,也就是说,不通经教,不可能证悟。真可不赞成不立文字、以心传心的说法,认为自龙树菩萨至圆明禅师都是"即文字语言而传心"③,慧能是"即心而传文字语言"④,传心与传文字语言是相辅相成、不可分割的。在真可看来,文字与禅的关系犹如波与水的关系:"文字,波也;禅,水也。如必欲离文字而求禅,渴不饮波,必欲拨波而觅水,即至昏昧,宁至此乎?"⑤水波是起伏不平的水面,波就是水,水波一体。离开文字而求禅,等于离波而求水,可谓昏昧之极。真可以波喻文字,也就是认为文字是禅的呈现,文字就是禅。真可还在《石门文字禅·序》⑥中说:"盖禅如春也,文字则花也。春在于花,全花是春;花在于春,全春是花。而曰:禅与文字,有二乎哉?故德山、临济,棒喝交驰,未尝非文字也;清凉、天台,疏经造论,未尝非禅也。"春有百花开,百花在春开,春是花,花是春。禅如春,文字如花。春与花不二,禅与文字不二。所以德山宣鉴、临济义玄,棒喝齐施,未尝不是文字;清凉国师澄观、天台大师智𫖮,注疏撰论,也未尝不是禅。真可把禅与文字等同起来,不仅把文字的作用提升到前所未有的高度,而且也无限制地扩大了文字禅的范围。

① 《题让和尚传》,《石门文字禅》卷25。
② 《法语》,《紫柏老人集》卷1。
③ 《礼石门圆明禅师文》,《紫柏老人集》卷14。
④ 同上。
⑤ 同上。
⑥ 《紫柏老人集》卷14。

直至近代,欧阳竟无居士(1871—1943)也说:

> 自禅宗入中国后,盲修之徒以为佛法本属直指本心,不立文字,见性即可成佛,何必拘拘名言? 殊不知绝高境界,系在利根上智道理凑泊之时,其于无量劫前,文字般若熏种极久;即见道以后,亦不废诸佛语言,见诸载籍,非可臆说。而盲者不知,徒拾禅家一二公案为口头禅,作野狐参,漫谓佛性不在文字之中,于是前圣典籍,先德至言,废而不用,而佛法真义,浸以微矣!①

抨击不立文字、废除先言的参禅是盲修,是野狐禅。

从藉教悟宗到禅教一致,再到禅教一体,使语言文字与心灵体验、佛经言说与禅宗证悟的关系的辩论得以深入展开,表明禅林中一部分禅师越来越强调语言文字的作用。这其间,藉教悟宗说是由不离文字再归结到不立文字,偏重于证悟,偏重于不立文字;禅教一致说是主张不离文字与不立文字并行不悖,相对而言比较侧重于经教,侧重于不离文字;禅教一体说则是反对不立文字,主张不离文字而得禅的心印,强调经教对禅的极端重要性,强调文字即是禅,或者说文字是禅的表现、形式。

(四)不立文字的宗旨与不离文字的参禅

禅宗又是怎样在不立文字这一宗旨的指导下,实践不离文字,运用语言文字来参究禅理的呢? 从禅宗的大量著作来看,禅宗大师们充分发挥了自由自在地运用语言又不囿于其中的才能,创造出了机语、玄言、公案、偈颂、话头等互相重叠、交叉的语言类型、方式,构成了一座灿烂辉煌的语言殿堂,同时也造就了一座令人眼花缭乱的语言迷宫。可以说,禅宗把中国的艺术语言推向了一个新的顶峰,禅宗语言极大地丰富了中国艺术语言的宝库。

机语。禅家修持的根本旨趣是要直截了当地把握到成佛的根源——

---

① 《唯识抉择谈》,见黄夏年主编:《欧阳竟无集》,中国社会科学出版社,1995。

众生本来具有的本心。但只说本心又比较空洞、空泛，于是再从心思的外在表现即语言、行动等方面来讲，由此又形成了修持实践的种种新的形式，其中重要的有"机锋"、"机用"，同时还讲"机境"。"机锋"是以含蓄的语言试验对方是否理解。"机用"是善于掌握语言的原则并能灵活地运用语言。"机境"是语言表达的主题与境界①。所谓"机语"，就是禅家机锋、机用、机境所表现出来的语言句式，是接引、启发学人开悟和讨论、交流禅法的语句。《镇州临济慧照禅师语录》载："被学人拈出个机权语路，向善知识口角头撺过，看尔识不识?"②"机权语路"即机语。《五灯会元》卷20云，教忠弥光禅师"遂出岭，谒圆悟禅师于云居。次参黄檗祥、高庵悟，机语皆契"。机语是禅家独立创造的语言艺术，是独具特色的言说方式，是不离文字又不立文字的生动表现。

禅家机语的常见形式是问答之间的语言紧张与怪谲、矛盾与冲突，表现为答非所问、答问背反、故作误答、循环回答等。例如，"问:'如何是佛?'师曰:'干屎橛。'"③这是答问背反，回答的是反话，用秽语来比喻最高最神圣的佛祖，以截断问者的语路，返本归源，自求解脱。又，"僧问:'如何是祖师西来意?'师曰:'一寸龟毛重七斤。'"④这种回答不仅是答非所问，而且本身也是荒谬绝顶的，是超出日常规范之外的话语，禅宗称此为"出格词"、"格外语"。出格词的运用是把问题推向荒诞，以截断学人的情识测度，使之转向禅悟。再如，"问:'柏树子还有佛性也无?'师曰:'有。''几时成佛?'师曰:'待虚空落地时。'曰:'虚空几时落地?'师曰:'待柏树子成佛时。'"⑤这是一种绕来绕去兜圈子的循环回答，以此种方式破除学人对语言的执著和迷信，进而跃入言语道断的直觉体证真性的境界。

玄言。禅门的沩仰、临济诸宗认为禅学不是"义学"而是"玄学"。义学是指关于佛教教义的学问，玄学则是玄妙的体证之学。玄学的语言不

---

①　参见吕澂:《中国佛学源流略讲》,241、242 页。
②　《大正藏》第 47 卷。
③　《五灯会元》卷 15《云门文偃禅师》。
④　《五灯会元》卷 15《南台勤禅师》。
⑤　《五灯会元》卷 4《赵州从谂禅师》。

是直截了当地表情达意的一般语言,而是含有玄意的玄妙语言。玄言也是机语,因禅师对此另多有论述,故分出论列。关于玄言,最重要、最有影响的是临济义玄的"三玄门"说。《庄子》把所用的语言分为卮言、重言、寓言三类,临济受此启发,也主张讲话要讲三句,如同三关,作为测试、教导、接引学人的方式。他说:"一句语须具三玄门,一玄门须具三要,有权有用。"①临济关于三玄门和三要的具体解说,史无记载。大约的意思是话要讲活,要话中有话,言中有玄,言外有旨,含有玄意,蕴藏禅理,以让学人领会语句中的权实照用。后人对三玄三要的说法不一,一般来说,三玄指"体中玄,句中玄,玄中玄"②。"体"即体证。"体中玄",体证中显现的玄奥。"句中玄",言说中显现的玄意。"玄中玄",真理自身显现的玄妙。所谓三要,据汾阳善昭(947—1024)说是:"言中无造作"、"千圣入玄奥"、"四句百非外,尽踏寒山道"③。意思是说,第一要为言说没有分别造作,第二要为千圣直入玄奥,第三要为言语道断。总之,玄言是要求言中有玄意,在不离文字中贯彻不立文字的玄旨,以利于教化,更利于证悟。

公案。禅门自延寿大力阐扬禅教一致思想以来,日益重视教的作用,但是真正作为典据的不是一般的佛教经论,而主要是古来有德高僧的言说、动作等的记录,以记录中的一些问题作为禅修的指示、参究的对象。这些问题犹如存放经年的档案,称之为"公案"。大力倡导参究公案的汾阳善昭说:"夫参玄大士,与义学不同,顿开一性之门,直出万机之路。……心明则言垂展示,智达则语必投机。了万法于一言,截众流于四海。"④认为参禅是语必投合机缘,能于一言中直截了当地了悟万法,也就是通过参究公案语录以把握佛理,体悟本心。禅门有"一千七百条葛藤"之说,即公案的总数为一千七百则,而实际上常用的有五百则左右。参究公案始自晚唐五代,至宋代,公案禅成为禅门禅法的主流,禅师的语言文字也都围绕着公案这一主轴而展开。

公案禅的流行进一步推动了禅宗语言观的实践转向,并形成了如下

---

① 《镇州临济慧照禅师语录》,《大正藏》第 47 卷。
② 《碧岩录》第 15 则,《大正藏》第 48 卷。
③ 《人天眼目》卷 1,《大正藏》第 48 卷。
④ 《汾阳无德禅师语录》卷下,《大正藏》第 47 卷。

一些特点:第一,重新回到用语言说禅,即由不能说回到绕路说禅。参究公案需要在语言文字上作更进一步的解说,但又不能直截了当地说,不能一语点破语言文字中的真意,这就要求用迂回曲折的方法,在运用语言文字的技巧上下功夫,使语言文字带有玄味,即用含蓄隐晦的语言来绕路说禅。这一方面表现了禅家坚持不立文字的初衷,一方面也是直接地肯定了语言是通向禅意和禅理的桥梁,从而也间接地肯定了语言含有意义和真理的功能。第二,由尊崇佛教经论的权威转向突出中国禅宗祖师语录的价值。从语录中衍化出的公案被禅门视为权威的法范、印证的符信、究竟的指点,其意义远在印度佛教经论之上。这是中国佛教史、中国语言学史上高扬民族主体性和语言本土化的突出事例。第三,公案语言内容方面的突出特点是"机缘"语言所占比重最大。也就是说,公案内容多是乘机说法或应机接物的内容,其语言生动地体现了公案禅的具体情境,展现了师徒或宾主之间多姿多彩的问答,表现了参禅方法与经验的具体情景。例如,《碧岩录》第9则云:"举僧问赵州:'如何是赵州?'州云:'东门、西门、南门、北门。'"①赵州是多意的指称,而僧是问赵州从谂的境界,赵州从谂则答以东、西、南、北四门,答非所问。据说这是暗示赵州境地是由发心、修行、菩提、涅槃四门而至的机语。问答既平常又反常,具体而又隐晦,既富启发性又颇费揣摩。这与正面表述为主的其他佛教经典文字的内容是很不相同的。第四,公案语言形式方面的突出特点是口语化、通俗化。大部分公案的语言是用唐宋时代的方言记录下来的,其中有大量的口语、白话、俗话、谚语等,通俗浅显,又多采用反逻辑的言说方式,隐晦含蓄,从而与佛教的经论文字、义学的逻辑语言、印度的话语形成了强烈的反差。公案语言还增添了日常生活用语,淡化了语言的说教色彩。这是中古汉语特征的表现,也是本土平民特色的表现。

参究公案必然要阐释公案,随着参究公案的盛行,阐释公案日益向两个方向发展,这就是偈颂和话头。

偈颂。随着公案禅的流行,一些禅师越来越讲究陈述公案禅的文字技巧,重视文辞、文采,追求文字的优美、华丽,于是采用偈颂即诗歌的体

---

① 《大正藏》第48卷。

裁,曲折地解说公案的含义。"从纯形式的角度看,禅宗的偈颂在格式、声律、辞藻、对偶、意象等方面都与诗歌完全一样,有古体,也有近体,有五言古诗、七言歌行,也有五绝、五律、七绝、七律,因此常被人们称为'诗偈'或'歌颂'。"①临济、云门、曹洞诸宗一些有文化的禅师纷纷采用偈颂这种形式来解说公案。偈颂体裁是禅宗文字禅形成的主要标志。《汾阳无德禅师语录》、《碧岩录》、《空谷集》、《从容(庵)录》、《无门关》等一系列陈述公案的著作,构成了文字禅的主流。

禅家采用偈颂体裁并非偶然。从语言观角度来看,与具有概念化、逻辑性、说教式等特点的经论文字不同,偈颂则主要是由非逻辑的意象语言组成,具有强烈的象征性和模糊性、鲜明的暗示性与体悟性,以及优美的韵律感,这不仅体现了中土的文化色彩,也有利于据此坚持"不立文字"的原则,还适应了文人的爱好从而使禅法易于传播②。

偈颂体裁的流行进一步使禅风发生了重大变化。禅师通过偈颂来表现自身的觉悟与境界,把生命体悟哲学与诗歌语言融合起来,这不仅引发了禅宗语言实践方式的深刻变化,也使禅风发生了重大变化,并分别为禅哲学和禅文学的发展开辟了新的天地。

话头。在禅门中,临济宗人大慧宗杲不满文字禅,转而采用不同的方式来运用公案,即选取公案古则中的某些无意味语作为参究的对象,这称为"看话头"或"看话禅"。从语言观和语言实践形式来看"看话头",其要点是:第一,认为公案文字并不直接反映古德的真面貌,若把公案文字直接当作具有意义的"有意语",必然会堕入名相分别、情识知解的泥潭,是无法达到证悟目的的。第二,强调"话头"只是一种语言形式、一种启悟工具。在大慧宗杲看来,语言只是感性形式,并无表意指义的功能,参话头并非是参究其内容,"此事决定不在语言上"③。"此事决定离言说相,离心缘相,离文字相。"④要超越语言文字,扫除分别知见,摧破知觉情识,专心以公案语句为题目,时时提撕,不得放下,以至大发疑情,不断追寻心

①　周裕锴:《禅宗语言》,95 页,浙江人民出版社,1999。

②　同上书,95—96 页。

③　《普说》,《大慧普觉禅师语录》卷 13,《大正藏》第 47 卷。

④　《答吕舍人》,《大慧普觉禅师语录》卷 28,《大正藏》第 47 卷。

性本源,以求彻悟本性,获得解脱。第三,与以上相联系,还强调"话头"只是无解之语,是"活句"。凡是有解可参之语言,可从字面上理解其意义的句子,是"死句"。由此进而主张但参活句,莫参死句。第四,受《老子》"有生于无"思想的影响,一些禅师也重视以"无"字为话头来参究,还参究"父母未生前本来面目"等话头,表明了看话禅与《老子》在思想与语言上的联系与相通。第五,"看话头"的过程是一个非理性的直觉体悟过程,也是一个解构语言的过程,表现出强烈的非理性主义与语言解构主义的特征。

总之,禅家是通过制造语言的紧张、矛盾、冲突,开掘语言的多重含义,迂回言说,以语句为参究题目,以及以诗歌形式表现禅意,从而充分展示了语言艺术天才。禅家运用语言"不离文字"是以"不立文字"为原则的,但是以偈颂说禅则带有偏重文字的色彩,由此也表现出禅门"不离文字"参究实践的不同走向。禅宗创造与运用禅语言,一方面充分而深刻地暴露了直觉体悟与语言文字的矛盾和关联,为探讨和总结直觉和语言的关系提供了丰富的资料;另一方面又有力而全面地推动了中国语言的艺术化,尤其是为以禅语为诗、以俗语为诗,以及以禅喻诗,更是提供了大量资源,进而也对中国文化史的发展作出了重要贡献。

（原题为《禅宗的"不立文字"语言观》,
载《中国人民大学学报》2002 年第 1 期,文内标题文字有调整)

心性编

一、达摩、慧可、僧璨的真性与自觉说

菩提达摩(生年不详,卒于536,一说528)、慧可(487—593)、僧璨(？—606)这三位禅师的事迹都没有详细的记载,有的记载甚至还很混乱。但现有的记载表明了一个共同点:三代禅师都崇奉四卷本《楞伽经》①,并以之作为禅修的指导和印证;也都着重实践一衣一钵、一坐一食、随缘而住的头陀行。他们的思想和宗风是一脉相承的,所以都被称为楞伽师。四卷本《楞伽经》对他们的影响主要有两方面:一是方法上重"宗通"。该经云:"谓我二种通,宗通及言通。说者授童蒙,宗为修行者。"②"通",通达。通达佛教的方法被归结为两种,一是"言通",也称为"说通",即运用语言文字,安立名相进行说法教化,这是对初学者的启蒙。一是"宗通","宗",宗旨、宗要。宗通指离开语言文字,直接通达佛教堂奥的宗旨,亦指修行者的自证自悟。禅师强调把言(教)与宗区分开来,提倡"藉教悟宗",并着重于宗的趣入。也就是通过经教的学习形成信仰后,便不能再凭借言教了。这也是后来"宗门"和"教下"区分之所本。《楞伽经》对上述禅师影响的另一方面是思想上重视如来藏说③。该经认为一切众生的烦恼身中都藏有自性清净(本来清净)的如来法身,而一切众生的自性都含藏如来的功德。如来藏思想一直成为禅宗的主要思想基础,是禅宗心性论的核心观念。这也说明,自菩提达摩始,中国禅师

---

① 求那跋陀罗译,全称为《楞伽阿跋多罗宝经》,见《大正藏》第16卷。
② 《大正藏》第16卷,503页上、中。又,文中"言通",原为"言言",改。
③ 详见《楞伽经》卷1、卷4,《大正藏》第16卷,489、510页。

已经超越了单纯坐禅和冥想的领域,进而关注本体性的心的探讨,重视心性本原的寻求、体悟。

上述三位楞伽禅师的著作已难以详考。后人曾编有《少室六门集》①,挂在菩提达摩名下。学术界一般认为《楞伽师资记·达摩传》中载有的《略辨大乘入道四行》是代表达摩思想的比较可信的著述。慧可的撰述今几已不存。题为僧璨所作的《信心铭》,虽不完全可信,却为后世禅师所喜诵,因而具有了禅宗根本典据的意义。

(一)同一真性与安心法门

菩提达摩禅师心性论的基本思想,是认为一切众生都有"同一真性"。《略辨大乘入道四行》说:"深信含生,凡圣同一真性,但为客尘妄覆,不能显了",强调必须"舍妄归真"②。这里说的真性即是佛性,同一真性即是同一佛性。这是认为众生都有同一佛性,只因妄念覆盖,没有显现出来而已。这种思想是根据四卷本《楞伽经》所讲众生都有"如来藏"的说法,并结合《涅槃经》的"一切众生皆有佛性"说而提出的。四卷本《楞伽经》云:"虽自性净,客尘所覆故,犹见不净。"③这属于如来藏自性清净心说。菩提达摩所传的禅法,实际上就是如来藏法门。

在菩提达摩看来,真性或佛性也就是人心。人人都本有一心即自性清净心。四卷本《楞伽经》视佛性和人心为一事,把两者合称为"如来藏识藏"④。"如来藏"即佛性,"识藏"即人心。人心即佛性的心,也即自性清净心。所以经文又说:"如来藏自性清净,转三十二相入于一切众生身中。"⑤意思是,一切众生身中本来具足三十二相的如来,自性清净,犹如胎藏一样。达摩北上入魏时,菩提流支译的十卷本《入楞伽经》已经开始流传,但达摩却宗奉在南方译出的四卷本《楞伽经》。两个译本在佛性及

① 见《大正藏》第48卷。
② 《楞伽师资记》,《大正藏》第85卷,1285页上。
③ 《大正藏》第16卷,510页下。
④ 《楞伽经》卷4,《大正藏》第16卷,510页下。
⑤ 《楞伽经》卷2,《大正藏》第16卷,489页上。

其与人心的关系问题上存在着重大分歧。十卷本视佛性与人心的性质不同，强调"如来藏识不在阿黎耶识中"①，"阿黎耶识"即识藏，如来藏识在识藏之外，二者不同，如来藏识是净心，识藏是染心。也就是说有二心：佛心是净心，是自性清净心；人心是染心，是自性染污心。达摩选择如来藏说，表明他并不赞赏阿赖耶识说，因为阿赖耶识说与"宗通"说并不协调。又，相传达摩是南印度人，时南印度流行如来藏说，北印度则重阿赖耶识说。达摩选择如来藏说，也可能与印度南北不同地区的不同佛教文化背景有关。

菩提达摩把成就佛道的方法归结为悟理和修行两个方面。悟理是悟证"性净之理"。所谓"性净之理"，是无染无著、无此无彼的真理。达摩强调只有"深信含生同一真性，但为客尘所覆，不能显了"的意义，才能显发真性，灭除妄念，和"性净之理"相契合，并进而为修行提供智慧的根据和可靠的保证②。如何显发同一真性，悟证性净之理呢？达摩特别重视"安心"，所谓安心就是将心安住于一处，使之达到安定寂静的境界，和"住心"、"宅心"的意思相同。为了安心，就不能对事物作彼此的分别，也不能执著于善恶。可见，安心也可说是不起分别心，没有分别的心。相传有这样一个故事：慧可初次见到达摩，说自己内心很不安宁，乞求帮助"安心"。达摩立即回答说，你把不安的心拿来，我使你安心。慧可说，不安的心找不到。达摩说我已经给你安心了③。这是讲不要把心加以区别，不要以为有与安心相对立的不安的心，如此破除了分别，合乎无相之理，也就是安心的意义。由此看来，安心又可说是无心。《少室六门·第四门安心法门》还提出"即心无心，是为通达佛道"④的命题，认为"佛道"的要义是"即心无心"，也就是心不起分别心。中国传统无心而任物的心理结构与思维方式的影响，在这里表现得十分明显。

①　《入楞伽经》卷7，《大正藏》第16卷，556页下。
②　延寿《宗镜录》卷100云："跋陀三藏云：理心者，心非理外，理非心外；心即是理，理即是心。心理平等，名之为理；理照能明，名之为心。觉心理平等，名之为佛心。"（《大正藏》第48卷，953页上）"跋陀"即求那跋陀罗，为四卷本《楞伽经》译主。跋陀所说的心与理平等无差别的理心论，对达摩应是有影响的。
③　详见《景德传灯录》卷3，《大正藏》第51卷，219页中。
④　《大正藏》第48卷，370页中。

（二）自觉圣智与是心是佛

据道宣《续高僧传》卷16《慧可传》①载，慧可门下发生了分流，一派是口说玄理、不出文记的禅师，一派是注重疏释文义、阐辨名相的经师。该传还说，慧可是"专附玄理"、不拘文字的自由解经方法的倡导者。慧可所"专附"的玄理是指《楞伽经》学说，即关于人生终极关怀和成就解脱境界的禅门根本义理，特别是众生心性的根本问题。现存的慧可《答向居士来书》中的一首偈，基本上体现了他"专附玄理"的思想风貌，偈云：

> 说此真法皆如实，与真幽理竟不殊。
> 本迷摩尼谓瓦砾，豁然自觉是真珠。
> 无明智慧等无异，当知万法即皆如。
> 愍此二见之徒辈，申词措笔作斯书。
> 观身与佛不差别，何须更觅彼无余？②

"摩尼"，指宝珠。"无余"，指无余涅槃，是一种断除烦恼和灭尽生死因果的解脱境界。此偈包含了自觉圣智和即心是佛的心性论思想。

楞伽师重如来藏说，以得自觉圣智为目标。所谓自觉圣智是通过自觉观察，排除妄见，进而升到成佛境地的一种智慧。自觉圣智与如来藏有相通之处。上引偈文中"本迷摩尼谓瓦砾，豁然自觉是真珠"两句是说，犹如众生迷惑时，会视真珠为瓦砾，不知摩尼是真珠一样，众生一旦觉悟，离开迷妄，也就立即明白本性是觉性、佛性。这是一种本性觉悟说，即把自觉解释为自性觉悟，认为主体自我本来就有佛性，是觉悟的。第五、六两句偈文又肯定无明（无知）与智慧无异，当知"万法皆如"。"万法"，指包括善恶愚智在内的一切存在。"如"，是不异，是本来的真实的相状。意思是应当亲证一切存在都是没有差别的实相。这是进一步发挥自性本

---

① 《大正藏》第50卷，552页。
② 《续高僧传·慧可传》，同上书，552页中。

觉的意义。然而《楞伽经》所讲的自觉圣智的"觉"字是指触觉,也就是见闻觉知的觉,"自觉"即是一种自我的内证、现证。而慧可把自觉解释为无须依靠别的因缘的自我觉悟、自性觉悟、本有觉悟①,自觉圣智被解释为自性觉悟的绝对智慧。慧可的这种自由解经方法和自性本觉说,对后世禅宗的思想发展有着重大的影响。

慧可还从众生自性觉悟,进一步肯定众生的心即是佛。上述偈文末尾两句说的就是"即心是佛"的意思,强调不必另求无余涅槃境界。据《景德传灯录》卷 3 载,慧可回答弟子问什么是佛法时曾说:"是心是佛,是心是法。法佛无二,僧宝亦然。"②意思是说,心是佛,也是法,也是僧。佛、法、僧"三宝"都是心,都是以心为根本。由于三宝同是心,因此佛、法、僧三者可谓没有差别。慧可以心来贯通佛、法、僧,把心提高到至关重要的地位。慧可视心为佛的根据,是认为心的自性是觉悟的。这种心佛观念对后世禅宗乃至整个佛教思想发展的影响也是深远的。

(三)一心不生与任性合道

禅宗三祖僧璨的史料极少。现就托名僧璨所作的《信心铭》略作介绍。该文"不心"与"任性"的心性论思想,是禅宗思想史上的重要环节。

《信心铭》是在继承达摩、慧可的清净心思想基础上,进一步吸取道家尤其是《庄子》的"齐物"、"逍遥"思想而成的。全文以"真如法界不二"即以宇宙万物本体同一的思想为宗旨,强调万物之间相即齐一,又以修持者契合如此的"至道"为禅修的最高境地。契合"至道"的最高境界,也就是人的心地的本真状态。为此,《信心铭》提出"息见"、"不心"、"任性"的自然主义心性论。

"至道无难,唯嫌拣择"③,这是《信心铭》全文开宗明义的总论性的话。拣择,即选择、区别。这句话是说,把握"至道"的最根本之点就是不

---

① 参见吕澂:《禅学述原》,见《吕澂佛学论著选集》(一),400 页,齐鲁书社,1991。
② 《大正藏》第 51 卷,220 页下。
③ 《信心铭》,《大正藏》第 48 卷,376 页中。

作分别。也就是既不作"有"的分别,也不作"空"的分别。"系念乖真"①,任何执持对立的一端都是不符合"不二"原则的妄念、妄见,都必须消灭。消灭二端对立的妄见,也就是显发出真实的心性。这就是"不用求真,唯须息见"②。要做到"息见",就是要不生执心,"一心不生,万法无咎。无咎无法,不生不心"③。"将心用心,岂非大错!"④"心若不异,万法一如。"⑤"不心",就是不生心。如果"生心"、"用心"、"心异",就会形成分别,产生是非,执著取舍,有所得失,从而违背"真如法界不二"的宗旨,也就无从契合"至道"的境界。要做到"息见"、"不心",也就是要"任性"。文中说:"放之自然,体无去住。任性合道,逍遥绝恼。"⑥"性",指众生的本性、真性。"任性"就是随任性的自然,就是"归复自然"⑦,这是不作分别、非有非空、无去无来的心性本然,是人心冥合至道、断绝烦恼的理想境地。这种追求心的原初状态、心性的自然表露,以及任运自在的自然主义的禅修生活准则,越来越为后世大多数禅师所奉行。

（原为《中国佛教哲学要义》第15章第2节）

---

① 《信心铭》,《大正藏》第48卷,376页下。
② 同上。
③ 同上。
④ 同上。
⑤ 同上。
⑥ 同上。
⑦ 同上。

二、道信和弘忍的念佛心与本真心说

（一）心心念佛与念佛净心

达摩禅传至道信、弘忍时，历史已进入了隋唐大统一的时代。道信（580—651）、弘忍（601—674）分别住在蕲州黄梅（今湖北省黄梅县）的破头山（双峰山）和冯茂山（东山）弘法。黄梅地处长江中游，东西南北，往来称便。历史的良机和环境的优越，推动了道信、弘忍经过五十多年的努力，使门徒分别多达五百人乃至七百人。道信和弘忍这一系史称"东山宗"，成为当时禅法的重要中心和尔后禅宗的直接源头。

道信、弘忍的禅法，史称"东山法门"。这一法门的核心是"一行三昧"。所谓"一行"，意思是定、正定，即将心定于一处或一境，不使散乱，保持宁静、安定的状态。"一行三昧"就是指心专于修习一事的正定，或者说是借一种修行，使心安定下来。通常有两种：一是一心念佛的念佛三昧，二是一心观照万事万物无差别相的三昧。道信在《入道安心要方便法门》中论述了他的法要："我此法要，依《楞伽经》诸佛心第一。又依《文殊说般若经》一行三昧，即念佛心是佛，妄念是凡夫。"①可以说这是东山法门禅法的纲要，其中包含了心性理论和修行实践两个方面。这里我们先论述他的"一行三昧"修持法门，即一心念佛的念佛三昧。《文殊说般若

---

① 转引自《楞伽师资记》，《大正藏》第85卷，1286页下。

经》对于念佛三昧如是说：

> 善男子,善女人,欲入一行三昧,应处空闲,舍诸乱意,不取相貌,
> 系心一佛,专称名字;随佛方所,端身正向,能于一佛念念相续,即是
> 念中,能见过去、未来、现在诸佛。①

这里的"相貌"指形相,如佛的三十二相、八十种好。"不取相貌",是根据
般若的思想,不执取形相差别,而归于无差别相。经文主张入一行三昧的
方法是静坐、定心、不取相,专念一佛名,如此坚持不懈,就会使心安定、清
净,也就能由念一佛而见一切佛。这种一行三昧是般若无相学说与唯心
念佛相合的修持方法。

弘忍在继承道信法门的同时,又比道信更鲜明地倾向《大乘起信论》
的一行三昧。《大乘起信论》主张以离念(念,指无明)即远离无明归趣于
无相的修持工夫,求得心灵返归原初的清净状态,所以也很重视一行三
昧。此论的一行三昧,就是念念离念,"念念"指时时刻刻。意思是时时
刻刻专注于排除离开无知妄念,也就是更重视原初一心的修持与寻求。

《续高僧传》卷20《玄爽传》描述了道信的禅法是"唯存摄念,长坐不
卧,系念在前"②。《楞伽师资记》载弘忍的禅法是"萧然净坐,不出文记,
口说玄理,默授与人"③。从总体上看,道信、弘忍师徒禅法的基本路数是
一致的。他们的法门,一言以蔽之,就是静态渐修的坐禅、念佛和观心、
守心。

伴随着东山法门的弘扬,道信、弘忍在达摩禅演变史上树立了新的家
风。主要表现为:一是定居山林。达摩、慧可修持的头陀行规定,不得留
恋久居一地,而要过随缘而住的云水生活。道信、弘忍改变了这一传统,
"择地开居,营宇立象",长期定居于黄梅。他们开创道场,建造寺院,弘
法传道,聚徒数以百计,形成一个庞大的教团。由于久居山林,潜修山中,

---

① 此经全称为《文殊师利所说摩诃般若波罗蜜经》,引文见该经卷下,《大正藏》第8
卷,731页中。

② 《大正藏》第50卷,600页上。

③ 《大正藏》第85卷,1289页中。

不仅形成了山林佛教的禅风,而且在禅修的同时开展生产劳动,采用经济上的自给自足方法解决了僧众的生活问题。二是法门洞开。在弘忍以前,禅师不轻易传授禅法,只是有选择地个别秘密传授。自弘忍始,法门大启,根机不择,不分学徒条件的优劣,一律实行普遍而公开的传授。三是传菩萨戒。据《楞伽师资记》载,道信撰有《菩萨戒本》,说明他在教导禅法的同时又传大乘戒。这种禅戒结合的做法为弘忍所继承。四是重在念佛。与以往凝神壁观不同,道信转而引用念佛三昧,提倡"心心念佛",依念佛而成佛。弘忍同样主张"念佛净心",认为通过念佛名,能使人心清净。

　　道信撰写的《菩萨戒本》和《入道安心要方便法门》二书均已佚失,然《楞伽师资记》全书约一半是讲道信禅法的,《入道安心要方便法门》一书的内容已为引录,故可作论述道信禅法及其思想的根据。现题为弘忍述的著作,有《最上乘论》一卷,此书与敦煌本《导凡趣圣悟解脱宗修心要论》一卷为同一种作品,但《楞伽师资记》断定为伪撰。由于《最上乘论》所述的内容与弘忍的思想比较一致,似可作论述弘忍思想的重要参考资料。

(二)明净心与念佛心

　　道信、弘忍的东山法门是奠基于心性理论基础上的。《入道安心要方便法门》引古训说:"古时智敏①禅师训曰:学道之法,必须解行相扶,先知心之根原及诸体用,见理分明无惑,然后功业可成。一解千从,一迷万惑。失之毫厘,差之千里。"②这段话强调了理论与实践相结合的修持原则。在解知方面,特别重视知心的根源及其体用的意义。又说:"坐时当觉识心初动,运运流注,随其来去,皆令知之。"③这是说,坐禅时要觉察自己原初心灵的冲动,知其来去变化。也就是超越单纯的坐禅冥想,而着意关心

---

①　近人印顺法师认为"智敏禅师大致为智颉禅师的误写",见其所著《中国禅宗史》,63 页,中华书局,2010。若如此,则道信的禅法颇受天台宗止观学说的影响。

②　转引自《楞伽师资记》,《大正藏》第 85 卷,1288 页上。

③　同上书,1287 页中。

探索本原性的一心。道信主张以心为原，教人向内心用功，为此他还特别用"依《楞伽经》诸佛心第一"话来强调"心"的重要作用。这里道信是引用四卷本《楞伽经》的品名"一切佛语心第一"，而《楞伽经》品名的"心"字是核心、中心的意思，该品名标示了佛教核心思想在《楞伽经》中都具备了。道信则断以己意，把"一切佛语心第一"发挥为"诸佛心第一"，把"心"说成是人心的心，强调"心"的重要，强调要重视"心"的修持，以此强化向内用功的禅修路线。

道信除了依据《楞伽经》和《文殊说般若经》以外，还广泛地吸收了其他佛教经典思想，以致他对心内涵的论述也比较庞杂。从《入道安心要方便法门》来看，心的涵义有两个层面：一是从众生原初本有的角度界定心是明净心（清净心），二是从众生现实修持的角度提出心是念佛心。对于明净心，道信又通过融合《楞伽》和《般若》两经，来肯定如来藏性与寂灭性两方面统一的特质。《楞伽经》是讲如来藏的，《文殊说般若经》是讲空的。然而《文殊说般若经》又认为真空与妙有不二，从空寂中显示真性，所以说："如来界及我界，即不二相。"①"如来界"，是如来性、如来藏、佛性的别名。"我界"即众生。这是说如来藏与众生平等不二，众生都具有如来藏性。在道信看来，上述两经是互融互补的，如来藏性与空寂性是无异无别的。他说，若能做到"观察分明，内外空净，即心性寂灭，如其寂灭，则圣心显矣"②。这也就是说，清净与空寂本是一回事。

道信还分析了明净心的体用两个方面。心体是指心的体性，"体性清净，体与佛同"③，人心本有的体性是清净无染的，与佛是一样的，即众生心性的本质与佛无异。这是一种众生都有佛性的思想。在道信看来，这也是众生信佛入道的前提，如果众生没有清净体，没有佛性，入道成佛又从何谈起？心用是指明净心的作用，"用生法宝，起作恒寂，万法（原作"惑"）皆如"④。"法宝"是佛、法、僧三宝之一的佛法。"万法"，一切存在。明净心的作用是产生与佛法相符合的觉悟，同时这种心的作用又表

① 《大正藏》第 8 卷，729 页下。
② 《入道安心要方便法门》，转引自《楞伽师资记》，《大正藏》第 85 卷，1289 页上。
③ 同上书，1288 页上。
④ 同上。

现为无所波动的"恒寂"状态，即不对万物作出高下分别，而是"万法皆如"，一体平等。如果对万物作出种种区别，就违背佛法，不符万物的实相，就是妄念。

道信在体用观念基础上，阐发了明净心的体性与作用，为念佛心成佛提供了理论根据和修持规范，为引导人们追求内心世界的明净空灵提供了方便法门。

道信提出了"念佛心"的概念，并加以阐释，宣扬"念佛心是佛，妄念是凡夫"的命题。这既是把念佛心与妄念、佛与凡夫对立起来，也是把念佛心与佛、妄念与凡夫统一起来，具有重要的宗教理论意义和实践意义。

那么，什么是念佛心呢？为什么说念佛心是佛呢？所谓念佛心，就是前文所引的"系心一佛，专称佛名"。意思是排除一切妄念，专于念佛，心心相续，以求心中见佛。这实际上是主张念佛与念心的同一。道信的念佛是称名、观想等多种念佛活动，念心就是观心。也就是一方面以念佛生无量无边功德，一方面以观心灭尽妄念，求得心地清净。这两方面是同步的，甚至是同一的。这样，念佛心也就是"名无所念"①，是不作区别、无所执著的心，是心的本然。念佛心排除妄念、烦恼，不执著对象形相，就会"忽然澄寂，更无所缘念"②。念佛心的佛是无形相的，念佛心的心也是无形相的，从修持的更高意义上说，念佛实是无所念，连念佛心也不生起，只保持原本的净心，才是真念佛。这种无所念的念佛心，是禅修成佛的基础："身心方寸，举足下足，常在道场；施为举动，皆是菩提。"③"方寸"，心。"道场"，成佛的依处。"菩提"，觉悟。身心活动，不外乎自心，一切活动，都是成佛的道场，都体现了成佛的觉悟。所以，"离心无别有佛，离佛无别有心"④，"念佛心是佛"。真念佛时，佛与心的形相俱泯，佛与心相融无别，佛就是心，心就是佛。这也就是"念佛即是念心，求心即是求佛"⑤。

道信对念佛心的功能作了多角度的揭示。首先，他认为念佛能知诸

---

① 转引自《楞伽师资记》，《大正藏》第 85 卷，1287 页上。
② 同上。
③ 同上。
④ 同上。
⑤ 同上。

佛的无差别境界。"念一佛功德无量无边,亦与无量诸佛功德无二,不思议佛法等无分别,皆乘一如,成最正觉,悉具无量功德,无量辨才。如是入一行三昧者,尽知恒沙诸佛法界,无差别相。"①念佛时观想一佛的无量无边的功德,佛佛是相通的,由念一佛就能见一切佛显现面前。其次,念佛能使心净。《传法宝记》描述了弘忍等禅师的法门是"念佛名,令净心",这是继承道信的禅法。念佛使心专一、集中、单纯、安定,也就会进一步使心清净。而心清净也就是佛性、本觉。再次,由念佛进而体悟到所见诸佛都由自心活动,即都是唯心所现。佛从心生,要求成佛,念佛心实具有关键性的作用。这也就进一步开拓了"是心作佛,是心是佛"②的法门,以求达到即心即佛的体悟。

道信以念佛与念心相合而一构成念佛心的观念,把众生的现实心灵与原本清净的心灵沟通起来,从而也就为从念佛过渡到成佛提供了桥梁,并以此与具有妄念的凡夫区别开来。

(三) 自心与本真心

《入道安心要方便法门》把禅修要领归结为"守一不移",《最上乘论》继承了这种观点,进一步强调"守心第一",并认为所守的心是"守本真心"。

道信说:"守一不移者,以此空净眼注意看一物,无问昼夜时,专精常不动。其心欲驰散,急手还摄来。如绳系鸟足,欲飞还掣取。终日看不已,泯然心自定。"③又说:"守一不移,动静常住,能令学者明见佛性,早入定门。"④所谓"守一不移"是首先观照众生的自身只是"四大"、"五蕴"和合的假名,空净而了无一物可得。然后以这种"看净"的观点与方法去审视一物,如此摄守不移,以进入自心寂静的境地。这样,学禅者也就能够不需要通过什么中介而"明见佛性",即直接体证自身的内在佛性,从而

---

① 转引自《楞伽师资记》,《大正藏》第 85 卷,1287 页上。
② 《观无量寿佛经》,《大正藏》第 12 卷,343 页上。
③ 《入道安心要方便法门》,转引自《楞伽师资记》,《大正藏》第 85 卷,1288 页中。
④ 同上书,1288 页上。

得定发慧。《最上乘论》在此基础上说："此守心者，乃是涅槃之根本，入道之要门，十二部经之宗，三世诸佛之祖。"①"十二部经"，即各类佛经。这是把守心的重要性提到学佛和成佛的高度，甚至认为是佛的本师，这也就最大限度地突出了心的作用。

《最上乘论》对守心的心作了这样的说明：

> 夫修道之本体，须识当身心本来清净，不生不灭，无有分别。自性圆满，清净之心，此是本师，乃胜念十方诸佛。②

认为心是"自性圆满清净心"。此心的规定性有三：本来清净、不生不灭和无有分别。《十地经》曾有这样的比喻，说众生身中都有佛性，犹如太阳，圆满光明，但为云雾遮覆而使天下阴暗。《最上乘论》引用这一比喻说，清净心是为妄念烦恼所盖覆而不得显现，只要凝然守心，妄念不生，清净心就会自然显现。这是通过云雾遮住太阳的比喻来说明心的"本来清净"，把需要论证的论点视为不证自明的。关于心的"不生不灭"，该论说：

> 《维摩经》云：如，无有生；如，无有灭。如者，真如佛性，自性清净。清净者，心之原也。真如本有，不从缘生。又云：一切众生皆如也，众贤圣亦如也。一切众生者，即我等是也；众贤圣者，即诸佛是也。名相虽别，身中真如法性并同。不生不灭故，言皆如也。③

"如"，即真如，指一切事物的本来实相。这段话的意思是，真如是自性清净的，不是由因缘和合而生的。既然是不生的，那么，也就是不灭的。所以，也可说不生不灭就是如，真如。真如佛性是清净的，这是心的本原，也是众生和佛同样具有的。由于心是本来清净、不生不灭的，因此也是"无有分别"的。心的这三种规定性是从不同侧面说明心的原本性质、状态，

---

① 《大正藏》第48卷，377页下。

② 同上书，377页上。

③ 同上书，377页中。

即"自性圆满清净"。或者说,由心的本来清净,而不生不灭,而无有分别,三者具有前后的推导关系。总之,这是强调心具有清净性、永恒性、绝对性的特质,是众生和诸佛的共同本原、本体。

守心的心,《最上乘论》也称作"自心"、"本心"、"真心"、"本真心"。该论援引了《华严经》经文来说明"守本真心"的意义。说:"三界虚幻,唯是一心作。……但于行住坐卧中常了然守本真心。"①这是从认识论和宇宙论的角度,强调要在日常生活和修持中,了解"守本真心"对于认识世界虚幻的重要性。又说:"三世诸佛皆从心性中生。先守真心,妄念不生,我所心灭,后得成佛。"②"我所",指为我所有之观念。这是从心性与成佛的关系,即心性生佛的角度强调众生要先摄守真心,以使妄念不生,灭除执著外物为我所有的观念,然后就得以成佛。"守本真心"是众生成佛的起点、根据和关键。在《最上乘论》看来,众生转化成佛,就是守住真心,不使驰散,不起妄念,不生我执的工夫。众生一旦了悟心原,真心不失,妄念不起,也就解脱成佛了。对自性或真心的迷悟是为众生与佛的分水岭。

道信和弘忍树立的东山法门有着共同的禅法、禅风。相比较而言,两人又各有所重。道信信奉《楞伽经》与《文殊说般若经》,尤为侧重于后者而倡导"念佛"、"看净"(空无一物)。弘忍则侧重于《楞伽经》和依魏译《楞伽经》所作的《大乘起信论》,更推崇"看心"、"守心"。道信和弘忍的法门及其变化,反映出他们心性理论的共同性和差异性。共同之点是他们都信奉《楞伽经》,都以众生同具如来藏或佛性为理论基石,都以心性为本,倡导"即心是佛"说。不同的是,弘忍比道信更强调"守本真心",即把"守心"的心明确地落实到《大乘起信论》的心真如门,从而更鲜明地在心性论上表现出返本归源的倾向。这也就游离了菩提达摩通过壁观而与道冥合的禅法,转而通过看心而守心,强调在摄守人类心灵本原上着力用功,即更注重主体内在精神世界的转换与超越,从而淡化了对佛教经典的信奉和对宇宙万物空性的体认。

道信和弘忍的心性论对后世的影响是深远的,尤其是弘忍从一心说

禅宗概要

---

① 《大正藏》第 48 卷,378 页中。

② 同上书,378 页上。

转而采用《大乘起信论》的染净二心说,阐扬妄心不起、真心不失的思想,为后来禅师们所继承、运用。由于侧重点不同,有的后继者偏于息灭妄心,有的后继者重在直指真心,从而形成不同的流派。由于弘忍注重摄守本心,从而为不立文字、教外别传、特重法统传承的典型中国化的慧能南宗一系开辟了道路。

（原为《中国佛教哲学要义》第 15 章第 3 节）

三、牛头法融的无心与忘情说

稍晚于道信又略早于弘忍的法融（594—657）是江苏丹阳人。他早年饱读各类典籍，认为"儒道俗文，信同糠秕；般若止观，实可舟航"①。于是，十九岁时入句容茅山，从三论宗僧炅法师剃度，并潜心钻研"三论"和其他经论，深有造诣。后又以为"慧发乱纵，定开心府"②，认为全凭文字知解并不能获得心灵的解脱，因而再入静林，凝心默坐，修持习定二十年。最后入牛头山，建茅茨禅室，日夜参究，不再离开。法融是一位由般若三论而入禅门、禅教并重而又更侧重于禅悟的学者，著有《心铭》和《绝观论》③等。他祖述般若三论，主张心性空寂，以寂静虚明为理想的精神家园。与此相应，他在禅法上提倡无心绝观，认为没有心可守，也没有什么可观，表现出了与道信、弘忍一系截然不同的禅风，因此，后世一些禅宗学人把他的禅法称为"泯绝无寄宗"，他本人则被称为"东夏之达摩"。

（一）"无心"合"道"

法融心性论的核心思想是无心说，这一学说，涉及了心的涵义和状

---

① 《法融传》，《续高僧传》卷 20，《大正藏》第 50 卷，603 页下。
② 同上。
③ 《绝观论》又名《达摩和尚绝观论》、《入理缘门论》和《观行法》（无名上士集）等，全书为问答体，共 107 番问答。见任继愈主编：《中国佛教丛书·禅宗编》（一），245—254 页，江苏古籍出版社，1993。

态、无心的意义、无心合道的命题以及否定安心说等比较丰富而独特的心性论哲学内容。

据延寿《宗镜录》卷97引《绝观论》说:"问云:'何者是心?'答:'六根所观,并悉是心。'"①"六根",指五种感觉、认识器官和内在意识。法融认为人的心理活动、精神作用,总称为心。又说:"问:'心若为?'答:'心寂灭'。"②心的本性是空寂的。心性本寂就是"无心"。"心性寂灭为定,常解寂灭为慧。"③这是说,心理活动归于寂静是"定",日常见解归于息灭是"慧"。定和慧是佛教修持的基本内容,达到心性寂灭和常解寂灭是佛教空宗的根本要求。《绝观论》认为智慧的作用是对境界产生见解,而智慧的境界是主体自身的心性④。由此,真正的智慧就是要对心性有正确的见解,即要把握心性空寂的道理。法融还认为心有两种形态:"舒",照用,活动;"卷",寂灭,静止。"舒则弥游法界,卷则定(疑为"踪"字之误)迹难寻。"⑤认为心发生照用时,能远游无边法界,心处于静止时则无来去、无踪迹。心寂静时无踪迹可寻,这说明心和万物都是空的、不可得的。"目前无物,无物宛然。"⑥明白了万物皆无,心也就空寂了。这也就是所谓"心境本寂"的思想。《心铭》说:"开目见相,心随境起。心外无境,境外无心。……心寂境如,不遣不拘。境随心灭,心随境无。两处不生,寂静虚明。菩提影现,心水常清。"⑦这也是从心与境的关系上,强调心随境而起,而实际上心并没有境,境也没有心。心是空寂的,境应随心而灭,同时心也随境而无。如此两者不生,同时寂灭,境灭心无,而得菩提觉悟。

《宗镜录》卷45所引的法融的话,集中地表述了法融的"无心"观念,文说:

> 融大师云:镜像本无心,说镜像无心,从无心中说无心。人说

---

① 《大正藏》第48卷,941页上。
② 同上。
③ 同上。
④ 同上书,941页中。
⑤ 同上。
⑥ 《心铭》,《景德传灯录》卷30,《大正藏》第51卷,457页下。
⑦ 同上。

（"说"字，衍文）有心，说人无心，从有心中说无心。有心中说无心，是末观，无心中说无心，是本观。众生计有身心，说镜像破身心。众生著镜像，说毕竟空破镜像。若知镜像毕竟空，即身心毕竟空。假名毕竟空，亦无毕竟空。若身心本无，佛道亦本无，一切法亦本无，本无亦本无。若知本无亦假名，假名佛道。佛道非天生，亦不从地出，直是空心性，照世间如日。①

这段话是从价值判断和修持境界两个层次上阐述"无心"意义的。法融运用般若学的"无所得"和"本无"观念，以镜像为喻，从镜像毕竟空论证身心毕竟空，即身心本无，也即无心。这里法融还联系一切事物乃至佛道都是本无、假名来强调身心的本无，表现出般若空宗彻底反对执著的思想，体现出对身心的否定性价值判断。同时，上述引文的末后两句"直是空心性，照世间如日"又肯定了心性空寂，有如日照世间，是一种极高的悟证境界。《心铭》说："慧日寂寂，定光明明，照无相苑，朗涅槃城。"②是说众生若果修持得心性空寂，也即具有"灵知"、"妙智"，慧和定同时发生作用，洞照万物无相，也就成就了涅槃境界。这种空寂之心即无心之心，被认为是禅修成佛的根本。《绝观论》说："心为体"，"心为宗"，"心为本"③。这里的体、宗、本三者分别是指修持成佛的体性、宗要、根本，这三者都归结为寂灭之心。也就是说，无心是成佛的关键。这其间还包含着无心的另一层意义——修持工夫和方法，并表现了离心无佛、即心是佛的思想倾向。

法融讲"无心"以成佛，而成佛也就是"合道"。"无心合道"是法融禅学的基本命题。"道"是什么呢？敦煌本《绝观论》说："大道冲虚，幽微寂寞"④，"虚空为道本"⑤。《宗镜录》卷9也引法融的话说："牛头初祖云：夫道者，若一人得之，道即不遍。若众人得之，道即有穷。若各各有之，道

① 《大正藏》第48卷，681页中。
② 《景德传灯录》卷30，《大正藏》第51卷，458页上。
③ 《宗镜录》卷97，《大正藏》第48卷，941页上。
④ 转引自任继愈主编：《中国佛教丛书·禅宗编》（一），245页。
⑤ 同上书，247页。

即有数。若总共有之,方便即空。若修行得之,造作非真。若本自有之,万行虚设。何以故?离一切限量分别故。"①这是说"道"具有虚空性、无分别性、无限性和无所不在性的特征,而最根本的特征是虚空性。法融从佛教修持的角度出发,依据般若空观,吸取并改造了先秦道家和魏晋玄学的"道"的范畴,把道作为契悟的根本内容、觉证的精神境界,也即作为成佛的最高目标。这个"道"实是对宇宙本质、万物本性的总概括,是最高存在、世界本体。"道"作为一种绝对观念,又可称为"理"。法融讲"无心合道",也讲"冥心入理"②。无心即冥心,合道即入理。道或理的基本涵义就是虚空、本无。"无心合道"就是主体无心而悟达宇宙万物的虚空、本无。《绝观论》说:"无心即无物,无物即天真,天真即大道。"③"天真",语出《庄子·渔父》,是自然不可变易的意思。此句是说,主体的心空无,外物也就空无,外物空无也就自然纯真,自然纯真就是大道。由此也可推论说,无心即大道。或者说,由无心而无物而大道而成佛。这中间无物具有重要的关联意义。所以法融在回答"云何名为佛"时又说:"觉了无物,谓之佛。"④认为体悟无物,无心无物,通达一切("道"),谓之佛。

法融不赞成东山法门的"安心方便",强调"不须立心,亦不须强安心"⑤。"一切莫顾,安心无处。无处安心,虚明自露。"⑥即是不要着意去安心,也无处可安心,如此修行,就可自然显露"虚明",从而获得解脱。法融还说:"心性不生,何须知见;本无一法,谁论熏炼?"⑦又说:"菩提本有,不须用守;烦恼本无,不须用除。"⑧意思是说,须知见的心性不生,须熏炼的事法本空,须追求的菩提本有,须灭除的烦恼本无,既然如此,那么也就无须安心,无须摄心,只要"绝观忘守","无心用功"就是了。这种思想实际上与慧能南宗的顿悟说以及后来禅宗的五家七宗思想是相通的。

① 《大正藏》第48卷,463页中。
② 《心铭》,《景德传灯录》卷30,《大正藏》第51卷,457页下。
③ 转引自任继愈主编:《中国佛教丛书·禅宗编》(一),245页。
④ 同上书,251页。
⑤ 同上书,245页。
⑥ 《心铭》,《景德传灯录》卷30,《大正藏》第51卷,458页上。
⑦ 同上书,457页中。
⑧ 同上书,457页下。

(二)丧己忘情

法融认为,要达到"无心合道"即心境本空的悟境,必须破除众生的迷妄,特别是众生的爱恶一类的情感、欲望,必须泯除。宗密在《中华传心地禅门师资承袭图》中叙及法融牛头宗"本无事而忘情"的禅法时说了这样一段话:

> 牛头宗意者,体诸法如梦,本来无事,心境本寂,非今始空。迷之为有,即见荣枯贵贱等事。事迹既有,相违相顺故,生爱恶等情,情生则诸苦所系,梦作梦受,何损何益?有此能了之智亦如梦心,乃至设有一法过于涅槃,亦如梦如幻。既达本来无事,理宜丧己忘情。情忘即绝苦困,无度一切苦厄,此以忘情为修也。①

这是说,法融牛头宗认为,爱恶等情欲的产生,是主观迷妄的表现,是把本来空寂的事物,即心境本空("本来无事")执为实有,并着意区分为荣枯贵贱,表现出相违相顺的不同态度。这是形成人生痛苦的根源。应当明达"本来无事",人生的枯荣贵贱都是虚幻的,应当"丧己忘情",即应当认识到自己也是空的,是无我,由此泯除情欲,不为情感所动。做到了这一点,也就能灭绝造成人生痛苦的根由,根由消除了,痛苦也就不存在了。这就是"忘情"的修持方法。

法融牛头宗心性论的思想逻辑,是由"无心"而"忘情"。"无心"最终落实到"忘情"上,也就是说禅修的方法归根到底是在"无心"的基础上泯除情欲,超越爱恶,使心灵回归空寂。宗密评论牛头宗的主张是"休心不起"②。我们认为,这确是一种带有禁欲主义和虚无色彩,又带有自然主义倾向的心性论。

---

① 《续藏经》第 1 辑第 2 编第 15 套第 5 册,436 页。
② 《圆觉经大疏钞》卷 3 之下,《续藏经》第 1 辑第 14 套第 3 册,279 页。

(三)无情有性

法融从"道"的普遍性观念出发,认为无情的草木也有佛性,也能成佛。《绝观论》说:"于是缘门复起问曰:'道者独在于形器(一本作"灵")之中耶?亦在草木之中耶?'入理曰:'道无所不遍也。'"① 又说:"问曰:'若草木久来合道,经中何故不记草木成佛,偏记人也?'答曰:'非独记人,亦记草木。'"② 在法融看来,道作为一种虚空性、理性,是万物成佛的根据,从这个意义上说,也就是佛性,它是普遍地、广泛地存在于一切事物之中的,或者说一切有情和无情的事物都能合道,都能成佛。所以,法融牛头宗人有"青青翠竹,尽是法身;郁郁黄花,无非般若"③ 的说法,将青竹黄花同于法身般若。此宗从无情有性说又推导出"无情说法",认为无情识的山川草木等也住于各自本分,也在说法。南阳慧忠禅师的思想与牛头法融思想一致,也主张无情有性说。他认为墙壁瓦砾就是佛心,就是佛性。无情常在说法,"炽然常说,无有间歇"④。后来苏轼更作偈云:"溪声便是广长舌,山色岂非清净身!夜来八万四千偈,他日如何举似人?"⑤ 形象地描述了无情说法的情景。

法融没有展开论述无情的草木有没有心识以及如何修持成佛的问题,而是从道即宇宙的本质、本性的存在方面推出"无情有性"的命题。这和道家的本体论思维方式是完全吻合的。法融从宇宙本体论的视角来论证佛性。他把心性论和宇宙论结合起来,给佛性论以宇宙本体论的根据。法融消除了有情与无情的区别,一方面强调有情众生的心性本空,另一方面又强调无情的草木也有佛性,也能成佛。这就推动了成佛内涵规定的重大改变,也推动泛神论倾向的流行。

我们可以看到,法融牛头宗的心性论是极富特色的。如果和当时道

① 转引自任继愈主编:《中国佛教丛书·禅宗编》(一),247 页。
② 同上书,248 页。
③ 转引自《荷泽神会禅师语录》,见《中国佛教思想资料选编》第 2 卷第 4 册,91 页。
④ 《景德传灯录》卷 28,《大正藏》第 51 卷,438 页上。
⑤ 《赠东林总长圭》,《苏东坡全集》上册卷 13,193 页,中国书店,1986。

信、弘忍的东山法门作比较的话,这一特色就更为鲜明了。这主要表现在两个方面:在理论上,道信、弘忍的心性论,奠基于本心的基础上,重视本心自性的作用。法融则讲无心、心寂、心空,即心性本空,又以"空为道本",将宇宙本体性的"道"置于超越心物的最高地位,把心性论与本体论结合起来,并使心性论从属于本体论。这与达摩以来的重视自性妙用的禅法,颇不一致。在实践上,道信讲观心、摄心、安心、守一,法融则重在无心、绝观、忘情,两者也是颇不相同的。

　　法融的心性本空和无情有性的心性思想,虽然也受到后世某些禅师的非议诋毁,但是他富有道学——玄学色彩的"空为道本"、"无心合道"的思想,却深深地渗透到慧能门下,为洪州石头两系,尤其是石头希迁所兼融摄取①,从而极大地丰富了带有自然主义倾向的禅风。

(原为《中国佛教哲学要义》第 15 章第 4 节)

---

　　① 牛头宗也由此而归于消失。

四、神秀的染净二心说

神秀（606—706），早年博览经史，后出家学佛。约五十岁时随弘忍学禅，成为弘忍禅师门下的上首弟子。史载，弘忍禅师曾叹曰："东山之法，尽在秀矣！"①神秀尊奉《楞伽经》的思想传统，又以《大乘起信论》为先要，弘扬心净尘染、离念净心的观心禅法。因神秀与慧能、神会禅法的歧异，弘忍门下发生了分裂，形成了南北禅门之争，以致有"南能北秀"之称和"南顿北渐"之说。神秀实为当时北方禅学首座，也是中国禅学史上的重要人物。关于神秀的著作，史载不一。《楞伽师资记》谓神秀"不出文记"，似乎没有著作；可传世的有《北宗五方便门》，晚近又在敦煌发现写本《观心论》一卷，这些可能是神秀门下记述神秀说法整理而成的作品。据现有史料来看，神秀心性论的中心思想是染净二心说。

神秀禅修的终极目标是成就佛果，而成佛的关键，在神秀看来是"心"。他说："心是众善之源，是万恶之主。……常乐由自心生，三界轮回亦从心起。"②意思是心是善法恶法等一切诸法的根本，佛法和众生的善恶行为及其结果，都是由心决定、由心产生的。又说："佛者，觉也，所谓觉察心源，勿令起恶。"③所谓觉悟成佛就是觉察自心的本原，不生起恶念。又据载，神秀还说："一切佛法，自心本有；将心外求，舍父逃走。"④认

---

① 张说：《唐玉泉寺大通禅师碑铭并序》，《全唐文》卷231，2334—2335页。
② 《观心论》，《大正藏》第85卷，1273页上。
③ 同上。
④ 《景德传灯录》卷4，《大正藏》第51卷，231页中。

为自心本有佛法,不应向外求佛。这是继承道信以来的东山法门,着意追求自心的觉悟,也就是超越了单纯的坐禅、冥想,转而深入探索带有形而上性和绝对性的自心,探索自心的体用及其相互关系和转化,以成就佛果。《观心论》有一段很重要的话,文说:

> 菩萨摩诃萨行深般若波罗蜜多时,了于四大五蕴,于空无我中,了见自心有二种差别,云何为二?一者净心,二者染心。其净心者,即是无漏真如之心;其染心者,即是有漏无明之心。二种之心,法尔自然,本来俱有。虽假缘和合,本不相生。净心恒乐善因,染体常思恶业。若真如自觉,不受所染,则称之为圣,遂能远离诸苦,证涅槃乐;若随染造业,受其缠覆,则名之为凡,于是沉沦三界,受种种苦。何以故?由彼染心障真如体故。《十地经》云:"众生身中有金刚佛性,犹如日轮,体明圆满,广大无边。心为五阴黑云所覆,如瓶内灯光,不能显了。"又《涅槃经》云:"一切众生皆有佛性,无明覆故,故不得解脱。"佛性者,即觉性也。但自觉觉他,智惠明了,离其所覆,则名解脱。故知一切诸善,以觉为根。因其觉根,遂显现诸功德树,涅槃之果,因此而成。①

"菩萨摩诃萨",指求无上菩提的大乘修行者。"深般若",指深妙的真如之理。"波罗蜜多",是从生死的此岸渡至解脱的彼岸。"四大五蕴"指的是人身。"三界",指众生所居的欲界、色界、无色界。这一段话是神秀心性论思想的基调,其思想要点有二:

一、自心的体用关系

神秀认为,自心是体,自心体的用为净心与染心二心。又认为,用由体起,但体与用不可混同。犹如明镜,它的体是本有清净性,它的用是一视同仁地把清净东西和污染东西都映现出来。明镜映现出污染东西并不说明镜的体也是染污的,两者是有区别的。这也就是说,在神秀看来,净

---

① 此处引用《观心论》,所据版本为(伯4646)《敦煌宝藏》第134册,217—218页,台湾,新文丰出版公司,1986。

心是自心心体的作用,净心与自心二者是统一的。染心对心体则有覆障作用,若心体为染心所覆,就不能显现出来,因而也不能得到解脱。心体虽受染心覆障,但其清净本性并不受渗透、污染,并不发生变化。心体若离开染心的覆障,也就显现功德,而得解脱。前面我们论及道信的《入道安心要方便法门》,文中讲了心体心用,其心用是指心的恒寂作用,是完全与清净体性一致的。神秀则继承《大乘起信论》和弘忍的染净二心论,讲净染两种对立的作用,也就是由一心而展开为二心了,这种心的二元论倾向是禅学心性论思想的重要观念。

二、染净二心的相互关系

神秀认为二心性质不同,互不相生,二者是独自共存,而不是互相派生的关系。二心同是自心的作用,因而都是本来具有的。染心会造恶业,若随着染心造作恶业,就是凡夫,就会陷入生死轮回的种种苦难之中。净心喜造善业,若随着净心造作善业,就是圣人,就能超脱苦难而进入涅槃境界。"心为出世之门户,心是解脱之开津。"[①]神秀认为,依染心而受苦难,依净心而得解脱,二心性质不同,所带来的结果也不同。

神秀着重运用《大乘起信论》的染净二心说来建构其心性论的思想体系。上述引文表明,神秀把净心、真如心、真如体、金刚佛性、佛性、觉都视为同一层次,甚至是同一意义的概念,也就是把道德清净、智慧觉悟视为人类最深层的本质,从而为众生成佛提供了形而上的主体性根据。同时,神秀又十分重视对染心的内涵、表现、体性和危害的阐述。《观心论》述及由染心生起八万四千烦恼和如恒河沙数无量无边的情欲、恶念。这些烦恼、情欲、恶念,归结起来,就是贪、嗔、痴"三毒"。而三毒又和"六贼"相连相通,三毒"若应现六根,亦名六贼。其六贼者,则名六识。出入诸根,贪著万境,能成恶业,损真如体,故名六贼"[②]。"六根",指眼、耳等感官和思维器官及其认识能力。"六识"是指六根的认识作用、内容。"六贼",本指产生烦恼根源的色、声、香、味、触、法"六尘"。因六尘以眼等六根为媒介,能劫夺善法,产生恶法,故譬喻为贼。由此也进而以"六

---

① 《观心论》,《大正藏》第85卷,1273页上。
② 同上书,1270页下。

识"为"六贼"。在神秀看来,人的见闻觉知都是贪著外境,犹如是贼,危害极大:"一切众生由此三毒及以六贼,惑乱身心,沉没生死,轮回六道,受诸苦恼。……求解脱者,除其三毒及以六贼,自能除一切诸苦。"①据此,灭除三毒、清净六根也成为神秀禅修的根本内容。又,染心是用,是以自心为体的。这也就是说,三毒、六识都是众生本有心灵偶然妄动所导致的结果,其根源在于自心。染心是一种作用,一种现象,它本身并非自体。《大乘起信论》和《观心论》都称,三毒、六识如同狂风,激起海面千重浪。认为三毒、六识如同以海水为自体的波浪,若能观照波浪本来是海水,那么也就认识到狂风空无自性了。同样,若能洞彻三毒、六识只是自心的作用,那么也就明了三毒、六识本无自性,而不能独立自存了。由此,排除三毒、六识,追求觉悟原本自心,成为神秀禅修的基本方法。

（原为《中国佛教哲学要义》第 15 章第 5 节）

---

① 《观心论》,《大正藏》第 85 卷,1270 页下。

五、慧能的性净自悟说

　　慧能是一位文化不高的禅师,与自菩提达摩以来几代多是知识分子
的禅师们不同,他给已流传百余年的禅法带来了十分明显的变化。菩提
达摩本以《楞伽经》为印证,到道信时开始采用《金刚经》等多种经典为依
据,而慧能更重视文句简单且又透彻地发挥无相、无住思想的《金刚经》,
摆脱繁琐名相的束缚,提倡单刀直入的顿教。

　　现在研究慧能思想的主要根据是《坛经》,此经是经过后人不断改订
的,并不完全代表慧能的思想。但是,它大体上体现了慧能提倡的舍离文
字义解,径直彻悟心原,以期一举断除人生迷惑的根本主张。《坛经》后
来成为南宗传法的根据,并与尔后的禅宗各家思想一脉相通,影响极大。
现存有代表性的《坛经》有四种版本①,其中以敦煌本成书最早,相对而
言,以敦煌本《坛经》为根据来分析慧能思想也许是比较可靠的。《坛经》
全书的内容主要是阐述心性论,着重宣扬性净自悟的思想。它针对个体
之外的外在成佛轨迹,把佛转换为个体自身的本性显现;又针对以义理思
辨淹没了感性体悟的传统,以自悟体证取而代之;还针对佛教繁杂的修持
仪式,提倡简易的顿悟法门。中唐以来,"凡言禅皆本曹溪"②。"曹溪"即

----

　　① 《坛经》本子,一是《南宗顿教最上大乘摩诃般若波罗蜜经六祖慧能大师于韶州大
梵寺施法坛经》,即敦煌写本《坛经》;二是唐代惠昕编的《六祖坛经》,为第二个古本;三是
宋初契嵩编的《六祖大师法宝坛经曹溪原本》;四是元代宗宝编的《六祖大师法宝坛经》,此
本流行最广。

　　② 柳宗元:《曹溪第六祖赐谥大鉴禅师碑并序》,《全唐文》卷 587,5933 页。

指慧能。慧能以广东韶州曹溪宝林寺为中心开展教化活动,世称之为"曹溪古佛",其禅法也被称为"曹溪法门"。慧能《坛经》在中国佛教史和禅宗史上的意义,是无论怎样估计也不会过高的。下面,以敦煌本《坛经》①为主要依据,重点揭示和分析慧能心性论思想的范畴、内涵、结构和特点,借以窥视其心性论体系的全貌与实质②。

(一)心、自心、本心与自本心

《坛经》在论述有关心的学说时,运用的概念有心、自心、本心、自本心、妄心(邪心、毒心、迷心)和直心。揭示这些概念的内涵、结构与相互关系,是研究慧能心性论的重要环节。

"心"在《坛经》中使用相当频繁,主要是指人的心理活动、精神现象、个人的内在生命主体。"自心"和"心"是内涵相同的两个概念。但在使用上,自心更显示出重视自我精神主体的语言色彩。《坛经》认为,人心的本来的原始状态是清净的,而人心的当下现状虽有时清净,但往往是迷妄的。这也就是说,在一定的意义上,"心"的范畴包含了"本心"和"妄心"的对立,也可以说心的内涵具有本心和妄心两层结构。与此相联系,"心"的内涵还具有体和用的两层结构。

"本心"的"本"是本来具有、本来状态、本来如此、本来清净的意思。本心是指众生自己本来的心性,原初的心态,即与当前现实人心不同的原本心灵。"本心"也就是"净心"。净即清净,所谓清净是指佛教菩提般若的智慧,"菩提般若之知,世人本自有之,即缘心迷,不能自悟,须求大善知识示道见性"③。意思是说,佛教的菩提、智慧、觉悟,就是众生的本心,就是众生的心的本质。慧能十分强调"本心"的重要性,说"不识本心,学法

---

① 据日本1934年森江书店铃木真太郎、公田连太郎校订本,见《中国佛教思想资料选编》第2卷第4册,4—31页。

② 禅宗主张不立文字、教外别传,认为语言文字、术语概念都只是方便教化的工具,强调要得意忘言,从语言文字中体悟精神实质。我们在研究禅宗思想时,自然必须通过禅宗典籍的文字叙述来把握其真意。在这方面,对于禅宗重要术语、概念、范畴、命题等的研究分析,越是深入,越有助于了解它的精神实质。

③ 《坛经》[12]。

无益;识心见性,即悟大意"①。本心是佛教智慧、觉悟的本体,是众生成佛的可能性、根据。"识心",就是体悟本心。他还反复强调要"还得本心"、"契本心"②,也就是提倡人心的自我回归,还原于本心,契合本心。慧能认为,契合本心,也就是净心的完满显现,众生若能做到这一点,也就获得解脱,成就为佛了。由此看来,《坛经》所说的本心是心(自心)的深层内涵,是心的内在的本质;自本心是本心基础上与自心的统一,强调的是自心的本质清净性。从本质意义上说,心、自心,主要都是指本心而言。而本心又是包括人在内的、所有有情识的众生乃至菩萨、佛普遍具有的,可称为宇宙的心。慧能是把众生普遍的心,即宇宙之心与众生个体的心相合为一的。可以说,这也是慧能提倡的识心见性、顿悟成佛的理论前提。

　　《坛经》认为,众生的心理活动、精神作用有两种不同的性质、方向和结果。"世人性本自净,……思量一切恶事,即行于恶;思量一切善事,便修于善行。"③这是说,众生的心有善恶即净妄、智愚、悟迷之别。《坛经》强调众生应当"自净其心"④,并指出众生的迷惑是由于有"妄心"、"迷心"、"邪心"、"毒心"。在慧能看来,这些心是虚幻的,是对外境执著的结果,是"不思本源空寂"⑤的表现,也是人未悟本心以前的现象,而不是人心内在本质的反映。正因如此,众生有可能在极短暂的时间内实现心理转变,祛除妄心。《坛经》还多次提到"直心"这一概念⑥。直心是指真直无虚假的心,这被认为是佛教修行之本,进入道场之路。慧能提倡行直心,以自净其心,回归本心。他的"但行直心,于一切法,无有执著"⑦的说法,促使后世禅师把禅法融会在日常生活中,进而形成一种任运自然的禅风。

　　根据以上的论述可见,《坛经》还从体用关系的视角来表述心的内在

──────────────

① 《坛经》[8]。
② 《坛经》[19]、[40]。
③ 《坛经》[20]。
④ 《坛经》[35]。
⑤ 《坛经》[42]。
⑥ 《坛经》[14]、[34]、[35]。
⑦ 《坛经》[14]。

结构。它认为本心是心之体,现实在活动的心是心之用。用又表现为善心和恶心两类,善心与本心是一致的,恶心与本心是相违的。这就是说,心的体与用,既有一致性,又有非一致性,严格地说,恶心及其行为不是众生本心的真实作用。但是,慧能又比以往任何禅师都更加强调本心就在众生当前现实心中,就在自心之中,也就是强调净心就在妄心之中。《坛经》说:"何不从于自心顿现真如本性。"①又说:"自色身中,邪见烦恼,愚痴迷妄,自有本觉性。"②甚至更明确地说:"净性在妄中"③,"淫性本是清净因"④。慧能认为本心与现实心,真心与妄心,虽然层次和性质都有所不同,但彼此又是体用一如的关系,众生不应离妄另去求真,而是要即妄求真,或者说是即妄显真。这也就是"呈自本心"⑤的禅法。"自本心"即众生自家的心,自家的本心,是众生自心与本心的统一体。慧能认为,呈自本心,即悟证佛法,也就可以成佛了。

(二)性、自性、本性与自本性

与心密切相连的"性",在《坛经》中出现的频率最高,是全书的中心概念。"性"包含法和众生两方面,其性质一是讲"法性"、"自法性",一是讲"本性"、"自本性"、"真如本性"、"本觉性"、"菩提性"、"佛性"、"净性"。"法性"与"本性"又在众生成佛的根源上统一了起来。

"性",指一切事物不变的性质、本质。就众生来说,性是指生命的本质、主宰。性也称"自性","性含万法是大,万法尽是自性见"⑥,性含一切事物,或者说,一切事物都是自性的显现,这里讲的性就是自性。自性是《坛经》频繁使用的概念,是全书的主题词。

与自性密切相关的"本性",也是《坛经》中经常使用的重要概念。按

---

① 《坛经》[30]。
② 《坛经》[21]。
③ 《坛经》[36]。
④ 《坛经》[53]。
⑤ 《坛经》[8]。
⑥ 《坛经》[25]。

字义来说，本性即固有的德性。从《坛经》的论述来看，所谓本性主要是指本来具有的般若智慧，如说："有智惠（慧）者，自取本性般若之知"①，"本性自有般若之智"②，"菩提般若之知，世人本自有之"③。《坛经》又说："无住者，为人本性。"④"住"，系缚。"无住"是指心不执著于一定的对象，思想不受任何束缚，自由无碍，实质上这是般若智慧的体现。《坛经》强调所谓禅就是不执著外界事物的形相，以保持内在本性纯一、不乱。"见本性不乱为禅，……外离相曰禅，……外若著相，内心即乱，外若离相，内性不乱。"⑤慧能提倡"自见本性"⑥，而"见自本性，即得出世"⑦。强调众生若证见自我本性，也就获得解脱成就佛果了。

《坛经》［17］［30］［31］都讲到"真如本性"，［53］讲"真如净性"。所谓真如本性或真如净性是指真实不变的本性，是强调本性的真实不变，实际上与本性是同一概念。和本性、真如本性相应的概念还有"本觉性"⑧，本觉是指众生先天具有的般若智慧。王维的《六祖慧能禅师碑铭》在叙述慧能的定慧思想时说："本觉超于三世"⑨，"超于三世"就是顿悟，意思是众生具有般若之智，只要一念相应，就会实现顿悟。再是"菩提性"⑩，菩提，就是觉悟、智慧、觉智，菩提性就是觉性、本觉性，也就是真如本性。

上面曾引《坛经》"见自本性，即得出世"的话，此经还说："但于自心，令自本性常起正见，烦恼尘劳众生，当时尽悟。"⑪这两段话的意思是一致的。文中的"自本性"是指众生自我的清净本性，它强调的是本性，同时又统一了自性和本性，即强调自性的固有清净本性。与自本性相关的还有"自法性"的概念，自法性即法的自性，也称法性。慧能认为"自法性有

---

① 《坛经》［4］。
② 《坛经》［28］。
③ 《坛经》［12］。
④ 《坛经》［17］。
⑤ 《坛经》［19］。
⑥ 《坛经》［18］。
⑦ 《坛经》［42］。
⑧ 《坛经》［21］。
⑨ 同上。
⑩ 《坛经》［31］、［36］。
⑪ 《坛经》［29］。

功德"①,众生身上的自法性就有三身佛(法身佛、化身佛、报身佛),"向者三身在自法性,世人尽有"②。这里说的众生自法性也就是"自本性",即众生本有的清净自性。

《坛经》也多次出现"佛性"这一重要概念。所谓佛性即"佛种性"③,指众生成佛的可能性、因性、种子。慧能强调佛性本质的永恒清净,谓"佛性常清净"④,又强调佛性的普遍存在。《坛经》记载着一个著名的故事:慧能初见弘忍大师,大师说:"汝是岭南人,又是獦獠,若为堪作佛?"慧能回答说:"人即有南北,佛性即无南北,獦獠身与和尚不同,佛性有何差别?"⑤"獦獠"是当时对岭南土著人的侮称。慧能认为,人有南北之分而佛性绝无差别。慧能强调"自法性有功德,平直是德,内见佛性,外行恭敬"⑥。这里说的"自法性"即佛性,也即人的内在本质。慧能主张众生当使内在的本性显现为超越的佛性,以成就功德。显而易见,慧能所讲的佛性就是众生的本性,也就是生命的本然。由此又可见,《坛经》也是用中国固有的自然主义思想传统来创造性阐释"佛性"的,它把佛性界说为人的本性,人的生命本然状态、本来面目。这也就减弱了佛教的宗教精神,增加了人本的精神,从而引发了佛教的面貌乃至实质的深刻变化。

在简要评介上述概念之后,我们还要对《坛经》的"自性"概念的涵义、性质和功用作一比较集中、全面的论述,以便进一步把握慧能心性论的实质和特色。

1.《坛经》"自性"概念的性质

从《坛经》"自性"概念的性质方面看,归结起来有以下五点:

(1)自性是清净性。《坛经》说:"自性本净"⑦、"自性常清净"⑧。清净是相对污染、烦恼、妄念、迷惑而言,清净性是清净、洁净的性,是无污

----

① 《坛经》[34]。
② 《坛经》[20]。
③ 《坛经》[32]。
④ 《坛经》[8]。
⑤ 《坛经》[3]。
⑥ 《坛经》[34]。
⑦ 《坛经》[18]。
⑧ 《坛经》[20]。

染、无烦恼的性。

（2）自性是真如性。《坛经》称自性"即自是真如性"[1]。所谓真如性就是真实如此的本性。这是强调众生本来就具有真实如此的清净本性。

（3）自性是智慧性。《坛经》说："本性自有般若之智"[2]，这是认为众生的自性或本性是一种高级智慧，由此而能"心开悟解"，觉悟成佛。

（4）自性是空寂性。《坛经》认为众生应当"本源空寂，离却邪见"[3]，这里讲的本源，也就是自性。自性是空寂的，离却如生灭、去来等多种邪见的。"性本无生无灭，无去无来"[4]，"性"是无生灭、无去来的超越时空的绝对本性。慧能针对神秀的"身是菩提树，心如明镜台；时时勤拂拭，莫使有尘埃"的偈语，作"菩提本无树，明镜亦无台；佛性常清净，何处有尘埃"[5]的偈语，就是认为，比喻佛性（自性）的菩提树和明镜台，本来是无物的，是空的，佛性的空无一物就是清净性。这也就是说，清净性和空寂性是一回事。所以《坛经》又说："净无形相，却立净相，言是功夫，作此见者，障自本性，却被净缚。"[6]清净是无形相，如果以净为相，把自性当作一种可以追求的具有形相的对象，就是一种执著，也就失去了清净性。由此也可知，所谓空寂性，就是确认自性是无生无灭、无去无来、无形无相的非物质的心灵体性，是主体的一种价值判断，众生如果认为自性是有生灭、有来去、有形相的实物，那就是一种执著、一种邪见。

（5）自性是含藏性。《坛经》说："自性含万法，名为含藏识。"[7]自性具有含藏万事万物的性质和功能，从这方面说，自性是含藏识，是包容万事万物的心识实体。

2.《坛经》"自性"概念的功能

从《坛经》"自性"概念的功能方面看，归结起来，有以下四点：

（1）含容万法。《坛经》说：

---

① 《坛经》[27]。
② 《坛经》[28]。
③ 《坛经》[42]。
④ 《坛经》[48]。
⑤ 《坛经》[6]、[8]。
⑥ 《坛经》[18]。
⑦ 《坛经》[45]。

心量广大,犹如虚空。……虚空能含日月星辰,大地山河,一切草木,恶人善人,恶法善法,天堂地狱,尽在空中。世人性空,亦复如是。①

　　性含万法是大,万法尽是自性见。②

这是说,心或性如同虚空一样广大无边,能够含藏万事万物。从上述引文来看,慧能所讲的"万法"包容四个内容:一是佛法,二是人的善恶行为,三是人转生后的不同境界,四是自然界。即包括人间、地狱、佛境和自然界等整个宇宙。"万法尽是自性见","见"同现,是说宇宙整体都是自性的显现。这表明众生的心性是无限广大的,能含容宇宙整体。这种心是圆满具足宇宙一切的心,也就是又一层意义的宇宙心。在慧能看来,众生的自性既能含藏也能显现宇宙万事万物,这里的含藏主要是就众生对万事万物的认知意义来说的,这里的显现是就众生觉悟时的境界意义上说的。而这两种意义的提升,无疑也可以归结出以自性为宇宙万事万物本体的世界观意义。

　　(2)观照万法。《坛经》说:"自性心地,以智惠(慧)观照,内外明彻。"③意思是说,自性具有的智慧能观照一切,使内外都明莹透彻。众生"自性不能明",是由于"妄念浮云盖覆"④。为了灭除妄念,当起自性智慧进行观照,"汝若不得自悟,当起般若观照,刹那间妄念俱灭"⑤。自性般若智慧观照的结果,也就是上面所说的在自性中显现万法。这又一次表述了自性的巨大认知功能。

　　(3)思量自化。《坛经》说:

　　不思量性即空寂,思量即是自化。思量恶法化为地狱,思量善法化为天堂,毒害化为畜生,慈悲化为菩萨,知惠(慧)化为上界,愚痴

---

①　《坛经》[24]。
②　《坛经》[25]。
③　《坛经》[31]。
④　《坛经》[20]。
⑤　《坛经》[31]。

化为下方,自性变化甚多,迷人自不知见。①

"思量",思念度量,也就是意识活动。慧能认为,众生的思量活动就是自性的变化。这种变化沿两个相反方向进行,思量恶法就变为畜生,甚至堕入地狱;思量善法就上升到天堂,甚至成为佛。这种种不同变化和不同结果,都是自性的作用。

(4)生三身佛。《坛经》说:"向者三身在自法性,世人尽有。……见自法性有三身佛,此三身佛从性上生。"②"三身"指法身、化身、报身三身佛。慧能认为三身佛就在众生的自性中,或者说三身佛是从自性生出的。他又说:"三世诸佛,十二部经,亦在人性中,本自具有。"③"三世"指过去、现在、未来,"三世诸佛"泛指一切佛。"十二部经",指所有佛经。这是进一步讲所有佛、所有佛法都是人的自性本来具有的。所以,慧能进一步总结性地说:"佛是自性作,莫向身外求。自性迷,佛即众生;自性悟,众生即是佛。"④意思是,自性是众生成佛的根据,它具有生作佛的功能,关键是自性的迷悟,众生对本有自性的迷悟是众生或佛的分界。

从以上两方面分析来看,《坛经》所讲的"自性"是一种具有清净智慧和功德、超越各种具体规定而又圆满具足的宗教智慧道德实体,也是内在生命主体,还是显示万事万物的本体。换句话说,自性不仅是众生的意识、行为和命运的支配者,还是众生成佛的内在根据,而且具有显现一切现象的本体意义。可以说,以自性为核心的《坛经》心性论,具有心理、道德、宗教、哲学等多重的意义。

从上述《坛经》给自性所作的本质规定来看,慧能是把理想人格和人类的原始本性,把应然和当然,把未来和现实统一起来,这样,自性作为人心内在的完美的心性实体、道德实体,带有一种抽象的本体论形态,而其实质是一种先验的性善论。慧能认为众生的恶行是对自性的迷妄,并非自性的本质表现,他突破了以往禅学中的人性善恶二元论,突出了人性的

---

① 《坛经》[20]。

② 同上。

③ 《坛经》[31]。

④ 《坛经》[35]。

本净即至善的性质,进而把自性与佛视为等同意义的概念,自性悟即佛,佛即自性的人格体现。正如唐代柳宗元所指出的,慧能的禅法是"其教人始以性善,终以性善,不假耘锄,本其静矣"①。慧能禅法由始到终都是教人以性善,本其寂静,不另造作。这是对人类、对人性的最充分、最热情、最完美的肯定。

《坛经》说:"一切万法,本元不有,故知万法本因人兴。"②"故知一切万法,尽在自身中,何不从于自心顿现真如本性。"③这是从人及其自心与万法的关系,从人及其自心为万法的本体论角度,强调自我显现自性的意义。也就是以宇宙本体论为基础,进而为众生提供心性觉悟、解脱成佛的实体根据。自性既是宇宙的本体,又是人类的本体。作为宇宙与人类共同体的自性,是众生成佛的唯一依据,自性的迷悟是凡夫或佛的分界,觉悟自性是众生的理想目标,由此慧能把成佛定位于众生内在主体世界的开发,排斥任何与人性相分离的异己力量的作用。十分明显,这是明确地以人自身为宗教实践的主体、依据、准则和理想,是对人的主体性的高扬,对人的主观能动性的肯定,对人的深层意识的开掘。总之,《坛经》自性说是对大写的人的高度赞美。

(三)心地性王与心性同一

作为慧能《坛经》主要思想范畴的心与性,两者的关系是多方面的,归结起来,有对立、统摄、依存和同一的多重关系。这种关系,《坛经》譬之以"心地性王":

> 世人自色身是城,眼耳鼻舌身即是城门,外有五门,内有意门。心即是地,性即是王。性在王在,性去王无。性在身心存,性去身心坏。④

---

① 柳宗元:《曹溪第六祖赐谥大鉴禅师碑并序》,《全唐文》卷587,5933页。
② 《坛经》[30]。
③ 同上。
④ 《坛经》[35]。

这是以城喻人身体,城地喻心,城王喻性。意思是王是全城的主宰、主导,性是身心生命的绝对精神主体。心犹如地,所以名为"心地"。慧能认为性是王,是心的主宰、主导,心是被性所统摄的。性是身和心即身体和心灵两个方面的维系者,性若离去,身心也就坏灭。这就是说,众生的身、心与性具有三重关系:一是身、心与性三者是对立的;二是性对心具有统摄的关系;三是身、心对性具有依存的关系。"性在身心存,性去身心坏",性可离开身心而去,可在身心坏灭的情况下独立永存,这里涉及了形神关系问题。联系"法身即是离色身"①等说法,实是一种形灭神不灭的思想变相。再从心地性王的比喻看,性无地也不成其为王,所以,性与心又有互相依存的关系。

慧能在强调心对性的依存关系的同时,也十分重视从心地开发本性,他说:"自心地上,觉性如来。"②"心地无非自性戒,心地无乱自性定,心地无痴自性惠(慧)。"③又说:"吾常愿一切世人,心地常自开佛知见,莫开众生知见。"④"知见",见解。"佛知见",即佛的智慧。"众生知见",是众生的世俗见解。这些话的意思是,性就是觉性、自性,性在心中。众生要在自心中做到无非、无乱、无痴、觉证本性、开显佛智。慧能这种心性论思想与如来藏说颇为一致。如来藏说认为,一切众生身心中都隐藏着永远不变的自性清净性如来法身;慧能也认为众生身心中有觉性如来。如来法身与觉性如来,如来藏与性、自性,实质上是相同的,而且两种说法的运思路数也是相同的。

由性对心的统摄、心对性的依存关系又可以过渡到心性的同一关系。从《坛经》的思想内容来看,它也经常是将心与性的概念等同使用的。这种心性同一的思想是在两种意义上说的:一是就众生的证悟解脱来说,心与性是同一的。《坛经》说:"识心见性,即悟大意。"⑤"识心见性,自成佛

---

① 《坛经》[17]。
② 《坛经》[35]。
③ 《坛经》[41]。
④ 《坛经》[42]。
⑤ 《坛经》[8]。

道。"①所谓"识心"是不向外寻求,而直观自心。所谓"见性",是无须分析思虑,而觉知自心具有的自性(佛性)。这里的直观自心和觉知自性实际上是同一修持工夫,同样能进入成佛的境界。王维的《六祖能禅师碑铭》把慧能的禅法思想归结为"举足下足,长在道场;是心是情,同归性海"②。"性海",指本性深广如海,即成佛之境。后两句是说,不管是识心还是见性,都会归于本性之海。这和上引《坛经》的话是一致的。由此可见,就众生成就佛道来说,心就是性,性就是心,心与性是同一意义的东西。二是就含容万物的功能来说,心与性也是同一的。上引《坛经》关于含容万法的两段话,就是从一定意义上强调,万事万物都是心或性所变现的。这里,心性两者和万事万物的关系是相同的,两者实为同一精神实体。心性同一,也就是自心与自性同一,本心与本性同一,由此《坛经》第[53]节就有"自心自性真佛"之说,同经第[16]节又有"自识本心,自见本性"之论。

(四) 自心是佛与本性顿悟

《坛经》心性论的思想旨趣是论述成佛的根据、途径和方法,主要是阐扬自心是佛与本性顿悟的理念,即单刀直入的顿教。

关于自心是佛,上面已经论及,这里再集中地加以简述。《坛经》第[52]节说:"我心自有佛,自佛是真佛;自若无佛心,向何处求佛?"③同书第[42]节说:"见自本性,即得出世。"④这就是说,众生的自心、本性就是成佛的内在根由,就是佛的本体。成佛并不是另有一种佛身,众生的自心、本性就是佛。众生只要认识自我,回归本性,当即成佛。在慧能看来,佛就是众生原始心灵、内在本性的人格体现,就是本心、本性的觉悟者,而并不是外在于众生的具有无边法力的人格神。

---

① 《坛经》[30]。
② 见《中国佛教思想资料选编》第 2 卷第 4 册,75 页。
③ 《坛经》[52]。
④ 《坛经》[42]。

《坛经》还宣扬"自心顿现真如本性"①,"言下便悟,即契本心"②,也就是"当起般若观照,刹那间妄念俱灭,即是自真正善知识,一悟即知佛也"③。这称作"本性顿悟"。"本性顿悟"的要义有二:一是"但于自心,令自本性常起正见,烦恼尘劳众生,当时尽悟。犹如大海,纳于众流,小水大水,合为一体,即是见性"④。这里是讲见性的内容和意义,强调见性是本性生起正确的见解,使个体与宇宙整体合而为一,犹如小水大水,同归于大海,合为一体一样。二是讲见性的时间问题,认为众生运用般若直观,在一刹那间,灭除妄念,显现真如本性,契合本心,当即顿悟成佛。犹如乌云尽扫,日月自现,光明智慧,无所不照,没有内外彼此的区分。这说明众生对本心本性的把握是在当下妄念俱灭的一刹那间完成的,即所谓顿悟。因为众生先天具有"本觉"智慧,本觉是众生固有的本性,是一种绝对的完整的本性,不需积累,也不受限制,只要一念相应就得以呈现即顿悟的。这都说明,慧能特别重视直下把握当前的一念,以顿现内在的超越,进入当下与本初、瞬间与永恒、个体与整体统一的精神境界。

在中国禅宗心性思想发展史上,《坛经》心性论思想占有最重要的地位。《坛经》提出定慧相等、即定即慧的思想,宣扬自性清净,不假外求。众生只要现起般若智慧,一旦妄念俱灭,顿见清净自性,就能自成佛道。《坛经》着重把成佛的根据、方法、途径和境界都设置在现实的人心之中,成佛在自心中实现,在现实生活中发现(不是创造)超越的意义,现实性即超越性。这也就是把对死后生命的追求转变为对内心的回归,把彼岸世界转移到现实世界。这就极大地提高了人的生命主体的地位,从而为超越消极封闭的"守一"、"守心",提倡豁达洒脱的"无念"、"无住",为冥思遐想、发挥主观能动性开辟了广阔道路,也为禅宗在中国的大发展奠定了坚实的思想基础。

《坛经》的心性合一、心境合一、体用合一、形上形下打成一片的理论与实践,实质上是高扬一种宗教道德形上学的道路。这就为宋代理学的

---

① 《坛经》[30]。

② 《坛经》[40]。

③ 《坛经》[31]。

④ 《坛经》[29]。

形成提供了先行的思想素材。理学开出道德形上学的路子,就是强调人心的仁义是与生俱来的生命自然,这种生命本然的仁义之心,是义理之性、道德理性,是内在的;同时它又是价值源头,是超越的。在人的生命本然中,内在性即超越性。因此,对心性本体的追求,在日常生活和道德修养中即可实现。这既是慧能对以往禅法的继承,又是对以往禅法的超越;既是理学对禅学的继承,又是对禅学的超越。

(原题为《性净自悟——〈坛经〉的心性论》,
载《哲学研究》1994 年第 5 期)

六、荷泽宗的灵知心体说

荷泽宗是以慧能弟子神会（668—760，一说686—760）为宗祖的禅宗派系，因神会曾住洛阳荷泽寺而得名。此宗的另一重要代表人物是宗密。神会曾在滑台（今河南省滑县）大云寺设无遮大会，与神秀北宗一系的崇远禅师展开辩论，指斥北宗"师承是傍，法门是渐"[1]，强调达摩禅的真髓存于南宗的顿教，推崇慧能为达摩一宗的正统。唐德宗时，神会被尊为南宗第七祖，其法统称为荷泽宗。宗密是融合华严宗思想和荷泽宗禅法的一代大师，是华严禅的创导者，自称为神会的第四代法嗣，世称圭峰禅师，又被称为华严五祖。宗密以后，荷泽宗也就渐趋衰落了。

神会的著作有《荷泽神会禅师语录》、《菩提达摩南宗定是非论》、《答崇远法师问》和《显宗记》（《顿悟无生般若颂》）等。宗密的著作很多，关于禅法方面的，有《圆觉经大疏钞》、《圆觉经略疏钞》、《禅源诸诠集都序》、《中华传心地禅门师资承袭图（并附说）》等。神会和宗密著作的哲学思想重心是心性论，而心性论的核心内容是灵知心体说。宗密认为，当时禅宗"六家"[2]皆未指出灵心，"今第七剋体直指寂知"[3]。"第七"，指荷泽宗，"寂知"，即灵知。灵知说为荷泽宗心性论的主要特色。"灵知"是指灵明、灵妙的识知、智慧，非所谓世俗的知识。此宗以灵明真智为心的体性、本质，把智慧与真心结合起来，并由此而展开对智慧、认知、人性、佛

---

[1] 《中华传心地禅门师资承袭图》，《续藏经》第1辑第2编第15套第5册，434页。

[2] "六家"指神秀、智诜、老安、道一、慧融（法融）、宣什所立禅宗派系。

[3] 《圆觉经大疏钞》卷3之下，《续藏经》第1辑第14套第3册，279页。

性、佛心、烦恼、众生心、无念和顿悟，以及禅门三宗心说等一系列禅修成佛问题的阐述，在思想上显示出了与北宗、牛头宗、洪州宗等的重要差异，颇富特色。

（一）灵　知

宗密曾就神会荷泽宗的禅法作了如下的重要概括：

> 万法既空，心体本寂，寂即法身。即寂而知，知即真智，亦名菩提、涅槃。……此是众生本源清净心也，是自然本有之法。[①]
>
> 诸法如梦，诸圣同说。故妄念本寂，尘境本空；空寂之心，灵知不昧。即此空寂之知是汝真性。任迷任悟，心本自知；不藉缘生，不因境起。知之一字，众妙之门。由无始迷之故，妄执身心为我，起贪著念。若得善友开示，顿悟空寂之知。知且无念无形，谁为我相人相？觉诸相空，心自无念；念起即觉，觉之即无。修行妙门，唯在此也。故虽备修万行，唯以无念为宗。但得无念知见，则爱恶自然淡泊，悲智自然增明，罪业自然断除，功行自然增进。既了诸相非相，自然无修之修，烦恼尽时，生死即绝。生灭灭已，寂照现前，应用无穷，名之为佛。[②]

这是总结荷泽宗的禅法宗要，意思是说，达摩禅宗以来所讲的以心传心，所传的是"空寂之心"。空寂之心即"灵知"，也称为"知"，是一种明白不暗的灵妙智慧，是众生本有的真性。认识灵知这一心的体性，是众生解决身心问题、获得解脱的门径。也就是所谓"知之一字"是"众妙之门"。而众生不明白这种道理，就会生起我相，执身心为自我，视外境为我所有，不能脱离人我、善恶、有无等相对的世界，不能觉悟自我和万物的性空。如果以"无念为宗"，了悟"空寂之知"，就会断除烦恼，增进功德，超越生死，

[①]　《圆觉经大疏钞》卷 3 之下，《续藏经》第 1 辑第 14 套第 3 册，279 页。
[②]　《禅源诸诠集都序》卷上之 2，《大正藏》第 48 卷，402 页下—403 页上。

成就为佛。在宗密看来，"寂知指体，无念为宗"①就是荷泽宗哲理和禅法的两大要点。下面，我们将重点评介灵知的涵义、特点及其与本性、本心的关系。

灵知是荷泽宗心性哲学的核心范畴，从神会和宗密所作的论述来看，其涵义主要是空寂之知、自然之知和无住之知。

空寂之知。简称"寂知"，指"空寂之心"的知。何谓空寂？神会说："我心本空寂"②，"本自性空寂"③。宗密说："空者，空却诸相，犹是遮遣之言；唯寂是实性，不变动义，不同空无也。"④从神会和宗密的说法来看，空是指远离一切事物的形相，寂是指寂静不动的实性。空寂就是超越一切事物形相区别的寂静本性。空寂之心就是处于空寂状态的心灵。荷泽宗认为，这种空寂心灵并不是纯然的无觉知、无意识状态，而是有认知、有觉知的，它的体性、本质就是知，就是觉知。换言之，灵知就是空寂之心的特性、作用。所谓"寂知指体"，是说众生原来具有的空寂灵知便是心体。宗密说："知是当体表显义，不同分别也，唯此方为真心本体。"⑤意思是说，灵知具有特定的涵义，即表现显示的意义，不同于对执著事物形相的分别，是真心（即空寂之心）的本然状态。在荷泽宗看来，就众生心性的本质而言，众生对万物的分别认识是妄念，若果众生认识现象世界空幻不实，不产生妄念，就是空寂之心，也就是心灵进入灵知不昧的状态。

宗密就寂和知说："寂是知寂，知是寂知。寂是知之自性体，知是寂之自性用。"⑥这里是以寂为体，以知为用，强调体用一致，"即体之用"，如前引宗密所说"寂照现前，应用无穷"，寂知（觉知）的作用是无穷的，寂知与只限于体的性寂不同，它沟通体用关系，并体现主体觉悟智慧的作用。可见宗密重视的还是"知"。这里也涉及了性寂、性觉之辨，对性觉说作了明确的肯定。

① 《圆觉经大疏钞》卷 3 之下，《续藏经》第 1 辑第 14 套第 3 册，279 页。
② 《荷泽神会禅师语录》，《中国佛教思想资料选编》第 2 卷第 4 册，84 页。
③ 同上。
④ 《中华传心地禅门师资承袭图》，《续藏经》第 1 辑第 2 编第 15 套第 5 册，437 页。
⑤ 同上。
⑥ 《圆觉经大疏钞》卷 1 之上，《续藏经》第 1 辑第 14 套第 3 册，213 页。

宗密还认为空寂之心的用有两种：自性用和随缘应用。自性用是无须有相对的因缘条件就可以自知自觉，随缘应用则须有相对的因缘条件才能发生作用。寂知的知是自性用，是空寂之心的自知自觉，这是对心性本觉说的重要论述。宗密强调众生修持成佛，就是要直指本有的寂知，以求主体意识的自觉，不必向心外求佛。他要求修行者"以空寂为自体，勿认色身，以灵知为自心，勿认妄念"①。认为空寂是自体，灵知是自心，修行者要勿认色身，勿认妄念，直指灵知，必成佛果。

自然之知。神会曾批评佛家只讲因缘，不讲自然；道家只讲自然，不讲因缘，都是片面的，主张把两者结合起来。他认为因缘是说明万物生成演变的，自然是说明万物产生本原的，讲自然才能说明众生成就为佛的根据。这个根据就是众生的本性，即佛性，自然智。他说："僧家自然者，众生本性也。又经文所说：'众生有自然智、无师智。'此是自然义。"②又说："众生承自然智，得成于佛。"③"众生虽有自然佛性，为迷故不觉，被烦恼所覆，流浪生死，不得成佛。"④"经"指《法华经》，经文所讲的自然智是指不藉功用、自然而有的自然之智，即自然智慧。神会认为，所谓自然就是众生的本性，就是众生的自然智、无师智。自然智慧或自然本性（佛性）是众生成佛的根本，众生之所以没有成佛，是因为自然智慧或自然本性被烦恼所覆盖，若一旦排除烦恼，即可成佛。神会所讲的自然，显然是吸取道家的基本观念和用语，其涵义是指存在的自然而然的本来状态，是既非造物主造作，也无任何目的性的事物自身的状态。这里显然是指众生最原始、最纯然的本色，即所谓"本来面目"——内在的精神、本性、智慧。这也就是说，神会所谓的自然是对自然人性的确认，既有深层本体的意义，又有精神自由的意义。自然之知是对人的主体性原理的确认，它强调在众生的原始的空寂心灵中，本来就有自然之知，这种自然之知存在于形成迷悟、凡圣的相互对立之前，是成佛的因由、根据。成佛并不是要先经历排除妄念、烦恼的长期修持，然后再成就本觉智慧这样两个阶段，而是

---

① 续法：《五祖圭峰大师传》，《中国佛教思想资料选编》第 2 卷第 2 册，477 页。

② 《荷泽神会禅师语录》，《中国佛教思想资料选编》第 2 卷第 4 册，93 页。

③ 同上书，95 页。

④ 同上。

一旦排除妄念、烦恼，显示本来面目，众生便成为佛。

无住之知。神会还从无住心的角度提出"无住之知"的概念来阐述灵知的特质。他认为"得无住心，即得解脱"①。"无住"，出于《维摩经》，其原义是指无所住，即主体心不执著于一定的对象，不失去任运自在的作用。神会改变了《维摩经》关于无住是没有实体性的宗教涵义，认为"无住"是众生本来的知，或者是说，无所住处的自由活动的实体性心灵，就是"无住"。神会引用《金刚般若经》来说明"无住心"，《金刚经》云："应如是生清净心，不〔应〕住色生心，不应住声香味触法生心，应无所住而生其心。"②这是说，无住心即清净心，也就是对各种物质现象不产生执著的心。神会非常重视"应无所住而生其心"这句话，并加以阐释说："应无所住，本寂之体；而生其心，本智之用。"③又说："无住体上，自有本智，以本智能知，常令本智而生其心。"④意思是说，无所住是体，是本寂之体，此体具有本智，本智发生作用而生其心，此心也即清净心。本智为无住体所本有，具有能知的作用，这是在无住处立知，是无住之知。本智既在无住体上，又有能知之用。能知无住心体，知心空寂，这就是"无所住而生其心"。神会认为，众生若能做到这一点，也就得到解脱了。神会强调无住之体能起知的作用，"湛然常寂，应用无方；用而常空，空而常用"⑤。这种体用一元论思想的特点是，在认识论上突出发挥无住之知的功用去认知、体验无住之知的本来状态，是以无住心体的能知去证悟无住心体的所知，是体用两者的相契相合。就无住之知的体而言是空寂的，就无住之知的用而言是直觉的，是超常态的运作，即超越语言、逻辑、理性和情感的直下把握的自我体证，是对自我内在本性的冥想回归。众生一旦以无住之知的用，来证悟本来相契合的无住之知的体，自知本体寂静，空无所有，无所住处，等同虚空，无所不遍，也就顿然觉悟而成就为佛。这是在佛教修持理论上对中国传统的体用观念的继承和发展，为顿悟成佛说提供了新的

① 《荷泽神会禅师语录》，《中国佛教思想资料选编》第2卷第4册，85页。
② 同上。
③ 同上书，107页。
④ 同上书，85页。
⑤ 《顿悟无生般若颂》，同上书，117页。

理论基础。

综上所言,荷泽宗人所讲的灵知,其内涵具有空寂、自然和无住的规定性。这是众生主体性的本知,是一种对本心的原初状态、最初运作的觉知,这种觉知被认为是对人心的初相、人生的实相、生命的真相的觉悟,这种觉悟被认为是成佛的根据和成佛的标志。由此出发,荷泽宗人又提倡"无念"的宗教修持方法。宗密解释说:"无念为宗者,既悟此法本寂本知,理须称本用心,不可遂起妄念,但无妄念,即是修行。"①这就是说,首先要自知本体空寂,空无所有,也无住著,进而开发灵知以归向绝对的空寂本体。这也就是无念(思念),或者是"虽有见闻觉知,而常空寂"②,即上面引的"念起即觉,觉之即无",称为"无念为宗"。

(二)佛性与佛心

如上所述,灵知是一种众生获得解脱的智慧、知见,也就是佛智。这种佛智作为众生的本性,也就是佛性,而佛性又与佛心相通。由此,神会和宗密还论述了佛性与佛心的时空定位以及和众生心性的关系问题,对后世心性论思想的影响颇大。

前引宗密《禅源诸诠集都序》称"空寂之知是汝真性",真性即本性、佛性,也就是说灵知是众生的佛性,是众生得以成佛的根据。上面还提到,神会提出"自然佛性"的概念,强调佛性是自然本有的。他还提出"佛性本有今无"说:"据《涅槃经》义,本有者,本有佛性;今无者,今无佛性。"③为什么说佛性本有呢?"佛性体常故,非是生灭法。"④这是说,佛性是恒常存在的,永存的,没有产生,也没有灭亡,没有来,也没有去。佛性是众生的体性,是与生俱有的。为什么又说佛性今无呢?"今言无佛性者,为被烦恼盖覆不见,所以言无。"⑤所谓无佛性并非说没有佛性存在,

---

① 《圆觉经大疏钞》卷3之下,《续藏经》第1辑第14套第3册,279页。
② 《荷泽神会禅师语录》,《中国佛教思想资料选编》第2卷第4册,87页。
③ 同上书,78页。
④ 同上书,79页
⑤ 同上书,78页。

而是指佛性被烦恼所覆蔽,未能显露而已。既然众生本有自然佛性,烦恼又是从何而生呢?神会说:"烦恼与佛性,一时而有。"①烦恼又称"无明",所以也说:"无明与佛性俱是自然而生。无明依佛性,佛性依无明。两相依,有则一时有,觉了者则佛性,不觉了即无明。"②就众生来说,佛性与烦恼(无明)是自然而生的自然性,两者俱时而生,相依而存。两者的区别在于觉或不觉。神会常以金和金矿为喻说:"譬如金之与矿,俱时而生。得遇金师炉冶烹炼。金之与矿,当各自别。金即百炼百精;矿若再炼,变成灰土。"③神会强调如果不逢金师,就是"只名金矿,不得金用"④。同样,一切众生,如果没有诸佛菩萨善知识方便指授是终不得见佛性,即是"今无佛性"的。佛性本有,说明众生具有成佛的可能性;佛性今无,表明众生未成为佛的现实性。所以,当有人提出众生的佛性与佛的佛性的同异问题时,神会回答说:"亦同亦异","言其同者犹如金,言其异者犹为椀盏等器"⑤。他认为众生的佛性与佛的佛性,比如都是金,这是相同的;但众生佛性是椀盏器皿,金被盖覆了,这是相异的。当时还有人问,若人死后入地狱,佛性是否也同时入地狱,神会说:"性不离妄","妄自迷真,性元无受"⑥。认为佛性也随入地狱,但它无所受而保持本性不变。神会还用般若空宗的中道观来说明佛性的有无,他认为佛性"不有不无",说其"不有者,不言于所有;不无者,不言于所无"⑦。认为佛性是不能从有无两边来说的,它是超越有无,难以言说的。从空观视角来说,佛性是无所住的、超在性的。神会认为,众生若能体悟佛性"有无双遣,中道亦亡"⑧,这也就是"无念",也就是最高智慧。

　　神会认为一切众生(主要是指人类)都有佛性,而无情识的非众生是无佛性的,他反对"无情有性"说。《荷泽神会禅师语录》载:

①　《荷泽神会禅师语录》,《中国佛教思想资料选编》第 2 卷第 4 册,95 页。
②　同上书,106 页。
③　同上书,79 页。
④　同上书,95 页。
⑤　同上书,91 页。
⑥　同上书,97 页。
⑦　同上书,96 页。
⑧　同上。

牛头山袁禅师问:"佛性遍一切处否?"答曰:"佛性遍一切有情,不遍一切无情。"问曰:"先辈大德皆言道,'青青翠竹,尽是法身;郁郁黄花,无非般若。'今禅师何故言道,佛性独遍一切有情,不遍一切无情?"答曰:"岂将青青翠竹同于功德法身,岂将郁郁黄花等般若之智?若青竹黄花同于法身般若者,如来于何经中,说与青竹黄花授菩提记?若是将青竹黄花同于法身般若者,此即外道说也。"①

神会认为,青竹黄花之类的无情识之物,是不可能具有理想道德和崇高智慧的,它们是没有佛性,不会成佛的。他把成佛的范围限定于有情众生,把佛性定位于众生的本性,强调人与植物等的区别,这是对人的主体意识和本性的充分肯定,是对人类的尊严和价值的热情赞扬。

神会和宗密对于灵知、佛性与心的关系给予高度的关注,并就本心、佛心、众生心和妄心的关系问题作出了明确的界定。神会受《大乘起信论》的影响,认为"真如之性,即是本心"②。真如,此指众生心的本体。真如有体(性)相两个方面,就其体而言是远离迷心而空,就其相而言则是不空的。本心指众生本来的空寂之心。神会认为,众生心的真如本体的空寂体性,就是空寂的本心。这是从众生心的体性立论,以阐明成佛的根据。宗密更进一步提出"知即是心"的命题,他说:

设有人问:"每闻诸经云,迷之即垢,悟之即净,纵之即凡,修之即圣,能生世间、出世间一切诸法,此是何物?"答云:"是心。愚者认名,便谓已识。智者应更问:何者是心? 答:知即是心。"③

意思是说,佛经常讲"心"是生起世间和出世间一切诸法的根源,一般人只从名言上认心,真正的智者应当了解"知即是心"。在宗密看来,众生只有认识知即是心,才是真正掌握了由凡转圣大门的钥匙。

---

① 《荷泽神会禅师语录》,《中国佛教思想资料选编》第 2 卷第 4 册,91 页。
② 同上书,89 页。
③ 《禅源诸诠集都序》卷下之 1,《大正藏》第 48 卷,406 页下。

神会在本心说的基础上,又提出"众生心即是佛心,佛心即是众生心"①的说法。他认为本心是众生心中本来具有的清净真如心,佛心与本心相应,众生心本净,所以众生心即是佛心。众生心即是佛心,是就众生心的本质而言,犹如众生的佛性与佛的佛性有同有异一样,"若约不了人论,有众生有佛;若其了者,众生心与佛心,元不别"②。这里是说,众生对本心有一个是否了悟的问题,不了悟,就有众生与佛的分别;若了悟,众生心与佛心本无分别。怎样了悟呢?神会提倡直指佛心,见性成佛。他不赞成北宗的"凝心取定"、"住心看净"、"起心外照"、"摄心内证"③的四种冥想方法,他说:"众生本自心净,若更欲起心有修,即是妄心,不可得解脱。"④神会认为,生起一种为追求解脱而修行的心,就是妄心。有这种妄心的人,不去直指清净的佛心,而在修行上主张先修定,得定以后再发慧。这种人是不懂得"若定慧等者,名为见佛性"⑤的道理。"等",是等同。神会认为,只有定和慧统一,才是见佛性。"言定者,体不可得;所言慧者,能见不可得体。湛然常寂,有恒沙巧用,即是定慧等学。"⑥定与慧各有不同的功能作用,只有定慧等,才是既得体又能见,也才能直指湛然常寂的心体,见性成佛。在神会看来,北宗把定和慧分割为两截,先定后慧,从"离念"实践(禅定)再发展到本觉智慧,而不是直接体悟众生空寂心灵本体中本有的灵知,其结果只能增长执著、无明,是不足取的。神会认为"妄念"是真性与因缘相接触后所生的现象,是无自性的、本空的,即不独立存在的。因此"离念"不仅是不必要的,而且还会使人误入歧途。神会反对由定发慧,主张以慧摄定,反映出北宗重行和南宗重知的不同修持方法。

(三)禅门三宗心说

宗密在《禅源诸诠集都序》中,为了调和禅教,分别以北宗、牛头宗和

① 《荷泽神会禅师语录》,《中国佛教思想资料选编》第2卷第4册,85页。
② 同上。
③ 同上书,86页。
④ 同上书,90页。
⑤ 同上书,91页。
⑥ 同上。

南宗为禅门的代表,以唯识、般若和华严为禅外其他教派的代表,将其互相参照、比附,以示禅与教的对应性、一致性。宗密在调和禅教与排比禅门各派时,以心性修持为尺度,把禅门分为三大类,提出禅门三宗心说①:

息妄修心。这是指神秀北宗一系等的主张,此宗认为众生本来就具有佛性,但是一直受无明烦恼的盖覆,而不知不见。众生必须依师言教,勤持修心,背境观心,以息灭妄念,直至妄念灭尽,即是觉悟,也即进入无所不知的境地。

泯绝无寄。这是牛头(法融)宗、石头(希迁)一系等的主张,认为一切事物都是因缘和合而生,都是空的。众生、菩萨和佛,也犹如梦幻一般,都无所有,本来空寂,而且悟解这种空寂的智慧,也是不可得的。总之,没有任何东西可以执著,既无众生,也无佛,无法可拘,也无佛可作。凡有所作,都是迷妄。如此明白本来无事,心亦不有,心无所寄,才能免于颠倒,得到解脱。

直显心性。这是建立在真性基础上的主张,认为一切事物都只是真性的显现,真性是一切事物的本体。作为本体,是非凡非圣,非因非果,非善非恶,即无相无为的。然而即体之用,真性又能呈现出种种现象,能凡能圣。

宗密又把直显心性宗分为两类,即神会荷泽禅和马祖道一洪州禅。荷泽禅的特色,前已引。关于洪州禅的特色,宗密概括道:

> 即今能语言动作,贪嗔慈忍,造善恶受苦乐等,即汝佛性。即此本来是佛,除此无别佛也。了此天真自然,故不可起心修道。道即是心,不可将心还修于心;恶亦是心,不可将心还断于心。不断不修,任运自在,方名解脱。性如虚空,不增不减,何假添补。但随时随处息业养神,圣胎增长,显发自然神妙。此即是为真悟真修真证也。②

洪州宗认为众生本有佛性,一切语言行为都是佛性的自然显发。道就是

---

① 详见《禅源诸诠集都序》卷上之2,《大正藏》第48卷,402页中。
② 同上书,402页下。

心,恶也是心,所以不必起心修道断恶,只要任运自在,就能真悟真证。宗密认为荷泽禅和洪州禅的共同点是都承认真性(佛性)是众生的本体,也都承认真性的作用,但是两宗对形而上的真心及其现实的作用存在着不同的看法。宗密就此两宗心性思想的分歧说:

> 真心本体有二种用:一者自性本用,二者随缘应用。犹如铜镜,铜之质是自性体,铜之明是自性用,明所现影是随缘用。影即对缘方现,现有千差,明即自性常明。明唯一味,以喻心常寂是自性体,心常知是自性用,此能语言能分别动作等是随缘应用。今洪州指示能语言等,但是随缘用,缺自性用也。①

宗密认为,真心本体有两种作用,一是自性的本来作用,二是随缘而表现为语言动作。在宗密看来,洪州宗重用,荷泽宗重体。洪州宗只重随缘应用,而随缘应用表现的语言动作又缺乏深层的主体性格;荷泽宗则重自性本用,并以此为本知、灵知,突出灵知的主体性格。这里宗密在客观上暴露了洪州禅的一大矛盾,即把佛性的作用归结为日常的语言动作,为此势必把人的烦恼、过失、错误等,都说成佛性的体现,这就难免表现出自然主义和行为主义的某些缺陷,从而削弱宗教的人文道德的精神价值。至于宗密以铜镜作比喻来说明真心本体的作用,不失为机智,但是众生为什么有本知即灵知的存在? 自性本用和随缘应用又是什么关系? 如何用常理来说明这些问题并非易事,所以后来荷泽禅受到洪州禅师的抨击,就不是偶然的了。

还令人感兴趣的是,宗密以摩尼宝珠为比喻来说明禅门各派思维方式的区别,并评判其得失,文字通晓明白,引文如下:

> 如一摩尼珠,唯圆净明,都无一切差别色相。以体明故,对外物时,能现一切差别色相。色相自有差别,明珠不曾变易。然珠所现色,虽百千般,今且取与明珠相违者之黑色,以况灵明知见,与黑暗无

---

① 《中华传心地禅门师资承袭图》,《续藏经》第1辑第2编第15套第5册,437页。

明，虽即相违，而是一体。谓如珠现黑色时，彻体全黑，都不见明。如痴孩子，或村野人见之，直是黑珠。有人语云：此是明珠。灼然不信，却嗔前人，谓为欺诳。任说种种道理，终不听览。纵有肯信是明珠者，缘自睹其黑，亦谓言被黑色缠裹覆障，拟待磨拭指洗，去却黑暗，方得明相出现，始名亲见明珠。

复有一类人，指示云：即此黑暗便是明珠。明珠之体，永不可见。欲得识者，即黑便是明珠，乃至即青黄种种皆是。致令愚者的信此言，专记黑相或认种种相为明珠。或于异时，见黑榉子珠、米吹青珠、碧珠，乃至赤珠、琥珀、白石英等珠，皆云是摩尼。或于异时，见摩尼珠都不对色时，但有明净之相，却不认之，以不可见诸色可识认故，疑恐局于一明珠相故。

复有一类人，闻说珠中种种色皆是虚妄，彻体全空，即计此一颗明珠都是其空，便云都无所得方是达人，认为有一法，便是未了。不悟色相皆空之处，乃是不空之珠。①

宗密这一段话有三层意思。第一层是，以摩尼宝珠比喻真心，以明净本性比喻灵知。说宝珠因本性明净而能显现出周围事物的各种色彩，如宝珠被置于黑暗处就呈黑色，无知的人见了，就认定是黑珠。有人指出这是明珠，他认为是欺骗。即使他肯信是明珠，也要去掉黑色，显示明净相状，才算是亲见明珠。这一层是评论神秀北宗禅。文中黑色喻指妄念。北宗主张"离念"求觉悟，在宗密看来，这是不了解黑色是妄，明珠是真，妄念本空，真心本净。禅修要求离迷妄，是多此一举，浪费时日。第二层是评论洪州禅。此宗的主张是"即此黑暗便是明珠"，因此要识明珠只有从黑色里面去找。宗密认为，这样的结果，一是会把各种黑色球形的东西，都视为宝珠；二是见到真正的宝珠时，又因不是黑色的而认为不是宝珠。宗密认为这是洪州宗"一切皆真"宗旨的流弊。第三层是评论牛头宗。认为该宗虽知明珠种种色彩全空，但不悟明珠本身是不空的道理。

① 《中华传心地禅门师资承袭图》，《续藏经》第 1 辑第 2 编第 15 套第 5 册，436—437 页。

宗密认为,北宗是离黑求珠,洪州宗是以黑为珠,牛头宗是黑与珠皆空,三家各有缺陷,最佳的禅法乃是荷泽禅:

> 何如直云唯莹净圆明,方是珠体。其黑色……悉是虚妄。正见黑色时,黑元不黑,但是其明,……即于诸色相处,一一但见莹净圆明,即于珠不惑。①

荷泽宗认为宝珠的珠体是晶莹透明的,宝珠的色相是虚妄的。应当从宝珠的各种色相中见到明净的本性。这就是说,心性的现象与本体是有区别的,又是统一的,也应当是统一的。在宗密看来,其他各派或者是割裂了现象与本体的统一,或者是忽视现象与本体的区别,或者是把现象与本体都归结为空,这些看法都是不正确的。

宗密还以真心本觉为参照系,依据心性论的不同思想,把禅门和其他教派分别归纳为对应的三类,如上所述,禅的三宗是"息妄修心宗,泯绝无寄宗,直显心性宗"②。教的三教是:"密意依性说相教,密意破相显性教,显示真心即性教。"③宗密把三宗与三教相对应,并以"直显心性宗"和"显示真心即性教"为最高阶段。实质上,也就是以宗密所提倡的华严禅或荷泽禅的心性思想来统一禅教的学说。

宗密归纳的三教之一"密意依性说相教",指的是人天因果教、小乘教和大乘法相唯识宗。宗密认为,这些教的共同点是,都认为众生由于对真性的迷惑而生起妄执,妄执障碍修道成佛,因此,这些教也都主张息灭我执的妄念,重视修心,而和"息妄修心宗"相一致。"密意破相显性教",相当于大乘空宗、三论宗。此教所讲的性指无性,即以无性为性。宗密认为,此教主张主体的识和所变的境,即主客观世界同属虚妄,心性只是空寂,而和"泯绝无寄宗"相合。"显示真心即性教",指华严宗和天台宗。宗密认为,此教说一切众生都有本觉真心,真心即众生本性,心性既空寂又常知,主张返归真心,而和"直显心性宗"相合。

---

① 《中华传心地禅门师资承袭图》,《续藏经》第 1 辑第 2 编第 15 套第 5 册,437 页。
② 《禅源诸诠集都序》卷上之 2,《大正藏》第 48 卷,402 页中。
③ 同上。

宗密在把三教与三宗相配对后说：

> 三教三宗是一味法，故须先约三种佛教证三宗禅心，然后禅教双忘，心佛俱寂。俱寂即念念皆佛，无一念而非佛心；双忘即句句皆禅，无一句而非禅教。①

这是宗密以心性思想为基础的禅教统一论的总结性话语。"一味"是平等无差别的意思。这段话是说，从根本上讲，三教和三宗是思想一致、彼此融通的，因此在修持上，先要分别约三种教理来悟证三宗禅心，然后达到禅与教双双忘却，心与佛俱为寂灭的境界。如此心佛俱寂，也就念念都是佛，每一念都是佛心；如此禅教双忘，也就是教所讲的句句都是禅，无一句不是禅教。这样，各教各宗也就殊途同归，最后都达到成佛的境界。

（原题为《灵知心体说——荷泽宗心性思想略论》，

载《禅学研究》1994 年第 2 期）

---

① 《禅源诸诠集都序》卷下之 1，《大正藏》第 48 卷，407 页中。

七、石头宗的灵源皎洁说

慧能以后,禅宗主要衍化为青原和南岳两系。青原行思(？—740)主张"即今语言即是汝心,此心是佛"①。其弟子石头希迁(700—790)继承行思,超过行思,在开辟有别于南岳一系洪州宗的门风方面,发挥了决定性的作用。在希迁的思想基础上,青原一系石头宗后来又分化出曹洞、云门和法眼三宗,一度形成与洪州宗势均力敌之势,影响颇大。

石头宗和洪州宗同样是继承了慧能禅宗的心性论学说,都主张从生命现象上去体认自我的本心、本性,也就是在把握本心、本性的基础上去克服主体与客体、有限与无限、短暂与永恒的对立,超越烦恼、痛苦、生死,以建立精神家园,获得解脱。但是和洪州宗人又有所不同。相对说来,石头宗人偏重于吸取华严宗和禅门牛头宗的思想,主张调和顿渐法门;也重视阐述心灵自体的皎洁圆满,并从心性上去统一理与事、本与末的矛盾关系,安置主体与客体、一心与万物的关系,以把握宇宙与人生的真实,求得觉悟。由此又形成了以绵密、高古门风与洪州宗凌厉、快捷门风争奇斗艳的禅门文化景观。

(一)心灵湛圆

据《祖堂集》卷4载,石头希迁因读《肇论·涅槃无名论》中的"会万

---

① 《宗镜录》卷97,《大正藏》第48卷,940页中。

物以成己者①,其唯圣人乎!"而深受启迪,并感叹道:"圣人无己,靡所不己。法身无量,谁云自他? 圆镜虚鉴于其间,万像体玄而自现。境智真一,孰为去来?"②于是撰写代表了石头宗基本思想的《参同契》一文。《涅槃无名论》③这句话是讲圣人(佛)的境界的,希迁从中体会到圣人是无己(无我)的,法身是无量的,万物是一体的,人若与万物合为一体,境智合一,就是圣人即佛的境界。由此,希迁重视合万物为一体的主体心灵本性的探讨。

石头希迁在向弟子介绍自己的法门时,说过这样一段重要的话:

> 汝等当知:自己心灵,体离断常,性非垢净;湛然圆满,凡圣齐同;应用无方,离心、意、识。三界六道,唯自心现;水月镜像,岂有生灭? 汝能知之,无所不备。④

这段话阐明了自心即自己心灵的体、性、功能和特征。希迁认为,自心之体是脱离断灭与恒常的,自心之性是非污染非清净的。意思是自心的体性是超越断常和净垢而湛然圆满的,同时自心又是一切凡夫与圣者普遍具有的。

自心的功能周遍无方,离开了一般的心、意、识的活动,自心能显现三界六道,无所不备。于此可见,希迁所说的这种自心就是众生的妙灵、诸佛的本觉,也就是一切凡圣生类共同具有的真心。

希迁以后,石头宗人还通过对什么是真心、真心与妄心、睡眠与真心等问题的阐发,来论证自心的湛然圆满。希迁和他的法嗣潮州大颠和尚曾讨论过心(本来面目)与扬眉动目的关系,后来大颠在上堂开示时就真心(本心)作出了明确的界定:

---

① 此句《高丽大藏经》本作"览万像以成己者",今据《肇论中吴集解》本改。
② 见《高丽大藏经·补遗》第45卷,257页中;又见《祖堂集》卷4,196页,中华书局,2007。
③ 此论是否为僧肇所作,学界有不同看法。
④ 《景德传灯录》卷14《南岳石头希迁大师》,《大正藏》第51卷,309页中。

夫学道人须识自家本心,将心相示,方可见道。多见时辈,只认扬眉动目,一语一默,蓦头印可,以为心要,此实未了。吾今为汝诸人分明说出,各须听受,但除却一切妄运想念见量,即汝真心。此心与尘境及守认静默时全无交涉,即心是佛,不待修治。何以故?应机随照,冷冷自用,穷其用处,了不可得,唤作妙用,乃是本心。①

在这段话中,大颠和尚首先批判了洪州宗人的观点,指出他们以扬眉动目为佛性(真心)的表现,实是没有了达禅法的真谛,强调"除却一切妄运想念见量"才是真心。也就是说,真心是排除一切虚妄的知觉、忆念、见解、认识的,真心是无须修治的。为什么这样说呢?因为真心能随不同情况观照一切,具有无限妙用,了达而又不可得。这就是说,在大颠和尚看来,真心是众生本来具有、绝对纯真、作用神妙的精神主体,成佛的内在根据,或者说,此心就是佛心,就是佛。清凉文益禅师弟子、法眼宗人绍岩禅师认为,讲心要同时反对两种见解:一种是以为语言谈笑、凝然杜默、参寻探访、观山玩水等就是本心的表现;一种是离开心中妄想,另外追求一种能周遍十方世界(包含日、月、太虚)的心灵为本来真心②。他认为这两种看法都是不正确的。在绍岩禅师看来,真心与日常表现、真心与外部世界是一种不即不离的关系。

那么,人在睡眠时通常停止了知觉活动,此时人的真心、本性是否还存在呢?如何认识睡眠时的真心、本性,这是石头宗禅师们热衷探讨的一个话题。如唐末五代著名禅师玄沙师备(835—908)在批评有的禅师只会举手投足、扬眉瞬目之后,着重根据睡眠现象来评论人心聪灵的局限性,并对人身的主宰提出新见解,他说:

更有一般便说,昭昭灵灵,灵台智性,能见能闻,向五蕴身田里作主宰。恁么为善知识?大赚人知么?我今问汝,汝若认昭昭灵灵是汝真实,为什么瞌睡时又不成昭昭灵灵?若瞌睡时不是,为什么有昭

① 《景德传灯录》卷14《潮州大颠和尚》,《大正藏》第51卷,313页上。
② 详见《景德传灯录》卷25《杭州真身宝塔寺绍岩禅师》,同上书,415页中、下。

昭时？……我向汝道,昭昭灵灵,只因前尘色、声、香等法而有分别,便道此是昭昭灵灵,若无前尘,汝此昭昭灵灵同于龟毛兔角。仁者,真实在什么处？汝今欲得出他五蕴身田主宰,但识取汝秘密金刚体。[1]

"昭昭灵灵",明白聪灵。"灵台",心。"五蕴身田",人身。"善知识",指有道德学问、能传授佛法的人。"赚",骗。"尘",境、境界,通常指色、声、香、味、触、法六尘或六境。"前尘",显现于前的对象。"金刚体",喻金刚般坚固的身体,此指佛身的功德。这段话是从人睡眠时失去知觉来论证,认为那种以人心昭昭灵灵为人的主宰和众生的真实的说法是欺人之谈,指出人们所讲的昭昭灵灵只是对外境等事物的分别而已,实际上众生的真实和主宰不是别的,而是自己的"秘密金刚体",即自身的功德。在师备禅师看来,众生心灵的真实和主宰不是认知活动及其特性,而是佛教的功德,只有佛教的功德才是支配与决定众生命运的主宰。

宋代法眼宗本先禅师也探讨了人在睡眠与醒觉时的本性存在问题,他说:

尔等诸人夜间眠熟不知一切,既不知一切,且问:尔等那时有本来性？若道那时有本来性,那时又不知一切,与死无异;若道那时无本来性,那时睡眠忽醒觉知如故。……如是等时是个什么？若也不会,各自体究取。[2]

本先禅师以人在睡眠时"不知一切",醒觉时"知如故"来考察人的本性(实指知觉)是否一直存在的问题。我们知道,睡眠是一种与觉醒状态周期性交替出现的机体状态,当今运用脑电图还可以观测出睡眠过程中的不同相状。人在睡眠时会失去知觉。从生理学和心理学角度看,本先禅师在这里提出的问题是一个知觉作用的机制问题。他把知觉归结为人的

---

① 《景德传灯录》卷18《福州玄沙师备禅师》,《大正藏》第51卷,345页上。
② 《景德传灯录》卷26《温州瑞鹿寺本先禅师》,同上书,427页上、中。

本性,并要求门下对这样的本性进行体察探究,作为求得精神解脱的重要门径。这里也使我们联想起印度部派佛教,他们探讨人们处于熟睡,失去感觉、知觉的情况下,众生是否还有其他识存在的问题,他们认为是有的,并提出了细心、细意识、"补特伽罗"(依附于身体的内在心识、本性)等说法,触及了人的深层意识结构,确立了众生轮回果报的本体。

本先禅师提出的问题也涉及了人心,即人的精神主体是有生有灭的还是不生不灭的问题。法眼宗创始人文益禅师(885—958)与门人对这个问题有如下一段对话:

> 问:"如何是不生不灭底心?"师(即文益)曰:"那个是生灭底心?"僧曰:"争奈学人不见。"师曰:"汝若不见,不生不灭底也不是!"①

这段话的意思是说,众生若见自己的心,那人心既是生灭的,又是不生不灭的;若不见,则既不是生灭的,也不是不生不灭的。这是在强调人心是生灭与不生灭的统一,或者说是超越生灭与不生不灭的,并认为重要的是众生要自见自心。

石头宗人在主张众生本具湛圆自心、佛性本有的基础上,进而提倡直下承当,悟入禅境。希迁初见行思时有一段对话:

> 师问曰:"子何方而来?"迁曰:"曹溪。"师曰:"将得什么来?"曰:"未到曹溪亦不失。"师曰:"恁么用去曹溪作什么?"曰:"若不到曹溪,争(怎)知不失?"②

希迁在回答行思问从曹溪参学得到什么时,说没有去曹溪前也并不缺什么;又回答既然如此为什么要去曹溪的问题时,希迁反问说,不到曹溪怎么知道自己不缺失什么呢? 希迁的这种自信本心、自知本心、无所不备、

---

① 《景德传灯录》卷28《大法眼文益禅师语》,《大正藏》第51卷,448页中。
② 《景德传灯录》卷5《吉州青原山行思禅师》,同上书,240页中。

湛然圆满,正是石头宗禅学思想的基点,也是此宗开导学人直指自心、体悟自心、成就佛果的要义。希迁对门下慧朗、大颠的启发和点拨,也是这方面的两个典型例子,史载:

> (慧朗)往虔州龚公山谒大寂(马祖道一),大寂问曰:"汝来何求?"师(慧朗)曰:"求佛知见。"曰:"佛无知见,知见乃魔界。汝从南岳来,似未见石头曹溪心要尔,汝应却归。"师承命回岳造于石头,问:"如何是佛?"石头曰:"汝无佛性。"曰:"蠢动含灵又作么生?"石头曰:"蠢动含灵却有佛性。"曰:"慧朗为什么却无?"石头曰:"为汝不肯承当。"师于言下信入。①

"蠢动含灵",指一切众生。希迁首先告诉慧朗,佛性为一切众生所有,是人人都有的,只因为慧朗"不肯承当",才有如何是佛的问题。慧朗不明白佛就在自己心中,佛性本有,所以希迁对尚不明自心、缺乏自信的慧朗当头一棒,说他无佛性,促他猛醒,体悟自心,肯于承当。又,史载:

> 潮州大颠和尚初参石头,石头问师曰:"那个是汝心?"师曰:"言语者是。"便被喝出。经旬日,师却问曰:"前者既不是,除此外何者是心?"石头曰:"除却扬眉动目,将心来。"师曰:"无心可将来。"石头曰:"元来有心,何言无心?无心尽同谤。"师言下大悟。②

希迁为考验大颠对本有自心的信念是否坚定,故意对其所说有心和无心都不予认可,实际上是强调众生的现实心灵就是自己的真心,就是成佛的根本。他要门人不要追问、探究何者是心,而应直下自心,觉悟成佛。大颠经此开导而大悟。

从众生本心是湛然圆满的基本观点出发,石头宗人还高唱"即心即佛"说。希迁说:

---

① 《景德传灯录》卷14《潭州招提寺慧朗禅师》,《大正藏》第51卷,311页中。
② 《景德传灯录》卷14《潮州大颠和尚》,同上书,312页下—313页上。

> 吾之法门,先佛传授。不论禅定精进,唯达佛之知见,即心即佛。
> 心佛众生,菩提烦恼,名异体一。①

希迁认为,能达佛的知见,亦即众生具有了达事物实相的真知灼见,众生心便是佛。所谓心佛相即,是指两者的体性相同。这是强调众生的心体无所不备,若能自知,则就是佛。众生主体的心具有无限功能,包括佛的境界在内的各种境界都是心的显现作用。文益禅师就说:"古圣所见诸境,唯见自心。"②禅宗先圣们的修持,是从所见自心中见诸境界,这也就是石头宗人普遍奉行的"明心"、"识心"。如绍岩禅师就说:"只图诸仁者明心,此外别无道理。"③丹霞禅师(728—824)也说:"识心心则佛,何佛更堪成?"④曹洞宗人天童正觉(1091—1157)认为心是诸佛的本觉,众生的妙灵,由于被妄念所迷惑蒙蔽,就需要静坐默究,排除妄缘幻习,以显现心灵的清白圆明。由此他又相应地提倡"默照禅",以与临济宗人大慧宗杲倡导的"看话禅"相对立。

石头宗人十分强调众生自性清净的至上性,主张即心是佛,由此也强烈反对心外求佛的说法和做法。在这方面希迁的三传弟子德山宣鉴禅师(780—865)的言论是十分典型的,他说:

> 达磨是老臊胡,释迦老子是干屎橛,文殊、普贤是担屎汉。等觉、妙觉是破执凡夫,菩提、涅槃是系驴橛,十二分教是鬼神簿、拭疮疣纸。四果三贤、初心十地是守古冢鬼,自救不了。⑤

宣鉴禅师从痛骂禅宗祖师达磨开始,一路骂下去,释迦佛、菩萨、佛教境界、佛教经典,直至众生发心求道和修持阶段等等,统统骂遍、骂倒,彻底否定心外的佛教和心外的佛。希迁弟子丹霞天然禅师根据希迁只教他

---

① 《景德传灯录》卷14《南岳石头希迁大师》,《大正藏》第51卷,309页中。
② 《景德传灯录》卷28《大法眼文益禅师语》,同上书,448页中。
③ 《景德传灯录》卷25《杭州宝塔寺绍岩禅师》,同上书,415页中。
④ 《景德传灯录》卷30《丹霞和尚玩珠吟二首》,同上书,463页下。
⑤ 《五灯会元》卷7《德山宣鉴禅师》,374页,中华书局,1984。

"切须自护",即只须切实保护自心纯净的教导,在上堂时直接对门徒说:"禅可是尔解底物,岂有佛可成? 佛之一字,永不喜闻。"①强调追求禅法正解,排除"佛"这一字的意义和价值。《宋高僧传》卷11《唐南阳丹霞山天然传》还记载着丹霞天然禅师的一个著名故事。丹霞天然禅师住在慧林寺时,遇天奇寒,他就取来木佛焚烧取暖。别的僧人见状纷纷批评讥讽他,他回答说这是烧取舍利(佛的遗骨),僧人说木头里哪有什么舍利,他顺势又回答说,既然如此为什么还要责备我呢? 这个故事充分地表现了丹霞天然禅师目无偶像崇拜的鲜明立场。

总之,在石头宗多数禅师看来,众生的心灵不同于日常行为动作,也排除一切妄念偏见,它是超越染与净(或绝对清净),超越睡眠与觉醒,超越生与灭,是本来先天具有,无所不备、湛然圆满的。即心即佛,众生的心灵是成佛的根据,向外求佛、盲目崇拜都是不符合禅法的。

(二)心地自然

石头宗人常论心与法的关系,"法"包含外界事物和佛法等多重涵义。心与外物、心与佛法的关系如何,是佛教心性论的重大问题。心与外物是主体与客体的关系,心与佛法是主体与修持准则的关系,二者都直接涉及心性的性质和功能问题。石头宗人通过对这两方面的论述,进一步突出了人心的自然之性,强调众生心地自然,心无取舍,不附于物,自由自在,具足佛法,一切现成。

石头希迁在《参同契》中说:"灵源明皎洁,枝派暗流注。"②"灵源",即心源,为一切事物、现象的根源。灵源皎洁清净,也就是自性清净心,就是佛性。"枝派",指物。万物是灵源所派生,是灵源所显现的。由此也可说,心与万物是一体,心与物是贯通的,然而物犹如暗地里流注一般,心物一体的这种贯通关系又不是豁然明朗的。从心源派生万物的关系出发,《参同契》宣传心与物具有本末、显隐、交互流注的关系。

① 《景德传灯录》卷14《邓州丹霞山天然禅师》,《大正藏》第51卷,311页上。
② 《景德传灯录》卷30《参同契》,同上书,459页中。

对于心与物的这种复杂关系,法眼宗人尤为热衷探讨。文益禅师的门人慧明禅师就常以这类问题质询别人,以了解对方的禅修造诣。一次,有二禅客到慧明住处大梅山,慧明就提出了这样富有哲理性的问题:

> 师(慧明)问曰:"上座离什么处?"曰:"都城。"师曰:"上座离都城到此山,则都城少上座,此山剩上座。剩则心外有法,少则心法不周。说得道理即住,不会即去。"其二禅客不能对。①

"剩",多。二禅客离开都城到大梅山,都城少二人,大梅山多二人。多是表示主体心外另有法,少是表明主体心不周全。一多一少,涉及心法与外界都城、大梅山的关系如何贯通说明,是禅修的一大问题。二位禅客不能从心生万物和心物一体贯通的思想来回答问题。后来慧明禅师住天台山,时有博学强记的朋彦来访讨论禅理,也有一段对话:

> 师(慧明)曰:"言多去道远矣,今有事借问:只如从上诸圣及诸先德,还有不悟者也无?"朋彦曰:"若是诸圣先德岂不有悟者哉?"师曰:"一人发真归源,十方虚空,悉皆消殒,今天台山巍然,如何得消殒去?"朋彦不知所措。②

这是说,按照心生万法、心物一体的禅理,只要以前有一位禅师发明真心回归心源,就会导致十方空虚,外界全都消殒,而今天台山依然高耸而立,并未消殒,这应如何说明呢? 慧明禅师的真意是在提倡以"见色(物)便见心"的禅悟来消除心物的对立,体会心物一体。在法眼宗人看来,一般的人都是把心与物割裂开来,不能从物上见心(本心),若能从物上见心,心物打成一片,就不会有"心外有法"和"心法不周"的问题了,也没有心外的天台山巍然耸立的问题了。

法眼宗人又进一步深究"见色便见心"的"心"是什么心,此心与物是

---

① 《景德传灯录》卷25《杭州报恩寺慧明禅师》,《大正藏》第51卷,410页中。

② 同上。

同是异？文益的弟子清耸禅师就提出了这个问题，他说：

> 见色便见心，且唤什么作心？山河大地，万象森罗，青黄赤白，男女等相，是心不是心？若是心，为什么却成物象去？若不是心，又道见色便见心？还会么？只为迷此而成颠倒种种不同，于无同异中强生同异。且如今直下承当，顿豁本心，皎然无一物可作见闻。若离心别求解脱者，古人唤作迷波讨源，卒难晓悟。①

这是说，一方面外界林林总总的事物并不就是心，一方面禅法要求"见色便心"。究竟如何认识心、认识心与事物的关系呢？清耸禅师认为，若从众生的一般的见解来看，本来是无同异的心与物就会产生出同异的分别来；众生若能顿豁本心，本心皎然清净，就无一物可见可闻了，就无心物同异、心物对立的问题了。如此在体悟本心基础上，"见色便见心"，实现心物一体，才是真正的解脱之道和解脱境界。

本先禅师也就什么是"唯心所现"的涵义提出问题：

> 诸法所生，唯心所现，如是言语好个入底门户。且问："尔等诸人眼见一切色，耳闻一切声，鼻嗅一切香，舌知一切味，身触一切软滑，意分别一切诸法，只如眼、耳、鼻、舌、身、意所对之物，为复唯是尔等心？为复非是尔等心？若道唯是尔等心，何不与尔等身都作一块了休？为什么所对之物却在尔等眼、耳、鼻、舌、身、意外？尔等若道眼、耳、鼻、舌、身、意所对之物非是尔等心，又焉奈诸法所生，唯心所现？"②

这是问：人们所感觉认识的一切事物，是人们的心呢，或者不是人们的心？若说是人们的心，万物为什么不随着人们的身亡而俱灭，却仍然在人身之外存在着呢？若是万物不是人们的心，佛典上又为什么说万物是"唯心所

---

① 《景德传灯录》卷25《杭州灵隐清耸禅师》，《大正藏》第51卷，413页上。
② 《景德传灯录》卷26《温州瑞鹿寺本先禅师》，同上书，427页中。

现"呢？这是一个矛盾,在本先禅师看来,这就要求从"见色便见心"上求悟解。

对于心与物、见心、唯心的问题,讲得最形象、最生动、最典型的是地藏桂琛和文益三番对话的一段公案。一次文益结伴外出参学,为风雪所阻,暂住彰州城西地藏院,参谒桂琛,两人有这样的对话:

> 藏(桂琛)问:"此行何之?"师(文益)曰:"行脚去。"藏曰:"作么生是行脚事?"师曰:"不知。"藏曰:"不知最亲切。"又同三人举《肇论》至"天地与我同根"处,藏曰:"山河大地,与上座自己是同是别?"师曰:"别。"藏竖起两指,师曰:"同。"藏又竖起两指,便起去。雪霁辞去,藏门送之。问曰:"上座寻常说三界唯心,万法唯识",乃指庭下片石曰:"且道此石在心内?在心外?"师曰:"在心内。"藏曰:"行脚人著什么来由,安片石在心头?"师窘无以对,即放包依席下求决择。近一月余,日呈见解,说道理。藏语之曰:"佛法不恁么。"师曰:"某甲词穷理绝也。"藏曰:"若论佛法,一切见(现)成。"师于言下大悟。[1]

这段话共有三问三答,一问什么是行脚,文益答不知。所谓不知,是不执著求知,也不执著有所知,即行其自然。这个回答桂琛认为最为亲切。二问人与山河大地以及人的两只手指是同是异?桂琛问这一问题的意思是,万物与己同根同体,无所谓同还是异,本来如此,本来自然;只有生起分别之心才有同异之别。三问石头是在心内还是在心外,这也是困惑许多禅师的一个大问题。桂琛认为,就心来说,一切都是自然而然地存在着的,心里有块石头是自然存在的,并不加重人的负担;心里没有石头也是自然的,也并不减轻人的负担。这也就是所谓"若论佛法,一切现成"。这段公案的中心是阐扬心性自然的思想,主张主体了悟自心,以主体包容客体、消融客体,消除人与物的对立,超越人与自然的界限。也就是在修行上要心不附物,心无取舍,在主观精神上没有任何执著、束缚、负担,轻

---

[1] 《五灯会元》卷10《清凉文益禅师》,560—561页。

松自如,自由自在,就获得了解脱。

　　法眼宗人大力提倡心性自然,一切现成,心是一切的思想。前引文益就说,以往古圣人所见诸境界,是唯见自心。他认为,若直见自心,那就"一切声是佛声,一切色是佛色"①。一切都是禅境、佛境了。这是进一步阐发了自心是一切、不假外求的主张。文益弟子德韶写了一首偈:"通玄峰顶,不是人间;心外无法,满目青山。"②"通玄",指禅修。"青山",喻禅境。意思是禅师修持达到登峰造极时也就心外无法了,对他而言人间也就随处都是禅境了。德韶还说:

　　　　佛法现成,一切具足。古人道:"圆同太虚,无欠无余。"③
　　　　大道廓然,讵齐今古,无名无相,是法是修。良由法界无边,心亦无际;无事不彰,无言不显;如是会得,唤作般若。现前理极同真际,一切山河大地、森罗万象、墙壁瓦砾,并无丝毫可得亏缺。④

这是说,人的本心具足佛法,一切现成,一切自然,心与外界一切事物相会应,也就随处彰显禅境;般若智慧显发,世界一切事物也就毫不亏缺地自然存在。这是更加鲜明地强调不离开现实世界去求禅悟和禅境,强调禅境和现实世界是融通一体的。

　　从以上论述可知,石头宗人通过对心物异同、见色见心、唯心现物等问题的辨析,强调众生要开发自心,以显现万物、包容万物,达到泯除心物的界限、对立,即心物一体的境界。就是说,众生只要保持灵源皎洁、心地自然,也就具足佛法,成就为佛了。

(三)性理归宗

　　石头宗人讲心灵湛圆、心地自然,并非不讲理性,相反,恰恰是以认知

---

① 《景德传灯录》卷28《大法眼文益禅师语》,《大正藏》第51卷,448页下。
② 《景德传灯录》卷25《天台山德韶国师》,同上书,408页中。
③ 同上书,409页上。
④ 同上书,409页下。

理性和道德理性为重要内涵的。石头宗人要求禅师在参玄时,不仅要保持心地不受污染,道德纯净,而且要对宇宙和人生的实质有真切的体认和证悟。在这方面石头希迁还吸取华严宗人提出的理事范畴和理事圆融理论,创造了"执事元是迷,契理亦非悟"①的禅法,强调执著于事是迷,只合于理也不是觉,正确的应该是把事理两边统一起来,以求禅境。这也就是理事"回互"的禅修方法。石头一系曹洞宗人对这种方法作了详尽细密的阐述,云门、法眼两宗的禅修也与希迁提出的方法一脉相通。

值得我们注意的是,希迁在《参同契》中把理又进一步分为性理(灵源)和物理(色质相)两类,并从性理上统一理与事的关系②。理和事原是中国哲学的范畴,中国佛教哲学吸取理和事这对范畴,通常是把两者视为与体用、本末对应的范畴,并进一步视为与心物对应的范畴,也就是说,理指体、本、心,事指用、末、物。希迁从体性上论"理",又注意到主体与客体的不同体性,提示了外在的物质世界和内在的精神世界的不同体性,提出两类理:心性的理(性理或心理)和事物的理(物理,即一事物区别于其他事物的体性)。根据《参同契》所论,作为心性的理,在内涵上包含着两个方面:对理事关系的统一有正确了解的认识理性,正确分别清浊的道德理性。在表现形式上有明暗之别:明指明白、直接的语言文字,暗指隐晦、间接的语言文字;明的语言文字又有清浊善恶之分,暗的语言文字则有上中的等级区分。这是说,禅宗的各派在表述禅境的语言文字上虽有明暗的不同,但这种不同又都可会归于性理,进而达到理事圆融。

那么,如何在性理的基础上归宗——归于理事融通呢?希迁吸取华严宗人的"十玄门"③思想,提出了"回互"的思维模式,说:"门门一切境,回互不回互,回而更相涉,不尔依位住。"④意思是说,参玄的门类很多,每一门都含一切境,这种境界含有回互、不回互两个方面,所谓"回互"就是"更相涉",也就是互相涉入、含摄、融通;所谓"不回互"就是"依位住",即

---

① 《景德传灯录》卷30《参同契》,《大正藏》第51卷,459页中。

② 参见吕澂:《中国佛学源流略讲》,239页。

③ "十玄门",是华严宗人从十个方面说明本体与现象、现象与现象的圆融无碍关系的法门。

④ 《景德传灯录》卷30《参同契》,《大正藏》第51卷,459页中。

各住本位,互相区别,不相杂乱。这就是说,既要认识理与事的统一方面,又要认识理与事的对立方面。由此希迁进而强调"本末须归宗"①,本末即心物必须归于理事圆融的宗旨;"承言须会宗"②,在语言上也必须归于理事圆融的宗旨;"事存函盖合,理应箭锋拄"③,"事"如同各种容器上的盖子,是千差万别的,而"理"则应不执著事物的种种差别,如同射箭,箭箭相顶,以一贯之,也就是要从性理上去认识、体悟理与事的统一性原理。

希迁还认为,参玄者要领会事理圆融的宗旨,必须在日常行事上随时体验,专心证悟,以求灵照不昧,也就是要从个别的事上体悟出一般的理。据《参同契》所述,这方面有两个要点:一是"四大性自复,如子得其母"④。"四大",构成事物的四大要素,此泛指一切事物。这句话的意思是说,万物自复其性,如子得母,也就是会末归本,以事见理。二是"万物自有功,当言用及处"⑤。这是说万物的功用有动态的("用")和静态的("处"),两者兼具,彼此依存,互相转化。由用到处,由动转静,也就从事中见理。如此认识事物,体悟事物,回复自性,就能事存理应,由事显理,从而达到"即事而真"的境界。

希迁以后的石头宗人又进一步发展了"即事而真"的思想,有一个非常典型的例子,曹洞宗创始人之一洞山良价(807—869)问师父云岩昙晟:"和尚百年后,忽有人问还貌(一作邈)得师真不? 如何祗对?"云岩说:"即遮(这)个是。"⑥良价心存疑惑,后因过河看见水中的影子,遂悟云岩的意旨,并作一偈:"切忌从他觅,迢迢与我疏;我今独自往,处处得逢渠。渠今正是我,我今不是渠;应须恁么会,方得契如如。"⑦"真",指真仪、真像。"渠",指影子。意思是说,水中是影子,水上是我形,影子正是我,我不是影子,如此形影相睹,即事而真,从个别上显现出一般的理。良价从此一再宣扬"即遮个是"的法门,他的门徒、曹洞宗另一创始人曹山

① 《景德传灯录》卷30《参同契》,《大正藏》第51卷,459页中。
② 同上。
③ 同上。
④ 同上。
⑤ 同上。
⑥ 《景德传灯录》卷15《筠州洞山良价禅师》,《大正藏》第51卷,321页下。
⑦ 同上。

本寂(840—901)也相随提倡"即相即真"①,认为所触的事相皆真,也即主张从形相见本质,从现象显本性,形相即本质,现象即本体。

石头宗人继承华严思想,提倡理事圆融,但又强调"渠今正是我,我今不是渠",强调事是理,而理不是事,要从事见理,显示理不同于事,从而又表现出与华严宗人的思想差异。

(四)无心合道

石头宗人还重视吸取般若空宗和牛头宗的理论,并结合中国传统的道家学说宣扬无心合道的思想。

"道",禅宗是指禅道、佛道。道既是宇宙万物本质、体性的总概括,也是禅修的终极境界。希迁提倡"触目会道",即通过直感与道合一。为此他十分重视破除一切执著,破除众生知见。如有僧人问如何是解脱,他回答:"谁缚汝?"又问如何是净土世界,他答道:"谁垢汝?"再问如何是涅槃,他答:"谁将生死与汝?"②门人大颠和尚向他请教:"古人云:道有道无是二谤',请师除。"他说:"一物亦无,除个什么?"他接着对大颠说:"并却咽喉唇吻道将来。"大颠说:"无遮个。"他说:"若恁么即汝得入门。"③希迁强调破除对佛境以及对道有道无等的种种执著,强调"一物亦无",实质上也就是主张主体无心,心无所寄,提倡无心合道的禅修。

希迁以后,石头宗人也纷纷宣扬无心合道的思想,如德山宣鉴说:"于己无事则勿妄求,妄求而得亦非得也。汝但无事于心,无心于事,则虚而灵空而妙。"④妄求是有心,无心是勿妄求,也就是要做到心上无事,事上无心,这样也就达到虚空灵妙的境界。石头宗人中最积极宣扬无心合道思想的是洞山良价,他有一首著名的《无心合道颂》,文云:"道无心合人,人无心合道。欲识个中意,一老一不老。"⑤"道",此指宇宙万物的体性。

① 《景德传灯录》卷17《抚州曹山本寂禅师》,《大正藏》第51卷,336页上。
② 《景德传灯录》卷14《南岳石头希迁禅师》,同上书,309页中。
③ 同上书,309页中、下。
④ 《景德传灯录》卷15《朗州德山宣鉴禅师》,同上书,317页下。
⑤ 《景德传灯录》卷29,同上书,452页下。

这是以道和人相对,讲合道和合人的不同特点。"道无心合人"是说,道体以其无所不在的特性(全体性、整体性)而自然地合人,即遍于人的身心。"人无心合道"的无心,是针对人有心(分别心)而特意强调的修持要求。良价说过这样的话:"直须心心不触物,步步无处所。"①"夫出家之人,心不附物,是真修行。"②众生不觉悟,心心触物、附物,真正的修行就是要不触物、不附物,这就是无心。也就是说,无心是无心于物,不追求物,不执著物。人只有无心于物才能契合道,即只有超脱物的束缚才能体认道体。人体认道,人与道契合,也就是人合道。道合人,不等于人合道。这里的原因是人老道不老。老是指的人身相续变异,而道则是不老,是无变异的、永恒的。生命短暂的人,契合永恒的道,人归属于道;永恒的道遍于短暂的人之中,但永恒不同于短暂,道不同于人。

良价的"道无心合人,人无心合道"的颂句,在禅林里产生了重大的影响。他的弟子龙牙居遁禅师作颂十八首,阐发了无心合道的思想。先引三首颂文如下:

> 寻牛须访迹,学道访无心。
> 迹在牛还在,无心道易寻。③
>
> 夫人学道莫贪求,万事无心道合头。
> 无心始体无心道,体得无心道亦休。④
>
> 心空不及道空安,道与心空状一般。
> 参玄不是道空士,一乍相逢不易看。⑤

这三首颂文的思想要点有三:其一,无心是学道的根本途径;其二,无心也就是心空,其内涵是不贪求,对万事万物都不贪求;其三,心空与道空状同一般,但参玄者应当由无心而合道,达到道空即"道亦休"的境界。居遁

---

① 《景德传灯录》卷 15《筠州洞山良价禅师》,《大正藏》第 51 卷,322 页上。
② 同上书,323 页中。
③ 《景德传灯录》卷 29,同上书,453 页中。
④ 同上书,453 页上。
⑤ 同上。

禅师还发展良价的思想,进一步打通人心与道的思想界限,认为人心与道是无异的,史载:

> 问:"如何是道?"师(居遁)曰:"无异人心是。"又曰:"若人体得道无异人心,始是道人。若是言说,则勿交涉。道者,汝知打底道人否?十二时中,除却着衣吃饭,无丝发异于人心,无诳人心,此个始是道人。若道我得我会,则勿交涉,大不容易。"①

这里讲的"道无异人心"的人心是指人的本心、真心,也就是无心②。人的真心、无心就是道,能体悟到道与人心的一致,就是禅修成功的道人。要达到这种境界,需要在日常行事中随时注意保护真心,不损害真心,否则是难以得道的。

无心合道与即事见理是一致的,两者是石头宗人禅修的途径和所达到境界的不同表述。居遁十八首颂中还有一首颂云:

> 眉间毫相焰光身,事见争(怎)如理见亲。
> 事有只因于理有,理权方便化天人。
> 一朝大悟俱消却,方得名为无事人。③

这是说理比事更根本,理见比事见更重要。见理是修持的根本,一旦体悟事理圆融,就是获得解脱的"无事人"。匡逸禅师也说:"不见先德云:'人无心合道,道无心合人。'人道既合,是名无事人。"④即事见理和无心合道都同为"无事人"。理和道是相通的,见理和合道是一回事。在禅修实践上,无心与见事是统一的。这就是无心于事,万事无心,如此才能见理合道。

---

① 《景德传灯录》卷17《湖南龙牙山居遁禅师》,《大正藏》第51卷,337页下。
② 居遁有颂云:"唯念门前树,能容鸟泊飞。来者无心唤,腾身不慕归。若人心似树,与道不相违。"见《景德传灯录》卷29,同上书,452页下。
③ 《景德传灯录》卷29,同上书,453页上。
④ 《景德传灯录》卷25《金陵报恩匡逸禅师》,同上书,411页中。

如前所述,牛头山法融禅师反对道信、弘忍的东山法门"安心方便"说,提倡"无心合道"说。法融所讲的"无心"是指心性本空,"道"是指具有虚空性、无分别性、无限性和无所不在性特征的宇宙本质。"无心合道"就是主体无心而悟达宇宙万物的虚空、本无。法融讲的道,也称为理,"无心合道"也可以说是"冥心入理"。牛头禅的"无心合道"思想对石头宗人的影响颇大,以致成为石头宗区别于洪州宗和荷泽宗禅法的重要特征。宗密在《禅源诸诠集都序》中就将石头、牛头并举,共列为"泯绝无寄宗",文说:

> 泯绝无寄宗者,说凡圣等法,皆如梦幻,都无所有。本来空寂,非今始无。即此达无之智亦不可得。平等法界,无佛无众生,法界亦是假名。心既不有,谁言法界? 无修不修,无佛不佛。设有一法胜过涅槃,我说亦如梦幻。无法可拘,无佛可作。凡有所作,皆是迷妄。如此了达本来无事,心无所寄,方免颠倒,始名解脱。石头、牛头下至径山,皆示此理。[①]

在此,宗密揭示了石头和牛头两宗"无心合道"思想的空寂性质,应当说,这是符合史实的。但是宗密作为华严禅的倡导者,没有指出华严宗理事圆融思想对石头宗人的影响以及由此带来的石头宗与牛头宗的思想差异,这又是令人费解的。

(五)无情说法

禅宗最早讲山河大地、花草树木等无情之物也有佛性,无情也可成佛的,是牛头宗法融。后来慧能弟子南阳慧忠国师更进一步认为:不仅无情有性,而且无情也在说法。无情说法只有无情才能听得到,人是无法听到的。石头宗人受这种思想的影响,也同唱无情有性和无情说法的论说。

石头希迁在回答门徒的问题时,有这样的话:

---

① 《禅源诸诠集都序》卷上之2,《大正藏》第48卷,402页下。

问:"如何是禅?"师曰:"碌砖。"又问"如何是道?"师曰:"木头。"①

　　这是为了截断提问者向外追求所作的回答,这种回答明确地表示了希迁将道与禅视为一事,也就是以道论禅。而且他认为道与禅遍于一切、无所不在。连无情之物的碌砖、木头也是禅,也是道。实质上这是无情有性说的一种变相。

　　洞山良价因对慧忠国师的无情说法未究其竟,曾向洪州宗人沩山灵祐请问,灵祐又介绍他到云岩昙晟那里去讨教:

　　既到,云岩问:"无情说法,什么人得闻?"云岩曰:"无情说法,无情得闻。"师曰:"和尚闻否?"云岩曰:"我若闻,汝即不得闻吾说法也。"曰:"若恁么即良价不闻和尚说法也?"云岩曰:"我说法汝尚不闻,何况无情说法也。"师乃述偈呈云岩曰:"也大奇,也大奇,无情说法不思议;若将耳听声不现,眼处闻声方可知。"②

　　云岩和慧忠的观点一样,也认为无情说法只有无情得闻。良价通过参究,领悟到无情说法是不可思议的,是人们感官难以直接感知的,也是难以用语言文字表述的。人们通常是耳听声,眼观色,而对于无情说法则是"眼处闻声方可知",言外之意是只有自心才能直接体悟到。我们也许可以这样讲,良价因涉水睹影而悟云岩"即遮个是"的意旨是得闻无情说法的结果吧!

　　从佛教理论思维来看,有两条理路通向主张无情有性、无情说法:其一是吸取中国传统的道无所不在的理念,结合佛教的真如遍在的思想,强调道、真如遍于无情,由此无情也有佛性,也能成佛,甚至也在说法;另一条是按照佛教的万法由心造,即万物不离心而存在的理论,无情之物也是不离心,心物一体,而心是有知的、有佛性的,无情之物也由此而有知、有

----

① 《景德传灯录》卷14《南岳石头希迁禅师》,《大正藏》第51卷,309页下。
② 《景德传灯录》卷15《筠州洞山良价禅师》,同上书,321页下。

佛性。这是分别从宇宙本体和主体本体,即客观和主观两方面推论出无情有性和无情说法的命题。但这些命题并不是佛教各派都赞成的,在禅宗内部,荷泽宗就持相反的立场。

(六)一心为宗

五代宋初的延寿是法眼宗文益的再传弟子,他对当时的禅风深为不满,说:"如今多重非心非佛、非理非事、泯绝之言,以为玄妙,不知但是遮诠治病之文,执此方便,认为标的,却不信表诠直指之教,顿遗实地,昧却真心。"①认为当时一些禅师②一味讲非心非佛、非理非事,不懂这种泯绝一切的说法只是参禅的方便而已。如此不相信和否定佛典言教的作用,势必会流于空疏、放荡、昏昧,埋没真心。延寿根据法眼宗的"禅尊达摩,教尊贤首"的传统,吸取宗密华严禅的思路,把禅宗南宗的顿悟和华严宗的圆修结合起来,提倡"直入顿悟圆修",力主禅教统一;又积极调和各教教义,宣传禅净合一,为禅宗开拓了新的走向,影响极为深远。

为了整合禅宗和其他宗派的义理,统一佛教的思想,延寿在其编撰的百卷巨制《宗镜录》中提出以"一心为宗"的命题,竭力以"心宗"来统一佛教各宗各派的学说。他所阐发的一心思想与华严禅的心性论颇为相近。延寿拟通过整合各宗派,打通与南岳洪州宗的界限,但实际上仍表现出与洪州宗心性论,尤其是禅修方法的对立。

延寿在为《宗镜录》释名时说:"举一心为宗,照万物如镜。"③"宗",指正宗、宗旨。"举一心为宗"即是以一心为宗,心即是宗,即是佛教的正宗、宗旨。实际上,心宗也就是禅法、禅宗。"照万物如镜",是说观照万物如同镜子一般明彻。在延寿看来,心在佛教教义中居于首要的、中心的地位,一切法唯心所造,"一切法中,心为上首"④,"一切明中,心明为

---

① 《万善同归集》卷上,《大正藏》第 48 卷,959 页上。
② 实指洪州宗和石头宗中的曹洞宗等禅师。
③ 《宗镜录》,《大正藏》第 48 卷,417 页上。
④ 《宗镜录》卷 2,同上书,423 页中。

上"①。那么,延寿是怎样论述心的内涵、功能的呢?

延寿主要是从揭示众生成佛之原的角度来阐述心的,他说:"约今学人随见心性发明之处,立心为宗。"②他重视发明心性,他所讲的心是指真心、本心,也称真如心、自性清净心、如来藏,他说:

> 一乘法者,一心是。但守一心,即心真如门。……心无形[无]色,无根无住,无生无灭,亦无觉观可行。若有可观行者,即是受想行识,非是本心,皆是有为功用。诸祖只是以心传心,达者印可,更无别法。……从心所生,皆同幻化,但直了真心,自然真实。③

"觉观",指寻求推度和思维作用。这是说,佛化导众生成佛的教法,是讲传一心,也即教人要守真如妙心。禅宗诸师就是以心传心,对直达本心者给予印可,此外并无他法。凡是由一般心识活动所产生的,都如同幻化一般,是不真实的,但若直接了悟真心,则是自然真实的。在延寿看来,这一真心才是众生成佛的基础。

在把心性定为真心的同时,延寿还阐发了心的内涵、结构:

> 设有人问:"每闻诸经云,迷之即垢,悟之即净,纵之即凡,修之即圣,能生世出世间一切诸法,此是何物?(此举功能义用问也)"答云:"是心。(举名答也)愚者认名,便为已识,智者应更问:何者是心?(征其体也)答:知即是心,(指其体也)④此一言最亲最的。"⑤

这段话涉及心的名、体、用。延寿认为心是名字,能生世间和出世间一切事物是心的功用,从体上说,"知即是心",知是心之体,即心之所以为心的体性。那么,这里的知指什么呢? 作为真心的本有体性,知是了了常

---

① 《宗镜录》卷2,《大正藏》第48卷,423页中。

② 《宗镜录》卷1,同上书,417页中。

③ 《宗镜录》卷2,同上书,426页上。

④ 以上四处括号内的文字,有的版本作为本文,有的作为注释,似应为注释。

⑤ 《宗镜录》卷34,《大正藏》第48卷,616页下。

知。延寿在阐释知的涵义时说：

> 问："既云性自了了常知，何须诸佛开示？"答："此言知者，不是证知，意说真性，不同虚空、木石，故云知也。非如缘境分别之识，非如照体了达之智，直是真如之性，自然常知。"①

延寿所讲的知，是指真如之性，即心的本有体性，它既不同于对外界事物进行主观分别的"识"，也不是圣者独具的悟照体性了达实相的"智"。延寿认为，这种知是一种解知，不是证知（"智"）。众生自体的解知需要教义的印证，他引南阳慧忠的话："禅宗法者，应依佛语一乘了义，契取本原心地，转相传授，与佛道同。"②强调要以教义来契取本原心地，即发明心性，达到解悟，以与佛道同。延寿认为在解知、解悟的基础上还应继续修习，以求真知、证悟，即能如实体验而证悟佛教真理，显现真性，进入佛境。

延寿认为心具有性与相，即体与用两个层次，他说：

> 性相二门，是自心之体用。若具用而失恒常之体，如无水有波；若得体而缺妙用之门，似无波有水。且未有无波之水，曾无不湿之波。以波澈水源，水穷波末，如性穷相表，相达性原。③

这是说，心的性相体用，犹如水与波一样，是相成共存的关系，也是本与末、本原与现象的互显关系。延寿还把心的性相、体用与心的空有、理事、真俗沟通对应起来，他说：

> 此空有二门，亦是理事二门，亦是性相二门，亦是体用二门，亦是真俗二门，……或相资相摄，相是相非，相遍相成，相害相夺，相即相在，相覆相违，一一如是，各各融通。今以一心无性之门，一时收尽，

---

① 《宗镜录》卷34，《大正藏》第48卷，615页上。
② 《宗镜录》卷1，同上书，418页下。
③ 同上书，416页中。

名义双绝,境观俱融,契旨忘言,咸归宗镜。①

"无性"即相空。这是说,空有、理事、性相等不同二门,都是相融相通的。今以"一心无性"的法门,收尽空有、理事、性相等二门,名义绝灭,主客相融,忘言契理,同归于禅旨。

这里值得注意的是,延寿不仅把理事与性相、体用、真俗、空有打通,而且对理事尤为重视,他在回答"云何唯立一心,以为宗镜"的问题时说:"此一心法,理事圆备。"②强调心中理事圆融是立一心为宗镜的根本原因。他在《万善同归集》卷上开宗明义指出,万法唯心,而修行须依理事,并就理事关系展开论述。他说:

> 若论理事,幽旨难明。细而推之,非一非异。是以性实之理,相虚之事,力用交彻,舒卷同时。……事因理立,……理因事彰。……若离事而推理,堕声闻之愚;若离理而行事,同凡夫之执。……同尘无阂,自在随缘。一切施为,无非佛事。③

这是说,理与事是不一不异的关系,应以理事圆融思想指导修持,如此则自由自在,随缘任运,一切修行都是佛事了。

延寿认为,具有上述内涵的真心是遍于凡圣的:"一切法界,十方诸佛、诸大菩萨、缘觉、声闻、一切众生,皆同此心。"④这一心法"是大悲父,般若母,法宝藏,万行原"⑤。众生若了悟真心,则顿成佛慧。延寿总结性地强调真心是众生成佛的根源。

石头宗内部各派对于心性论的具体观点虽有所不同,但基本主张是一致的。从以上我们对石头宗的心性论的简要论述来看,其间最值得注意的是:第一,石头宗的心性论的基石是真心(本心)说,这种真心说不仅

---

① 《宗镜录》卷8,《大正藏》第48卷,458页下。
② 《宗镜录》卷2,同上书,424页下。
③ 《万善同归集》,同上书,958页中。
④ 《宗镜录》卷2,同上书,424页下。
⑤ 同上。

和南宗荷泽宗一系的心性论同出一辙,而且和南宗洪州宗一系的心性论也并无二致,研究、了解和把握真心说,是打开慧能一系禅宗乃至全部禅学理论的钥匙。第二,石头宗一系的曹洞、云门和法眼三宗都继承了希迁的灵源与枝派、理与事、本与末的思想,重视开发内在心性,突出事理圆融,从事见理,即事而真。但三宗也有一定的区别,相对而言,曹洞最重视理事圆融,重视心的本觉;云门强调一切现成;法眼宗突出"尽由心造",也讲事理圆融。第三,石头宗人吸取华严禅和牛头禅的思想,既以知为心体,讲理事圆融,又提倡无心合道。其间,解知与无心如何协调,理事圆融与无心合道如何统一,禅师们虽在理论上作了沟通,但把解知与无心都定为不执著外物,把理与道对应等同起来,似乎尚有理论上的某些难点。第四,石头宗人继承了佛教的"三界唯心,万法唯识"的基本思想,然外物究竟如何由心造,是一个令不少禅师感到困惑的大问题;同时石头宗人又吸取道家的最高范畴"道",强调会道、合道,如此,作为万物本原的心,和作为万物最高终极存在的道,就同为心性论的最基本范畴,心与道究竟如何在哲学思维上贯通起来,禅师们在论述时似乎也有困惑。第五,石头宗的心性论,由于重视理事关系和心物关系的阐述,因此对宋明理学和心学所产生的影响是至深且巨的。

(原题为《石头宗心性论思想述评》,

载《国学研究》第 3 卷,1995 年)

八、洪州宗的平常心是道说

洪州宗是南岳怀让门下马祖道一（709—788）开创的门派。因马祖住洪州（今江西南昌一带）大扬禅风，故名。继承马祖道一禅法的沩仰宗、临济宗，以及从临济宗演化出的杨岐派和黄龙派，均属洪州法系。此系被后世公认为禅宗之正系。为了叙述的方便，这里仅论述马祖道一及其门徒百丈怀海、大珠慧海、怀海的门徒黄檗希运、沩山灵祐以及灵祐门徒仰山慧寂等人的心性思想，至于临济宗的心性思想则另行论述。

自马祖以来，洪州禅沿着慧能、怀让的性净自悟的方向，进一步突出禅的鲜明而强烈的生活意味，认为众生的日常生活中，时时处处都是真理的体现，众生的起心动念、扬眉瞬目等一切活动和表现，都是佛性的显现，都具有真实的价值和意义。洪州禅提倡"顺乎自然"，休息心思，对善恶也不作思量，进而逐渐构成"平常心是道"的心性论新体系。"平常心是道"这一心性论命题是洪州宗推行生活禅的理论基石。"平常心是道"就是"即心即佛"，又表述为"非心非佛"，后来又有"无心是道"等说法。洪州宗的心性论和宗风，与北宗的以日常分别动作为虚妄，牛头宗的一切皆如梦幻、本来无事的观点，有较大的不同；与荷泽宗的立言说和重智慧的风格也颇有殊异。

（一）平常心是道与触类是道

洪州宗人为了追求生死不染、去住自由的境界，继续探寻众生觉悟的源头和成佛的根源，提出了"平常心是道"的命题，把平常心看作众生成佛的根源。何谓平常心？何谓"平常心是道"？马祖道一如是说：

> 道不用修,但莫污染。何为污染? 但有生死心,造作趣向,皆是污染。若欲直会其道,平常心是道,谓平常心无造作、无是非、无取舍、无断常、无凡无圣。……只如今行住坐卧,应机接物,尽是道。道即是法界,乃至河沙妙用,不出法界。①

马祖道一的门徒南泉普愿(748—834)在接化赵州从谂(778—897)时,也以此作开导,史载：

> 南泉因赵州问如何是道,泉云:"平常心是道。"州云:"还可趣向否?"泉云:"拟向即乖。"州云:"不拟争知是道?"泉云:"道不属知,不属不知;知是妄觉,不知是无记。若真达不拟之道,犹如太虚,廓然洞豁,岂可强是非也!"州于言下顿悟。②

文后又有颂曰：

> 春有百花秋有月,夏有凉风冬有雪;
> 若无闲事挂心头,便是人间好时节。③

所谓"平常心",是指"无造作、无是非、无取舍、无断常、无凡无圣"的心,是"无闲事挂心头"的心。就是众生具有的不有意造作,不作分别的本心、圣心;就是包括迷与悟,而不偏颇任何一方的整体的心;也就是众生日常现实的心。平常心具有天然性、整体性和现实性的特征,平常心见于日常的行住坐卧等起居动作。如上所引,所谓"道","道即是法界",此处

---

① 《景德传灯录》卷28,《大正藏》第51卷,440页上。
② 《无门关》,《大正藏》第48卷,295页中。
③ 同上。

"法界"即指佛法的境界。道一又说:"道非色相"①,道是无质碍无形相的。又认为,"道即是心,不可将心还修于心"②。这是说,道就是心,心自身无法修于心。这样,道也不属修持而只能体会,所以又说要"体会大道"③。也就是说,道是一种体会(直觉)的对象境界。普愿也说,道"犹如太虚,廓然洞豁","道不属知,不属不知",在知和不知的二元相对模式中兜圈子,是悟道的严重障碍。可见这里说的"道"即是佛道,是超越现象、超越形相、超越时空、超越认识的成佛境界。这种境界犹如太虚,广大、空阔、寂静、透彻。道是超越的,离一切相的;又是内在的,不异于心的。"道即是心",这个心不是别的心,而是平常心。众生随顺现实之心,无有取舍,无所执著,不别是非,如此自然动作便体现了"道",也就是"道"。这就是"平常心是道"。这样说来,洪州宗人是把现实人心和佛道联系、沟通了起来,把两者视为相通、相等的,从而为成佛的根源、途径提供了新学说。

洪州宗人对"平常心是道"的命题进行了论证。论证有两个层次:一是认为心是万法之本;二是强调心的活动即是佛性的作用。后者是论证的重点。

慧能、怀让一直宣扬心生万法的思想,如怀让"示徒云:'一切万法,皆从心生'"④。道一也说:"一切法皆是心法,一切名皆是心名,万法皆从心生,心为万法之根本。"⑤道一的再传弟子黄檗希运(？—850)也说:"此法即心,心外无法;此心即法,法外无心。"⑥这里所说的"法"主要是指佛法。南宗禅师认为佛法乃至其他存在都是从心所生,不在心外,以心为本,由此强调心是众生修行成佛的根本,是宗教实践的枢纽,最具关键性的意义。但是,只是一般地说心的作用还比较空泛,于是洪州宗人进而又从心的活动、表现方面来论证。

① 《古尊宿语录》卷1,2页。
② 《圆觉经大疏钞》卷3之下,《续藏经》第1辑第14套第3册,279页。
③ 《古尊宿语录》卷1,5页。
④ 《古尊宿语录》卷1,2页。
⑤ 《景德传灯录》卷28,《大正藏》第51卷,440页上。
⑥ 《黄檗山断际禅师传心法要》,《大正藏》第48卷,380页中。

在论证心的活动就是佛性的作用方面,洪州宗人又从现象("立处")与真如、心与性的关系两个相关方面展开。道一禅师说:

> 种种成立,皆由一心也。建立亦得,扫荡亦得,尽是妙用,妙用尽是自家。非离真而有立处,立处即真。尽是自家体。若不然者,更是何人?一切法皆是佛法,诸法即解脱,解脱者即真如。诸法不出于真如,行住坐卧,悉是不思议用,不待时节。①

意思是说,一切现象、事象都是自家心的妙用,并不是离开心的真实(真如)而另有现象,现象即是心真如。一切现象都是佛法的显现,一切现象都出于真如,众生的行住坐卧都是心真如的不可思议的妙用。"非离真而有立处,立处即真"是僧肇《不真空论》的名句,是说明真理的世界与现实的存在之间的不离相即的关系,这是在中国固有的理想与现实相连相即思维影响下形成的非常重要的理念,对于后来佛教学者理解、把握宇宙的现象与本质的关系、众生与佛的关系,乃至现实行为与本原真心的关系等,都发生了深远的影响。道一引用僧肇这句话,并引申为众生的现实心灵全体都是真实,众生的日常行为都是心真如的作用,把非宗教修持范畴的寻常世俗行为,都归结为佛性的表现了。

对洪州宗的认为人的一切动作都是佛性的作用的论据,宗密总结说:

> 四大、骨肉、舌、齿、眼、耳、手、足,并不能自语言见闻动作。如一念今终,全身都未变坏,即便口能不语,眼能不见,耳不能闻,脚不能行,手不能作,故知语言作者,必是佛性。②

这是说,在洪州宗人看来,人的肉体自身不能语言动作,之所以能语言动作,是佛性支配的结果。这是从现象和本体的关系的角度强调现象本身是受本体支配的。"佛性非一切差别种种,而能作一切差别种种。"③就是

---

① 《景德传灯录》卷28,《大正藏》第51卷,440页上。
② 《圆觉经大疏钞》卷3之下,《续藏经》第1辑第14套第3册,279页。
③ 同上。

说,佛性不是现象,而是产生现象的根源,而现象是本体的显现,从这一意义上说,现象与其产生的根源并无区别。洪州宗认为,众生现实行为的全部表现都是整个佛性的作用,众生的平常心整个或全体都直接发挥佛性作用。宗密对此评论说,洪州宗只是"随缘用"而缺乏"自性用"。也就是说,只是随缘纵任心性活动,不是心性内在灵知的作用,不分真妄,不利于佛教修持。

洪州宗的主张也被南阳慧忠禅师(弘法年代为 722—769)归结为"身无常而心性是常"的观点,并斥之为外道的"形灭神不灭"思想。史载:

> 南阳慧忠国师问禅客:"从何方来?"对曰:"南方来。"师曰:"南方有何知识?"曰:"知识颇多。"师曰:"如何示人?"曰:"彼方知识直下示学人:即心是佛,佛是觉义。汝今悉具见闻觉知之性,此性善能扬眉瞬目,去来运用,遍于身中。挃头头知,挃脚脚知,故名正遍知。离此之外,更无别佛。此身即有生灭,心性无始以来未曾生灭。身生灭者,如龙换骨,蛇脱皮,人出故宅。即身是无常,其性常也。南方所说大约如此。"师曰:"若然者,与彼先尼外道无有差别。彼云:我此身中有一神性,此性能知痛痒。身坏之时神则出去,如舍被烧,舍主出去,舍即无常,舍主常矣。审如此者,邪正莫辨,孰为是乎?吾比游方,多见此色,近尤盛矣!聚却三五百众,目视云汉,云是南方宗旨。把他《坛经》改换,添糅鄙谭,削除圣意,惑乱后徒,岂成言教?苦哉!吾宗丧矣!若以见闻觉知是佛性者,《净名》不应云:法离见闻觉知,若行见闻觉知,是则见闻觉知,非求法也。"①

文中把洪州宗自视的南方宗旨,归结为身有生灭、性无生灭,即身无常、性是常。在慧忠看来,性(心性、佛性、灵知)不灭说等于灵魂不灭说,实质上也是一种形灭神不灭的外道邪说。慧忠认为,南方宗旨篡改了《坛经》思想,使禅宗精神沦丧。这也是禅宗内部的一次神灭神不灭的争论。

① 《景德传灯录》卷28,《大正藏》第51卷,437页下、438页上。又,洪州宗一系的主张后来也受到宋明理学家的批评,他们指责那种主张是泛论见闻觉知,不分别当为当不为,是只讲心而不明性,有损佛教的道德性、纯正性和庄严性。

为了回应宗密和慧忠等人的批评,后来有的洪州宗禅师便说,众生日常行事不但是心的作用,而且是性的显现。他们引的论据是传说印度异见王(菩提达摩的叔父)和波罗提尊者(印度第二十七祖般若多罗门的弟子)的问答。波罗提主张"见性是佛",并强调见性就表现在众生的日常行为之中。这段问答现保存在《景德传灯录》卷3"第二十八祖菩提达磨"传中,据说是根据《宝林传》的记载,看来有可能是洪州门下自身的见地。文说:

> 问曰:"何者是佛?"答曰:"见性是佛。"……王曰:"性在何处?"答曰:"性在作用。"王曰:"是何作用?"……波罗提即说偈曰:"在胎为身,处世名人,在眼曰见,在耳曰闻,在鼻辨香,在口谈论,在手执捉,在足运奔。遍现俱该沙界,收摄在一微尘,识者知是佛性,不识唤作精魂。"①

这里讲的性的作用,就是指肉胎人身及其见闻觉知的活动,认为佛性与众生见闻觉知没有什么区别。"见性是佛",是说若果悟知众生日常的见闻觉知与佛性无异,就是佛性的显现,这样也就见性而是佛了。

宋代理学家朱熹屡屡批评洪州宗人的"作用是性"说,他也批评荷泽宗人的"知之一字,众妙之门"说,并把这两种批评联结起来,认为二者都是无视"体"而只重视"用"。实际上这两种论说是不同的。正如宗密虽把荷泽宗和洪州宗同归于"直显心性宗",但又激烈地批评了洪州禅缺乏"自性用",不同于荷泽禅。在朱熹看来,"性"即"体","知"即"用",这样就把上述两种论说都归结为以"用"为"体",从而抹去了荷泽宗的"知"的心体意义。

洪州宗人的"平常心是道"的命题,在禅宗史上具有重要的理论意义和实践意义。马祖强调无需向外寻求,而直观自心,即"直指人心"。马祖后继者进而强调无需分析思虑,只要透彻觉知自身具有的佛性,即是成

---

① 《景德传灯录》卷3,《大正藏》第51卷,218页中。

就佛的境界。这也就是明确地提出了"直指人心,见性成佛"①的主张。同时它又强调从现实生活、日常表现中去觉知自身具有的佛性和彻悟佛境,从而在心性的体用关系问题上,由过去重视对心体的自觉回归,转为强调心用的彻悟价值。荷泽宗人重视心体即灵知的作用,认为"知之一字,众妙之门"。洪州宗人不同,他们以直指自心为佛性,认为整个自心的作用都是佛性的表现,强调"知之一字,众祸之门"②。荷泽宗和洪州宗在心性论上的对立,主要就表现为前者突出形而上的灵知作用,后者则突出整个心灵的现实作用;前者重视对心性本体的探讨,后者重视对心性现实作用的肯定。显然洪州宗的主张具有更加感性化、经验化、生活化、行为化的特征,更为南宗所欢迎、接受,并取代了荷泽宗的地位。

荷泽宗的灵知说,强调众生本来具有般若智慧、绝对觉悟,这无疑是对人的主体性的确认和赞美。同样,洪州宗的"平常心是道"说也是一种彻底的主体化理论,它不去分析心灵中迷妄与觉悟的区别,而是说整个平常心就是道,整个心的作用就是佛性的体现,这是洪州宗人对现实人生的肯定,对人的感性存在的肯定。在中印佛教史上,这种对世间现象的前所未有的大胆而广泛的肯定,是对人的主体性的新的挖掘和开拓,是对人的主体性的充分、彻底的确认和颂扬。

洪州宗的"平常心是道"的主张,把禅引向了生活化、行为化。既然行住坐卧等日常生活和行为都是佛性的体现,那么,佛性、佛道、真理并不存在于众生自身的外部世界,也并不是有待修行或借助自心本有的觉知而得,而是已经完全寓于众生的日常生活和行为实践之中的东西。这样也就可以说,日常生活就是禅修,就是禅。洪州宗赋予寻常生活实践以新的意义,同时也把禅修转移到了日常生活、日常行为轨道上来,这是一种生活化的禅、行为化的禅,是生活化的佛教、行为化的佛教。这种强调在最平常的世俗行为中体现了佛性作用和洋溢着禅味的主张,为佛教实践开辟了新天地、新途径,使禅在日常行事的自然运作中充分表现出生动、活泼、自然、质朴、灵活、幽默、娴静、奇峭等多姿多态的风采。

---

① "直指人心,见性成佛"的明确表述,最早见于黄檗希运所说,见《黄檗山断际禅师传心法要》,《大正藏》第48卷,384页上。

② 《大慧普觉禅师语录》卷16,《大正藏》第47卷,879页中。

"平常心是道",也就是"触类是道"。宗密把洪州宗禅法总结为"触类是道而任心"①,"触类是道"是思想主张,"任心"是禅修实践。宗密解释"触类是道"说:

> 起心动念,弹指、磬咳、扬眉,固所作所为,皆是佛性全体之用,更无第二主宰。如面作多般饮食,一一皆面,佛性亦尔。全体贪、瞋、痴,造善恶,受苦乐故,一一皆性。②

这里,"触类"是指人们的各种日常行为,包括善恶苦乐,甚至包括贪、瞋、痴,即人类的一切行为动作。"道"即佛道,也即佛性、佛事(佛之所作)。认为人们的一切动作行为都是佛性,都是佛性全体的作用。在洪州宗人看来,人们的行为动作是平常心的体现,所以,"触类是道","平常心"也是"道"。两个命题的意义是相同的。

"触类是道"的表述形式,显然是受僧肇《不真空论》的"触事而真"观念的直接影响。僧肇说:"道远乎哉?触事而真!圣远乎哉?体之即神!"③"道"是佛道、佛理。"事"是事象、现象。"真"是真实、真理。"触事而真"是说,千差万别的事象即是常住真实的真理的体现,这也就是"道",就是佛道。禅宗人喜用"触"字,如"触物指明","触类是道","触目皆是佛性"等,这是强调不要专向内心去观察体念,而是从一切事象去领会体悟,从当前事象中把握真实,求得解脱。

关于"任心",宗密解释说:

> 言任心者,彼息业养神之行门也。谓不起心造恶修善,亦不修道。道即是心,不可将心还修于心;恶亦是心,不可以心断心。不断不造,任运自在,名为解脱人,亦名过量人。无法可拘,无佛可作。何以故?心性之外,无一法可得,故云但任心即为修也。④

---

① 《圆觉经大疏钞》卷 3 之下,《续藏经》第 1 辑第 14 套第 3 册,279 页。
② 同上。
③ 《肇论》,《大正藏》第 45 卷,153 页上。
④ 《圆觉经大疏钞》卷 3 之下,《续藏经》第 1 辑第 14 套第 3 册,279 页。

这是解说"任心"的方法、内容和理由。因为心性之外无佛法,众生的心即是佛性,所以要任心。任心而不起心,不刻意去做修善断恶等佛事,纵任心性,让心自然而为,如此就可以达到精神解脱了。

(二)清净本心与见闻觉知

上面曾经讲到,有的洪州宗人认为,众生的日常行事不仅是心的作用,而且是性的显现。怀海和希运师徒也对心性的体用关系作了颇富理论色彩的论述。

怀海(720—814)有一段显示禅宗心要而常为门人引用的话:

> 灵光独耀,迥脱根尘,体露真常,不拘文字;心性无染,本自圆成,但离妄缘,即如如佛。①

"灵光独耀"、"体露真常"、"心性无染"都是形容心性本体的。这段话非常著名,意思是说,心性清净圆成,具有寂然照亮一切的功能。它随事而生起作用,就作用而显示本体。心性一旦离开迷妄因缘,当即如佛。这是怀海论述心性体用与成佛关系问题的总纲。怀海还进一步强调众生要不为心性的作用——见闻觉知所束缚,他说:"只如今于一一境法都无受染,亦莫依住知解,便是自由人。"②又说:"不被见闻知觉所缚,不被诸境所惑,自然具足神通妙用,是解脱人。"③"知解",指依众生的思虑分别而立的见解。"见闻觉知",指心识接触外境的作用。眼识的作用是见,耳识的作用是闻,鼻、舌、身三识的作用是觉,意识的作用是知。见闻觉知是心体的显现、作用,如果局限于见闻觉知,就被束缚住了。如果众生不受见闻觉知的束缚,那就是自由人、解脱人。

希运进一步发挥了怀海的观点,他说:

---

① 《古尊宿语录》卷1,8页。
② 同上书,16页。
③ 《景德传灯录》卷6,《大正藏》第51卷,250页上。

即此本源清净心,与众生诸佛,世界山河,有相无相,遍十方界,一切平等,无彼我相。此本源清净心,常自圆明遍照。世人不悟,只认见闻觉知为心,为见闻觉知所覆,所以不睹精明本体。但直下无心,本体自现。如大日轮升于虚空,遍照十方,更无障碍。故学道人唯认见闻觉知施为动作,空却见闻觉知,即心路绝无入处。但于见闻觉知处认本心,然本心不属见闻觉知,亦不离见闻觉知。但莫于见闻觉知上起见解,亦莫于见闻觉知上动念,亦莫离见闻觉知觅心,亦莫离见闻觉知取法。不即不离,不住不著,纵横自在,无非道场。①

这是洪州宗人对本心与觉知关系的最全面论述,其要点有几个方面:(1)"本源清净心"是一种与众生、诸佛、山河,乃至整个世界都无差别的心本体;(2)"本源清净心"是精明本体,具有圆明遍照的功能,但众生不悟,以见闻觉知为心,不见真正的本体心;(3)众生要直下无心,即直接深入体悟本心,无心执著见闻觉知,就能显现本体,那就"灵光独耀,迥脱根尘";(4)众生必须从见闻觉知体悟本心,否则"心路绝无入处";(5)见闻觉知不是本心,本心又不离见闻觉知,两者是不即不离的关系,所以既不能在见闻觉知上动念,生起见解,也不能离开见闻觉知去寻本心、求佛法。这些思想要点归结起来有两方面的要义:一是本原之心,清净圆明,遍照一切,不同于见闻觉知,众生不能以见闻觉知覆盖本心;二是本心也不离见闻觉知而孤立存在,众生也不能离开见闻觉知,即不能离开自己的生命现象去体悟本心。这是确认本心与见闻觉知的区别,同时又强调无见闻觉知即无本心,离开见闻觉知即无从体悟本心,主张在见闻觉知中见其本体。这是一种心性体用不二论,是一种重在从用见体的心性论。

(三)即心即佛与非心非佛

"平常心是道"的命题是说,众生的"自家宝藏"——心本身就是佛心,就是道,就是佛。马祖道一在这一命题的基础之上,又从表遮两方面

---

① 《黄檗山断际禅师传心法要》,《大正藏》第 48 卷,380 页中、下。

来说明众生心与佛心无异的思想。马祖说:

> 汝等诸人,各信自心是佛,此心即是佛心。达摩大师从南天竺国来,躬至中华,传上乘一心之法,令汝等开悟,又引《楞伽经》文,以印众生心地。恐汝颠倒,不自信此心之法各各有之,故《楞伽经》云,佛语心为宗,无门为法门。又云,夫求诸法者,应无所求,心外无别佛,佛外无别心。①

马祖弟子大珠慧海向马祖请教禅法,马祖给以当头一棒,说:

> 我这里一物也无,求什么佛法? 自家宝藏不顾,抛家散走作么!②

慧海又问:"阿那个是慧海宝藏?"马祖答道:

> 即今问我者,是汝宝藏。一切具足,更无欠少,使用自在,何假外求?③

后来黄檗希运也发挥说:

> 达摩从西天来,唯传一心法,直指一切众生本来是佛,不假修行。但如今识取自心,见自本性,更莫别求。云何识自心? 即如今言语者,正是汝心。④

大珠慧海曾对"即心是佛"的"那个是佛"作过解说。史载:"有行者问:'即心即佛,那个是佛?'师(慧海)云:'汝疑那个不是佛? 指出看。'无对。

---

① 《景德传灯录》卷6,《大正藏》第51卷,246页上。
② 《五灯会元》卷3《大珠慧海禅师》,154页。
③ 同上。
④ 《黄檗断际禅师宛陵录》,《大正藏》第48卷,386页中。

师曰：'达即遍境是，不悟永乖疏。'"①在大珠慧海看来，众生如果觉悟了自己的心体，即都是佛；如果觉悟不到，即无一处是佛。他强调"离心求佛者外道，执心是佛者为魔"②。自心是佛，离心和执心都是错误的。"离心"无从成佛，"执心是佛"则是一种执著而不是解脱。赵州从谂也说："金佛不度炉，木佛不度火，泥佛不度水，真佛内里坐。"③上引几位禅师的话值得注意者有三：一是强调达摩祖师传的是"心法"，要求在"心"上开悟。二是认为自心是佛，此心即是佛心，这也就是"即心即佛"。"即心"，此心，当前的现实心；"即佛"，不离佛心，即是佛心。三是由众生现实心就是佛心，进而要求"求法者，应无所求"，也就是黄檗希运更明确地指出的直指本心，不假修行。虽然马祖是继承慧能以来的自心有佛、自心是佛的思想，但是马祖以前禅师多是强调众生本有的真心是佛，真心是心的本质，现实的心因受污染呈现为妄心状态，须待妄心排除才是佛。马祖不同，他讲的"即心"的心是指平常心，而"平常心是道"，也就是说，众生的现实的整个的心即是佛道，即是佛心，也即是佛。

后来马祖又倡导"非心非佛"，他说：

> 问："如何是佛？"师云："即心是佛。"……问："和尚为什么说即心即佛？"师曰："为止小儿啼。"曰："啼止时如何？"师曰："非心非佛。"曰："除此二种人来，如何指示？"师曰："向伊道，不是物。"曰："忽遇其中人来时如何？"师曰："且教伊体会大道。"④

"非心非佛"的两个"非"字都是否定的意思，这是对即心即佛的否定。心和佛的观念都要否定，其目的是为了破除学人对"即心即佛"的执著，强调不能执著此心即是佛的观念，有这种观念，就会将心觅心，将佛觅佛，也就要陷入知解的窠臼，心被束缚而不得解脱。非心非佛是超脱即心即佛的观念，也即当下直取佛心的一种更高解脱境界。

---

① 《景德传灯录》卷6，《大正藏》第51卷，247页上。
② 同上书，248页上。
③ 净慧重编：《赵州禅师语录》卷中[209]，42页，河北省佛教协会，1993。
④ 《古尊宿语录》卷1，4，5页。

那么,即心即佛与非心非佛是什么关系呢? 这是一个比较复杂的问题,需要作全面深入的探讨。我们认为以下几点是值得注意的:

1. 不同的开导方法和禅修境界。从上述引文来看,马祖讲"即心是佛"是"为止小儿啼",也就是为了防止禅修者向外追求,把人们引向自心开悟,而一旦禅修者停止向外追求,就应当讲"非心非佛",连心、佛也不能执著了。由此可见,即心即佛和非心非佛是根据不同参修对象的两种不同的开导方法,也是两种高低不同的境界。道一弟子伊阙伏牛山自在禅师也说:"即心即佛,是无病求病句;非心非佛,是药病对治句。"①这是说,针对那种不明白自心本来圆满具足佛性,而一味向外追求,即对无病求病的人讲即心即佛;针对已了解自心本来已圆满具足佛性,不再向外追求,即对已药病对治的人讲非心非佛。自在禅师也是讲的两种方法和两种境界。

2. 表诠遮诠,相容互补。这可以大梅法常禅师(752—839)的有趣故事来说明。法常因听马祖道一说"即心即佛"一句话,当即大悟,于是就到浙江余姚南七十里大梅山居住。道一想考验他的领悟程度,就派人去见法常:

> 问云:"和尚见马师得个什么便住此山?"师云:"马师向我道即心是佛,我便向遮里住。"僧云:"马师近日佛法又别。"师云:"作么生别?"僧云:"近日又道,非心非佛。"师云:"遮老汉惑乱人未有了日,任汝非心非佛,我只管即心即佛。"其僧回举似马祖,祖云:"大众,梅子熟也!"②

这段话,从文字上看,是法常坚持"即心即佛"说,马祖又给予认可;从实质上看,是马祖肯定法常已不生"即心即佛"和"非心非佛"的分别心,不受语言文字的限制,不片面固执,动辄滞碍,心已自由自在,坚持当下直取佛心,一门深入而透彻佛道。这里,也透露出马祖和法常师徒的共

---

① 《景德传灯录》卷7,《大正藏》第51卷,253页中。
② 同上书,254页下。

同看法:即心即佛和非心非佛,是关于众生心性和佛性关系的两种语言文字表达方式——表诠和遮诠。表诠是从正面作肯定的表述,以显示事物的属性和意义;遮诠是从反面作否定的表述,以排除事物本不具有的属性和意义。在马祖师徒看来,即心即佛是表诠,非心非佛是遮诠,这是从表遮两个方面说明众生心性与佛性是无差异的思想,在当下直指佛心上得以会通。两个命题作为语言文字的表述方式,相通相容,共存互补,并不是互不相容,绝对排斥的。这也就是上引马祖说的:"一切法皆是心法,……种种成立,皆由一心也。建立亦得,扫荡亦得,尽是妙用,妙用尽是自家。"①表诠遮诠都是自心的妙用,关键是要真正懂得、把握和体悟自家的平常心。关于这一层意义,也得到佛教以外学者的回应。元代道士牧常晁所撰《玄宗直指万法同归》卷4有云:"或曰:'佛教有曰即心即佛,又曰非心非佛,其言得无反耶?'答云:'即心即佛是得鱼得兔也,非心非佛是忘筌忘蹄也。"②表诠与遮诠,肯定与否定,是相反相成的。

3.超越语言,体会大道。上引马祖在回答"如何是佛"问题时的四种不同说法,依次是:"即心是佛"→"非心非佛"→"不是物"→"体会大道"。这是一个层层递进的启导禅僧深入禅悟的过程,表明即心即佛和非心非佛都是非究竟的,不仅是执著即心即佛,而且连执著非心非佛同样是一种系缚,不是真正解脱。真正解脱就是要体会大道。这也就是"平常心是道"或"触类是道"的内在而深刻的真谛。马祖弟子百丈怀海也强调不能停留在语言文字上,"若说文字,皆是诽谤"③。他认为"即心即佛"是"不遮语","非心非佛"是"遮语",若执著前者就属"自然外道",执著后者就属"空见外道",因此都需要"割断",只有纵任心性,才能体会大道,达到佛境。

---

① 《景德传灯录》卷28,《大正藏》第51卷,440页上。
② 《正统道藏》第40册,31913页,台湾,艺文印书馆,1977。
③ 《古尊宿语录》卷1,18页。

（四）心即是佛与无心是道

本编第一部分"达摩、慧可、僧璨的真性与自觉说"中所引《少室六门·第四门安心法门》已有"即心无心，是为通达佛道"①的思想。马祖道一以后，希运禅师等人还把马祖的"即心即佛"和"平常心是道"的命题，进一步发展为"心即是佛"和"无心是道"的命题。

关于"心即是佛"，希运说：

> 诸佛与一切众生，唯是一心，更无别法。此心无始以来，不曾生，不曾灭，不青不黄，无形无相，不属有无，不计新旧，非长非短，非大非小，超过一切限量、名言、踪迹、对待，当体便是，动念即乖。犹如虚空，无有边际，不可测度。惟此一心即是佛，佛与众生更无别异。但是众生著相外求，求之转失，使佛觅佛，将心捉心，穷劫尽形，终不能得。不知息念忘虑，佛自现前。此心即是佛，佛即是众生。为众生时，此心不减；为诸佛时，此心不添。②

这是说，众生和诸佛一样"唯是一心"。这个心是超越生灭的，即永恒的；是不增不减，即不变的；是超越形相和对待，即绝对的；是为虚空不可测度，即无限的。这是一个宇宙真心，即所谓的诸佛和众生共同具有的本原清净心。众生若能息念忘虑，当即体悟本原清净心，佛也自然显前，也就成为佛了。佛不是别的，"佛即是心"，即是本原清净心。换句话说，"心即是佛"，众生的心即是佛。所以希运又说："汝心是佛，佛即是心，心佛不异，故云即心是佛。"③这是继承马祖道一"即心即佛"的命题，进一步发挥了心佛一如的思想，强调众生的"唯此一心"即宇宙真心或本原清净心就是佛。既然心即是佛，那么，也可说"此法即心。……此心即法"④。

---

① 《大正藏》第 48 卷，370 页中。
② 《黄檗山断际禅师传心法要》，同上书，379 页下。
③ 《黄檗断际禅师宛陵录》，同上书，385 页中。
④ 《黄檗山断际禅师传心法要》，同上书，380 页中。

"法",指佛法。真心与佛法无异。希运还以棒打、吆喝等为开导门徒直下本心的方便,开启了尔后临济宗宗风的先河。

关于"无心是道",我们需先介绍马祖道一对"无门为法门"的解说。马祖认为,自心是佛的意境"唯是默契得,这一门名为无为法门,若欲会得,但知无心,忽悟即得"①。他又展开说:

> 《楞伽经》云:佛语心为宗,无门为法门。何故佛语心为宗? 佛语心者,即心即佛。今语即是心语,故云佛语心为宗。无门为法门者,达本性空,更无一法,性自是门,性无有相,亦无有门,故云无门为法门。②

这是说,菩提达摩禅师传的就是心法,《楞伽经》就是说佛教教义以心为宗要,也就是强调"即心即佛"的意思。无门为法门,是要求明达包括佛法在内的一切法都是本性空寂的,这个空寂的本性就是法门,所以称为"无门"。"无门"也就是"无为法门",是只知无心而默契悟达的法门。"佛语心为宗"是讲理论,"无门为法门"是讲实践,这两者是完全统一的。众生若能以"无门为法门",悟达一切法本性空寂,绝不执著,也就能使本原清净心呈现,即心即佛,而成就佛果了。这里,以"无门为法门"的思想以及马祖的"平常心是道"的命题,成为了尔后禅师"无心是道"思想的张本。

大珠慧海继承马祖道一的思想,又进一步倡导"无心"。他一方面说"自家宝藏一切具足,使用自在,不假外求"③,一方面又强调"老僧无心可用,无道可修"④。慧海既肯定"自家宝藏"(如来藏、本心),又强调"无心"。他所讲的"无心"是指不感受、不执著事物。他认为,主体处于无思虑、无分别状态,如此空寂清净,也就获得精神解脱。史载:"问:'和尚(指慧海)修道还用功否?'师曰:'用功。'曰:'如何用功?'师曰:'饥来吃

① 《黄檗断际禅师宛陵录》,《大正藏》第48卷,385页中。
② 《宗镜录》,同上书,418页中。
③ 《景德传灯录》卷28,《大正藏》第51卷,440页下。
④ 同上书,441页中。

饭,困来即眠。'曰:'一切人总如是同师用功否?'师曰:'不同。'曰:'何故不同?'师曰:'他吃饭时不肯吃饭,百种须索,睡时不肯睡,千般计较,所以不同也。'"①这是说,无心而不须索、不计较,一切顺其自然,就是用功修道的法门。

怀海的两大弟子灵祐(771—853)和希运也都提倡"无心"修行。灵祐主张"无心是道"。所谓"无心是道",就是"情不附物即得"②,也就是"凡圣情尽,体露真常,理事不二,即如如佛"③。"情",指情识。"无心",就是对凡与圣的分别情识一概灭尽,如此对凡圣不作分别取舍,真心本体显露,现象和本体相融合辙,也就达到悟境而是佛了。所以,灵祐也经常这样开示大众:

> 从上诸圣,只是说浊边过患,若无如许多恶觉、情见、想习之事,譬如秋水澄渟、清净无为、澹泞无碍,唤他作道人,亦名无事之人。④

灵祐认为,众生如若没有恶觉、情见、想习之事,也就是真正做到了"无事"、"清净无为",那就是合乎"道",就是获得解脱的"道人"了。灵祐所谓的道人,也就是"无事人"。从灵祐的言论来看,"无心"就是"无事",就是无情见、想习之事。做到"无心"、"无事",就是"无事人"。

对于"无心是道"的命题,论述颇详的是希运禅师。希运非常强调"无心"的重要性,他认为:

> 供养十方诸佛,不如供养一个无心道人。⑤
> 直下无心,本体自现。⑥
> 但能无心,便是究竟。学道人若不直下无心,累劫修行,终不成

---

① 《景德传灯录》卷6,《大正藏》第51卷,247页下。
② 《景德传灯录》卷9,同上书,264页下。
③ 同上书,265页上。
④ 同上书,264页下。又,"见"原作"是",改。
⑤ 《黄檗山断际禅师传心法要》,《大正藏》第48卷,380页上。
⑥ 同上书,384页中。

道,被三乘功行拘系,不得解脱。①

这是说,众生若能直下无心,真心本体自现,便是达到究竟的境界而获得解脱;不能直下无心,只是长期修行,就会被各种功行所束缚,而不能成道,不得解脱。在希运看来,"无心"是众生获得解脱的唯一法门。

那么,什么是"无心"呢? 希运的看法是:

> 无心者,无一切心也。②
> 此心即无心之心,离一切相,众生诸佛更无差别。③
> 此法即心,心外无法;此心即法,法外无心。心自无心,亦无无心者。④

当时有人问:"若心相传,云何言心亦无?"希运答:"不得一法,名为传心;若了此心,即是无心无法。"⑤希运所言的无心,就是无任何思虑、分别的作用,是离一切形相、离一切差别的心。无心也可称无心的心,它是众生的心,众生的本心。无心并不是全无心的存在,而是指远离凡圣、善恶、美丑等一切分别情识的真心,这也是处于不执著、不滞碍的一种自由境界。

《黄檗山断际禅师传心法要》和《黄檗断际禅师宛陵录》中分别记载了希运关于如来藏的说法。他认为如来藏也是本性空寂的,称之为"空如来藏"。这个"空如来藏"与"无心"在内涵上是一致的,甚至是相同的,实质上也就是"无心"。希运说:"如来藏者,更无纤尘可有,即是破有法王出现世间。"⑥"如来藏本自空寂,并不停留一法。"⑦这是说如来藏是清净、空寂的,并不执著世间任何存在。又说:"从前所有一切解处,尽须并

---

① 《黄檗山断际禅师传心法要》,《大正藏》第48卷,380页中。
② 同上书,380页上。
③ 同上书,380页中。
④ 同上。
⑤ 同上书,383页上。
⑥ 同上书,382页下。
⑦ 《黄檗断际禅师宛陵录》,同上书,385页中。

却令空,更无分别,即是空如来藏。"①"道场者,只是不起诸见,悟法本空,唤作空如来藏。"②这都是强调排除一切情见,不产生一切情见,没有分别,体悟性空,就是"空如来藏"。在希运看来,如来藏就是空如来藏,所以他既讲如来藏,又讲空如来藏;既讲本原清净心,又讲无心。所谓空如来藏和无心,都是指众生的精神主体不作分别,不起情见,不生执著,远离事物,远离形相,远离差别而言。由此也可以说,"无心"具有精神本原、修持工夫(方法)和觉悟境界三个层次的意义。

作为修持工夫,如何实现"当下无心"呢?希运说:

> 当下无心,决定知一切法本无所有,亦无所得,无依无住,无能无所,不动妄念,便证菩提。③

这是说,要达到无心,就是要真正了知一切存在都是空无所有的,对主体来说也是一无所得的,如此无主客之分,不起妄念,也就证悟菩提了。希运把"无心"的要诀总结为"莫于心上著一物"④,他还生动地说:

> 终日吃饭,未曾咬着一粒米;终日行,未曾踏着一片地。与么时,无人我等相,终日不离一切事,不被诸境惑,方名自在人。⑤

这一段话的意思是说,比如每天吃饭未曾咬着米,每天走路未曾踏着地,不离一切事物,又不被事物所迷惑,这就是"无心",就是"自在人"。

为了达到无心,证悟菩提,希运特别反对知解,他强调"第一不得作知解"⑥,说:"我此禅宗,从上相承以来,不曾教人求知求解,只云学道,早是接引之词,然道亦不可学。情存学解,却成迷道。"⑦认为分别知解和知解

---

① 《黄檗山断际禅师传心法要》,《大正藏》第48卷,382页下。
② 《黄檗断际禅师宛陵录》,同上书,385页中。
③ 《黄檗山断际禅师传心法要》,同上书,380页下。
④ 同上书,381页上。
⑤ 同上书,384页上。
⑥ 同上书,382页下。
⑦ 同上。

的工具语言文字都是得道的壅塞、解脱的障碍，若果存在学道的见解，那也是迷道。为了排除知解，"百种多知，不如无求，最第一也"①，无所求是防止产生知解、坚持学道修行的第一法要。希运甚至认为，产生破除妄心的想法和相应的努力也是有害的。"起妄遣妄亦成妄。妄本无根，只因分别而有，尔但于凡圣两处情尽，自然无妄。"②这是说，要想"遣妄"，本身就是有所求，就是妄心在起作用，这也是应当排除的。

希运有一段描绘修学无心的话，十分生动、形象：

> 如今但一切时中，行住坐卧，但学无心，亦无分别，亦无依倚，亦无住著。终日任运腾腾，如痴人相似。世人尽不识尔，尔亦不用教人识不识。心如顽石头，都无缝罅，一切法透汝心不入，兀然无著，如此始有少分相应，透得三界境过，名为佛出世。③

希运认为，"学无心"就是要形如痴人，心如顽石，在日常生活中，对一切都无所分别，无所依倚，无所住著，如此才能与无心相应，进而成就为佛。

希运还论述了无心与道的关系，认为无心是道。"此道天真，本无名字，只为世人不识迷在情中，所以诸佛出来说破此事。恐汝诸人不了，权立道名，不可守名而生解，故云得鱼忘筌，身心自然，达道识心。"④"道"，指佛道，即解脱之道。希运认为，大道天真无名，"道"是权立的名，只是为了达道而权且加以描述，不可执著，必须排除知解，才能明达大道。他说："道无方所，名大乘心。此心不在内外、中间，实无方所。"⑤又说："身心俱无，是名大道。"⑥这是说，"道"是"无方所"的，它就是心（大乘心），也就是无心（身心俱无）。众生若能直下无心，就与"道"相默契。在希运看来，直下无心与悟道是一回事。他带有总结性地说："即心是佛，无心是

---

① 《黄檗山断际禅师传心法要》，《大正藏》第48卷，383页中。
② 同上书，383页上。
③ 《黄檗断际禅师宛陵录》，同上书，386页下。
④ 《黄檗山断际禅师传心法要》，同上书，382页下。
⑤ 同上。
⑥ 同上书，384页中。

道。但无生心动念有无、长短、彼我、能所等心。心本是佛，佛本是心，心如虚空。……但识自心，无我无人，本来是佛。"①心本来就是佛，心犹如虚空。无心，即不作种种分别心，就是道。众生若悟自心，不生分别，无我无人，如同虚空，就是佛了。

提倡"无心"，是中国禅宗思想的一大主张。在印度，"无心"是般若空宗修行体悟的出发点与归宿点，它要求修行主体无自我意识，无思虑，无分别，以达到无我无法（事物）的境界。中国禅宗的"无心是道"说，无疑是继承了印度佛教般若空观和如来藏学说，同时又吸取中国道家有关"道"的学说，并加以重构而成的。

（五）有情无佛性与无情有佛性

众生有无佛性，始终是禅师们关注的一个重要问题。自马祖以来，洪州宗人对有情与无情、有性与无性的意义作出了新的诠释，从而使原来有情与无情、有无佛性的意义也有了新的发展。此外，有的禅师还将有情无情、有无佛性问题的不同说法，视为对于不同对象的不同开导法门，从而又成为留给后人参悟的话题。

《黄檗断际禅师宛陵录》载：

> 问："佛性与众生性为同为别？"师云："性无同异，若约三乘教，即说有佛性有众生性，遂有三乘因果，即有同异。若约佛乘及祖师相传，即不说如是事，唯有一心，非同非异，非因非果。所以云，唯此一乘道，无二亦无三，除佛方便说。"②

"三乘教"是佛教就众生各自条件的不同，而说声闻乘、缘觉乘、菩萨乘的三种教法。希运禅师认为，就三乘教来说，是有佛性与众生性同异的问题；若不分三乘，而只说唯一成佛之法（佛乘）和禅宗祖师相传，是不说佛

---

① 《黄檗山断际禅师传心法要》，《大正藏》第48卷，384页中。
② 《大正藏》第48卷，384页下—385页上。

性与众生性的同异,而只说唯有一心,佛与众生都同此心,心是成佛的根本。可以说,希运是不倾向于讲佛性与众生性的同异的。

马祖的法嗣大珠慧海是赞成"无情无性"说的,同时,他又把无情有无佛性问题与主体的见性(真如本性)功能及其彻悟境界联系起来。史载:

> 问:"禅师何故不许青青翠竹尽是法身,郁郁黄花无非般若?"师曰:"法身无象,应翠竹以成形;般若无知,对黄花而显相。非彼黄花翠竹而有般若法身。故经云:佛真法身,犹若虚空;应物现形,如水中月。黄花若是般若,般若即同无情;翠竹若是法身,翠竹还能应用。……若见性,人道是亦得,道不是亦得,随用而说,不滞是非。若不见性,人说翠竹著翠竹,说黄花著黄花,说法身滞法身,说般若不识般若,所以皆成争论。"[①]

这是说,般若智慧,法身无象,如同虚空,能应物现形。迷人不懂得这一点,就称翠竹是法身,黄花是般若,其实这还是着了迹象,视法身般若为无情识的草木。真正悟达的人,纵横自在,随处都能显现法身,并不是局限于翠竹黄花。也就是说,若是真正悟见真如本性、达到解脱境界的人,说翠竹是法身、黄花是般若也可,说翠竹不是法身、黄花不是般若也可,因为那都是随缘显现法身,超越分别,不为是非所滞碍的。若是没有悟见真如本性、没有达到解脱境界的人,则会局限于分别,说什么,执著什么,对这种人说翠竹是法身,黄花是般若,势必滞于是非,形成争论。

这里涉及了禅宗的境界与达到境界的方法问题。在洪州宗人看来,彻悟境界应具有三种德性:一是主观的般若智慧,二是客观的法身显现,三是主观客观交涉的结果为解脱自在。真正禅的生活,就是要在日常生活行事当中随时随地体现出上述三种境界。洪州宗人认为,要达到这样的境界,在方法上就是要从清净心源或佛性的整体显现出日常行事,也就是从全体(理)表现出个别(事)[②]。洪州宗人正是以法身(理)随时随处

---

① 《景德传灯录》卷28,《大正藏》第51卷,441页中、下。
② 参见吕澂:《中国佛学源流略讲》,379页。

显现的见解,反对把法身的显现局限于翠竹黄花的观点。

《古尊宿语录》又载:

> 问:"如何是有情无佛性,无情有佛性?"师云:"从人至佛是圣情执,从人至地狱是凡情执。只如今但于凡圣二境有染爱心,是名有情无佛性;只如今但于凡圣二境及一切有无诸法都无取舍心,亦无无取舍知解,是名无情有佛性。只是无其情系,故名无情。不同木石太虚、黄叶翠竹之无情,将为[无情]有佛性。若言有者,何故经中不见受记而得成佛者?只如今鉴觉,但不被有情改变,喻如翠竹;无不应机,无不知时,喻如黄花。"又云:"若踏佛阶梯,无情有佛性;若未踏佛阶梯,有情无佛性。"①

这是百丈怀海禅师对"有情无佛性,无情有佛性"命题的论证和解说。文中的"情"是指情执、染爱心。"有情"是有情执,非指有情识的众生。"无情"是无情执,非指无情识的事物。所谓"有情无佛性"是说,因有情执、有分别、有取舍,就无佛性;所谓"无情有佛性"是说,因无情执、无分别、无取舍,就有佛性。这是从众生主体有无情执的角度来讲有无佛性,与把宇宙万类区分为有情识和无情识两类而论其有无佛性,其概念的涵义、论证的角度、命题的内容都是不同的。所谓"青青翠竹尽是法身,郁郁黄花无非般若",若就主体的无情执、无分别、无取舍的悟境而言,作为主体的一种心灵感悟现象,可以翠竹比喻不为情执改变,以黄花比喻应机知时,但这并不是说,翠竹黄花等无情识事物本身具有佛性。

马祖的传授嫡孙赵州从谂对有情无情是否有佛性的问题,又根据不同情况,采取灵活的说法。据载:

> 问:"狗子还有佛性也无?"师云:"无。"学云:"上至诸佛,下至蛭子,皆有佛性,狗子为什么无?"师云:"为伊有业识性在。"②

---

① 《古尊宿语录》卷1,18—19页。

② 《古尊宿语录》卷13《赵州真际禅师语录》,222页。

一般地说,大乘佛教通常多持一切众生都有佛性的看法,自慧能以来禅宗也持同样的说法,但从谂却认为作为众生狗子一类的没有佛性,并提出了理由:狗子有业和识(分别)。可能在他看来,业和识是与佛性相反的,既然有业和识也就没有佛性。但是,赵州从谂也有相反的看法:

> 僧问赵州:"狗子还有佛性也无?"州云:"有。"僧云:"既有,为什么都撞入这个皮袋?"州云:"为他知而故犯。"①

这是肯定狗子也有佛性,其理由是狗子也有知。还值得注意的是,当有学僧问赵州:"如何是祖师西来意?"他答:"庭前柏树子。"②有学僧又问:"柏树子还有佛性也无?"他答:"有。"③这是说无情识的树木也有佛性。如此矛盾的说法,其真意何在?看来这些回答都是开导学僧的方便教法,是引导学僧的自悟。有与无是一种分别,赵州从谂是借狗子、柏树子有无佛性来打破学僧对有无的执著。在彻悟境界里,是超越分别的,所讲的有无也是超越分别存在的。在赵州从谂看来,佛性也是超越有无、超越分别存在的。

(六)小　结

综上所述可见,洪州宗人的心性论的内容相当丰富,它以"平常心是道"为思想内核,构成了一种心性论的新体系。在这个体系里,涉及了平常心、本心、即心、非心、无心、佛性等内涵,论述了心与道、无心与道、心与佛、非心与佛、无心与佛、心与见闻觉知、佛性的有与无等各种关系或问题,提出了平常心是道、非心非佛、无心是道等新理念,对于清净本心与见闻知觉、有情无佛性与无情有佛性的关系进行了新阐发,从而发展了佛教的心性论、佛性论。

洪州宗人在颇富特色的心性论基础上,形成了禅修的新的思想原则、

---

① 《万松老人评唱天童觉和尚颂古从容庵录》卷2,《大正藏》第48卷,238页中。
② 《古尊宿语录》卷13《赵州真际禅师语录》,213页。
③ 《古尊宿语录》卷14《赵州真际禅师语录之余》,234页。

运作模式和格调风貌。其突出之点有：

1. 主体的自主性精神。洪州宗人进一步强调修行主体是禅修的决定因素，主体的意识（心）是禅修的内在根据。由此主张直指人心，纵任心性，充分地发挥主体意识的能动作用。

2. 修行的自然主义原则。洪州宗人认为众生的日常行为运作都是内在佛性的全体示现，一切皆真，由此特别强调养神存性，任运自然，在自然运作中实现自我超越。

3. 生活的世俗化倾向。洪州宗人提倡随顺自然的生活禅，主张在现实生活中实现超越现实的目的。这是一种精神超越，它并非追求彼岸世界，而是实现超越又回到现实之中，由此而表现出强烈的世俗化倾向。

4. 方法上的反知解特征。洪州宗人提倡直指人心，见性成佛，由此强调直觉的体悟，反对知解，轻视语言文字对学道悟道的作用，还进而采用不定型、无规范的修行形式，发展出诸如隐语、动作、棒喝和种种"机锋"，从而又表现出与后来南宗中重视语言文字作用一派的对立。

洪州宗的心性论是在继承慧能以来的性净自悟这一思想基础上，进一步融合佛教与道家、儒家的思想并加以改造和发展的结果。在佛教内部，洪州宗主要是把讲如来藏思想的《楞伽经》和讲性空思想的《金刚经》加以调和、融合、会通，从这方面来看，也可说洪州宗的心性论是对菩提达摩以来有关禅思想的一种总结。从整体思想背景来看，洪州宗心性论更重要的是融合中国道家、儒家，尤其是道家思想的产物。道家的道、道法自然、齐万物、齐是非、无为、无知、无欲、无心①等概念、命题、思维方式，儒家的"极高明而道中庸"的思想框架，可以说是改造佛教思想、形成洪州宗心性论的重要思想因素，因此，似乎也可以说，洪州宗的心性论思想主要是渊源于中国固有的文化观念。

（原题为《洪州宗心性论述评》，
载《中国社会科学》1994 年第 2 期）

---

① "无心"，多见于郭象《庄子内篇注》。

九、临济宗的一念心清净与
　　无事是贵人说

　　唐代末期,禅师义玄(?—867)创立了临济宗。临济宗人忠实地继承了马祖、希运等禅师的心性思想,在平常心是道、无心是道的思想基础上,进一步提出一念心清净即是佛和无事是贵人等心性命题。临济宗人的心性命题,一方面着重否定外在于生命、外在于心的超越理想,否定念念向外驰求,力主超佛越祖,肯定现实的人和人心的无限价值,强调禅的真正理趣内在于众生的生命之中,必须向内自省,重视开发现实人的"活泼泼"的创造精神;一方面又注重超越经教,独立穷究人生的奥秘,直观体认宇宙的真实,在禅修中普遍运用棒喝方式,甚至呵祖骂佛等种种在一般人看来是超常、反常的做法。这是佛教内部涌现出来的一种新的人文主义人生观,其核心思想是对主体内在个性和外在行为的充分尊重。富有特色的临济宗的心性理论是对禅宗心性学说的发展。论述临济宗人的心性理论有助于深入认识临济宗人的禅修实践。

　　临济宗的主要代表人物是创始人义玄,后来此宗又分演出不同的派别,并产生出了黄龙派创始人慧南(1002—1069)和杨岐派创始人方会(992—1049),以及杨岐派的传人大慧宗杲和无门慧开等人物。我们的论述就以这些人的言行为主要依据。

（一）心清净与自信心

禅修毕竟是为了成佛,怎样才能成佛呢? 临济宗人也同样注意从心性方面去寻找成佛的根源。义玄说:

> 尔欲得作佛,莫随万物。心生种种法生,心灭种种法灭。一心不生,万法无咎。世与出世,无佛无法,亦不现前,亦不曾失。①

"法",此指佛法。这是说,佛和佛法都是随心而生、随心而灭的。一心不生,也就无佛无法。若要作佛,只能从心上去寻找解脱的根源。一个人能否成佛,关键是心。又史载:

> 问:"如何是真佛、真法、真道? 乞垂开示。"师曰:"佛者,心清净是;法者,心光明是;道者,处处无碍净光是。三即一,皆是空名,而无实有。"②

这里进一步说心清净是佛,心光明是佛法,处处无碍净光是佛道。"佛者,心清净",这是义玄对佛的界定。他认为佛不是别的,就是心清净。什么是心清净呢? 从思想渊源关系来说,义玄讲的心清净实际上和义玄老师希运的"本源清净心",以及洪州宗禅师的如来藏佛性说是一脉相承的。其实质都是指本原性的清净心而非迷妄之心。义玄对心清净也有自己独特的论述,在这方面,他的"心心不异"和"心如幻化"的说法是特别值得注意的。义玄说:

> 唯有听法无依道人,是诸佛之母。所以佛从无依生。若悟无依,佛亦无得。若如是见得者,是真正见解。③

---

① 《镇州临济慧照禅师语录》,《大正藏》第 47 卷,502 页中。
② 同上书,501 页下—502 页上。
③ 同上书,498 页下。

古人云:平常心是道。大德,觅什么物? 现今目前听法无依道人,历历地分明①,未曾欠少。尔若欲得与祖佛不别,但如是见,不用疑误。尔心心不异,名之活祖。②

这里所讲的"无依"是指不攀缘任何对象,无所依托,无所依恃,具体指不依菩提,不依涅槃,不依佛,不依各种内外条件。义玄认为,无依是佛法的精髓,成佛的原因,佛从无依而生。众生若真正悟解无依的意义,就会明白:佛无依无待,不依恃任何条件,是空无所得的,修佛修禅者便不应依恃或追求菩提、涅槃,以至成佛这样的实有目标。义玄认为,懂得这样道理的人,便是真正"无依道人"。这个"无依道人",不依于任何事物,包括凡圣、染净等。可见这里讲的"无依"实质上也就是清净。无所依托,无所依恃,也就是心清净。"无依道人"就是心清净,就是体现众生此心本来面目的人。所谓"心心不异",就是修持者始终保持心清净,不生变异。也就是众生现实的心无有间断,始终清净,不变不异,历历分明。具有这种活生生的平常心、清净心才是活祖佛,才是真正的佛。可见在义玄看来,人的现实的心性本质就是人的理想人格,"心心不异"的人,即无有间断地始终保持心清净的人,就是理想人格的体现者。

心清净的又一层意义是"心如幻化"。义玄说:

尔若达得万法无生,心如幻化,更无一尘一法,处处清净是佛。③

义玄认为,一切事物和佛法都是随心而生,随心而灭,心变即有,不变即无,即本身都是无生、无自性的。也就是说,从本质上看都是空的,都是空相。心如幻如化,心显现万物犹如魔术师的化作,所作并非真实的东西,不过是如梦如幻的假相,心本来不存在任何事物,甚至不存一切佛法,是处处清净的。众生若能具有这种见解,懂得万物和佛法是无生的、空的,

① 义玄常用"历历分明"、"孤明历历"等语,"孤明",即"精明",指心、清净心、无分别心;"历历",洞察分明,明了一切。"孤明历历"是既无分别,又能分别一切。
② 《镇州临济慧照禅师语录》,《大正藏》第47卷,499页下。
③ 同上书,498页中。

懂得"心如幻化",这就是佛了。可见,心清净就是从主观上排除执著万物和佛法为实有的观念,排除把心视为能实生万物和佛法的实有心的观念,如果不能做到这点,心就不清净,当然也就不能获得解脱了。

心清净是众生作佛的根据,由此义玄进一步提出"一念心上清净即是佛"的思想,他说:

> 尔要与佛祖不别,但莫外求。尔一念心上清净光,是尔屋里法身佛;尔一念心上无分别光,是尔屋里报身佛;尔一念心上无差别光,是尔屋里化身佛。此三种身,是尔即今目前听法底人,只为不向外驰求,有此功用。①

"祖",祖师,指开创宗派的人(开祖),或传承开创者教法的人(列祖)。"一念",极短的时间,一瞬间。"一念心",即一瞬间的心态。"无分别",指主体对外界不作任何分别。"无差别",指客观事物的平等一如,没有任何差异区别。这段话的意思是说,人要想作佛、作祖,切莫刻意向外追求佛果、佛境,而要向内开掘自心功用。只要一念心清净、无分别、无差别,这就是法身佛、报身佛和化身佛三身佛了。三身佛也就是现实的一念心清净的人。义玄认为,人们之所以在六道中轮回,受种种苦难,就是由于受世俗情智的阻隔而不得解脱。人们如果停止向外追求而转向内求,回光返照,当即就与佛祖没有区别。这就是"一念心上清净即是佛",也就是临济宗的基本命题和根本思想。临济宗的各种教学方法和禅修实践以及呵祖骂佛等超常行为,都是这一基本命题和根本思想的具体表现。

在一念心清净即是佛的思想基础上,义玄又强调人要有高度的自信心,坚信人自身就是祖、就是佛。他认为人们所以没有成为祖、佛,关键是缺乏自信心。

> 如山僧指示人处,只要尔不受人惑,要用便用,更莫迟疑。如今学者不得病在甚处,病在不自信处。尔若自信不及,即便茫茫地徇一

---

① 《镇州临济慧照禅师语录》,《大正藏》第 47 卷,497 页中。

切境转,被他万境回换,不得自由。尔若能歇得念念驰求心,便与祖佛不别。尔欲得识祖佛么? 只尔面前听法底是。学人信不及,便向外驰求。①

"山僧",山野之僧,禅师自谦之称。义玄认为,人们没有成为祖、成为佛,根本问题是在于没有自信。所以强调自信,是因为人们自身本来就是祖、佛,听法的每一位都是祖、佛。义玄鼓励、号召人们要有充分的自信。所谓自信,就是断除怀疑、疑惑,自立自主,不依他人,不受人惑,不向外驰求。据此他又公开宣称:"如大器者,直要不受人惑,随处作主,立处皆真。"②"不受人惑",就是坚信自己,独立自主,不依靠他人,不崇拜权威。"不受人惑"的人,也就是祖、佛了。在义玄看来,人的命运是掌握在自己手里的。人们要自我主宰命运,也就是不仅不要迷信他人,盲从权威,而且还要胜过他人,超越佛祖。自怀海、希运以来,禅宗人就提出超过祖师的主张,到了义玄时代,更是明确地主张"超佛越祖",强调禅修主体应该、也能够高于佛祖权威,从而把主体自立自信的思想推向了极致。

(二) 见闻觉知与全体大用

上面讲的众生主体的清净心,是无心、空心,是无生无死、无形无相的,是达一切相空的无分别心,这是心的一个方面。心的另一个方面,在临济宗人看来,又是本自具足,即自身就具有各种功能、作用,是能分别一切的,而这种分别的能动作用,又是落实在无分别的基础之上,是认识事物的实相——空相,是无分别的分别。临济宗人阐述了心的能动作用及其与心的内在体性的关系,这就进一步强调了人们的见闻觉知都是佛性的作用,这种作用是佛性的整体作用,也称"全体大用";作为佛性全体作用的见闻觉知,就是众生解脱成佛的契机。关于这一方面,义玄有一段非常典型的语录:

---

① 《镇州临济慧照禅师语录》,《大正藏》第47卷,497页中。
② 同上书,499页上。

道流,心法无形,通贯十方。在眼曰见,在耳曰闻,在鼻嗅香,在口谈论,在手执捉,在足运奔。本是一精明,分为六和合。一心既无,随处解脱。山僧与么说,意在什么处?只为道流一切驰求心不能歇,上他古人闲机境。道流,取山僧见处,坐断报化佛头,十地满心犹如客作儿,等妙二觉担枷锁汉,罗汉辟支犹如厕秽,菩提涅槃如系驴橛。何以如此?只为道流不达三祇劫空,所以有此障碍。若是真正道人,终不如是。但能随缘消旧业,任运着衣裳,要行即行,要坐即坐,无一念心希求佛果。缘何如此?古人云:若欲作业求佛,佛是生死大兆。①

"道流",指从事禅道的修持者。"十地满心",即"十地心"、"十地",指修持的十种心。"等妙二觉","等觉",意为对于平等一如的真如理的觉悟,是菩萨修行到极位的觉悟境界;"妙觉",指佛的觉行圆满的绝妙无上的觉悟境界。"三祇劫","三祇"即三僧祇。"僧祇",意为无数。"劫",时间名称。三祇劫为极其漫长的时间。义玄的这段话有这样几层意思:一是说心是无形的,它通贯感官四肢而表现出见闻知觉等功用。心既然是无形的、空的、清净的,那么见闻知觉也就随处都是自由解脱的表现。二是说"十地满心"、"等妙二觉"、"罗汉辟支"和"菩提涅槃"都是不能执著的。禅修者向外追求作祖成佛,是由于不懂得空的道理所带来的一种障碍。三是说真正的道人是无一念心希求佛果,既不作业,也不求佛,这也就是保全佛性的本来作用而随缘任运。现实人生由于受前世所作业(旧业)的支配,因此陷于烦恼悲苦之中,没有真正的自由。这就要求求道人顺随各种现实生活,深入生命的现实活动,充分发挥佛性的整体作用,使痛苦窘困的现实生活变得生机勃勃、活泼自在。这也就是在"要行即行,要坐即坐"的自然运作中,在见闻觉知中消除旧业,获得解脱。我们可以看到,这也是最充分地肯定日常现实生活,并在日常现实生活中体悟人生的真实,实现主体的高度自由。

临济宗人还继承和发挥了洪州马祖道一的"平常心是道"或"触类是

① 《镇州临济慧照禅师语录》,《大正藏》第47卷,497页下。

道"思想,进一步提出"随处作主,立处皆真"、"当处发生,随处解脱"的命题,大力提倡主体的随时随地自觉、自悟。义玄说:

> 道流,佛法无用功处。只是平常无事,屙屎送尿,着衣吃饭,困来即卧。愚人笑我,智乃知焉。古人云:向外作工夫,总是痴顽汉。尔且随处作主,立处皆真,境来回换不得。纵有从来习气,五无间业,自为解脱大海。①
>
> 大德,尔且识取弄光影底人,是诸佛之本源,一切处是道流归舍处。是尔四大色身不解说法听说,脾胃肝胆不解说法听法,虚空不解说法听法,是什么解说法听法? 是尔目前历历底,勿一个形段孤明,是这个解说法听法。若如是见得,便与祖佛不别。但一切时中,更莫间断,触目皆是。只为情生智隔,想变体殊,所以,轮回三界受种种苦。②

"五无间",即五无间狱。在此地狱中,要经受一轮轮永无休止的折磨,是地狱中最惨烈之处。"弄光影底人",指只见表面而不彻见真理的愚痴者。义玄认为佛法并无用功处,只是平平常常的事,不必去刻意追求。即使是愚痴者,也有成佛的本源。弄光影的人实际上也是"孤明历历"的。具有清净心而能明了一切的众生,实与佛祖没有区别。佛法就在现实日常生活之中,"触目皆是",只要随顺自然就能获得解脱。修道者要"随处作主",把事事处处都视为道场,随时随地自我作主,不受外在的束缚,这样,在自主之处就都包含了并体现着常住真实的真理。日常行事都洋溢着佛法、真理,都是解脱成佛的契机。不懂这个道理而一味向外作工夫的人,就永远在轮回三界之中流转而不得解脱。

杨岐派创始人方会也说:

> 诸供养中,法供养最胜。若据祖宗令下,祖佛潜踪,天下黯黑,岂

---

① 《镇州临济慧照禅师语录》,《大正藏》第47卷,498页上。
② 同上书,497页中、下。

容诸人在者里立地,更待山僧开两片皮。虽然如是,且向第二机中,说些葛藤。繁兴大用,举步全真。既立名真,非离真而立,立处即真。者里须会,当处发生,随处解脱。此唤作闹市里上竿子,是人总见。①

这里说的"第二机"与上等的"大机"相对,约指一般的众生、修道者。杨岐方会这段话的意思与义玄所说有共同之处。他同样强调佛法无处不在,各种各样的现象都是全部真理的体现。真理与存在紧紧相连,人们的自主之处也就是真理之所在。这便是他所说的"繁兴大用,举步全真"。修道者应当由此领悟,"当处发生,随处解脱",即在自主自立之处当即解脱。也就是说,修道者在日常生活中,若能直指人心,自主自立,如此当处发生也就是解脱之处。既然佛法无处不在,为什么还要宣传佛法呢?杨岐方会认为,这只是为引导众生、修道者趣向得道成佛的权宜做法。佛法只能亲自体证,是难以言表的。

黄龙派创始人慧南说得更为形象、简洁:

> "道远乎哉?触事而真!圣远乎哉?体之即神!"……道之于圣,总在归宗拄杖头上,汝等诸人何不识取!若也识得,十方刹土不行而至,百千三昧无作而成。②

"归宗",指当时慧南所住的庐山归宗寺。"拄杖",为僧人行脚、师父劝戒或上堂说法时所用的器具,有的在杖头上还安上大小环数个,摇动发声,以示警觉作用。慧南强调说,"道"和"圣"并不遥远,并不神秘,它们就在听法人触目得见的慧南手持的拄杖头上。他启发学人在拄杖头上即在眼前体悟真理之所在。学人若能识得,也就成就了修持工夫,进入解脱境界了。

以上义玄、方会、慧南诸禅师言论的中心意思是,佛道、真理并不是求之于外界的,并不需要经过有目的的修行去获得,它蕴藏在人们日常生活

---

① 《杨岐方会和尚语录》,《大正藏》第47卷,641页中。
② 《黄龙慧南禅师语录》,同上书,637页上。

心性编

225

九、临济宗的一念心清净与无事是贵人说

之中,众生的见闻觉知就是佛性的全体作用。佛道、真理在人们的日常生活中自然发挥着积极的作用,人们也无需刻意去发挥它的作用,只要随缘任运,顺应自然,它就会生机盎然地显现出来。禅师的禅修生活,时时、处处、事事都有禅,都有快乐幸福,都有真实而完美的生命的喜悦情趣。这无疑是充分地肯定了人们全部活动的合理性,肯定了人们按本来面目行事,即不加造作的日常行为、情感欲望的合理性。如此把宗教生活和日常生活完全融为一体,实为宗教生活开辟了新天地。

临济宗人强调"随处作主"、"随处解脱",比早期洪州宗更加突出了主体的自主作用,也更加突出了在生活中随处体悟的现实性格,从而使禅宗更为大众化和生活化了。由此导致在教学方法和禅修方式上也就更凌厉了,在方法上更灵活了,空间也更广阔了,同时也由于无规矩可循,漫无边际,而埋下了后来出现纵情任性、放荡无羁的狂禅风潮的隐患。

(三)"无事"与"无"字

临济宗创始人义玄还进一步提出了"无事是贵人"的命题,认为"无事人"就是佛,"无事"是人的真正本质。他说:

> 道流,切要求取真正见解。……无事是贵人,但莫造作,只是平常。①
>
> 尔诸方言道,有修有证。莫错,设有修得者,皆是生死业。尔言六度万行齐修,我见皆是造业。求佛求法,即是造地狱业,求菩萨亦是造业,看经看教亦是造业。佛与祖师是无事人。所以有漏有为,无漏无为,为清净业。有一般瞎秃子,饱吃饭了,便坐禅观行,把捉念漏,不令放起,厌喧求静,是外道法。祖师云:尔若住心看静,举心外照,摄心内澄,凝心入定,如是之流,皆是造作。是尔如今与么听法底人,作么生拟修他证他庄严他!渠且不是修底物,不是庄严得底物。

---

① 《镇州临济慧照禅师语录》,《大正藏》第47卷,497页下。

若教他庄严,一切物即庄严得。①

概括起来,这两段话的意思有三点:一是抨击了佛教各种各样的修证行为,认为一切修证行为都是在"造业",一切佛法也都是造作,求佛求法就是造地狱业,是违背自由解脱要求的。二是提出无事人就是祖、佛,清净业就包括有烦恼无烦恼、有造作无造作的一切活动。三是批判神秀北宗一系不懂得心即是佛,不懂得现实人具有无限价值的道理,而一味在心上用工夫,如"住心看静,举心外照,摄心内澄,凝心入定",这实际上是在向外求取价值,与成佛目标是背道而驰的。义玄在这里所讲的"无事",当然不是说什么事都不做,而是说不要有人为造作的事,即不向外追求。这种没有外在的造作,也包括不特意向内用功,不求佛,不求法。换句话说,"无事"就是在日常行为中体悟平常无事的道理,在现实生活中保持"平常心",顺随日常生活,饥来食,眠来睡,无住无念,无思无虑,任运自在。在义玄看来,"无事"是人的真正本质——本来面目。"无事是贵人"的命题是对"平常心是道"思想的进一步发展。

与此相联系,义玄还提出"无位真人"来表述临济禅的理想人格或最高主体性,他说:

> 上堂云:"赤肉团上有一无位真人,常从汝等诸人面门出入,未证据者看看。"时有僧出问:"如何是无位真人?"师下禅床把住云:"道,道。"其僧拟议,师托开云:"无位真人是什么干屎橛?"便归方丈。②

义玄还这样描述无位真人的境界:"入火不烧,入水不溺,入三涂地狱如游园观,入饿鬼畜生而不受报。"③"无位真人"是彻见自己本来面目的、超越种种相对差别相的、无所滞碍的、无限自由的人。无位真人是并不离肉身,又神通广大,变化莫测,超越报应的人。无位真人具有绝对普遍性,当下就显现于众生身上,显现于众生的现实生活中,如若另外远求就大错特

---

① 《镇州临济慧照禅师语录》,《大正藏》第 47 卷,499 页中。
② 同上书,496 页下。
③ 同上书,500 页上。

错了。所以义玄又说:"无位真人是什么干屎橛?""干屎橛"是擦拭不净之物,非不净就不必用它。意思是众生自心清净,就不必另求无位真人。义玄的话就是为了打破人们对外在于自身的佛的追求。在我们看来,无位真人是无限自由的精神主体,或者说是精神主体的无限自由境界。义玄的无位真人说显然与道家的人格理想"真人"观念有思想上的渊源关系。

黄龙慧南在阐扬义玄的"心清净"和"无事"的思想时提出了"息心"的主张。他说:

> 道不假修,但莫污染;禅不假学,贵在息心。心息故心心无虑,不修故步步道场。无虑则无三界可出,不修则无菩提可求。①

"息心"的"息"是止息的意思。"三界",指众生所居的欲界、色界和无色界。慧南所说的"息心"是止息向外追求的心念,也是提倡不要特意修行,不去作凡圣的分别,主张"步步是道场",没有三界可超脱,没有菩提可追求,强调在日常生活中随缘任运,直下体悟。

杨岐一系在阐扬临济义玄思想时,还着重引向反对知解,并以"无"字为参学悟道、直指成佛本原的重要法门。据日本学者柳田圣山的看法②,在距赵州从谂禅师二百年后有杨岐一派的五祖法演(? —1104),在他的《法演禅师语录》中最早出现了关于"赵州无字"的公案,文云:

> 上堂举僧问赵州:"狗子还有佛性也无?"州云:"无。"僧云:"一切众生皆有佛性,狗子为什么却无?"州云:"为伊有业识在。"师(五祖法演)云:"大众,尔诸人寻常作么生会? 老僧寻常只举'无'字便休。尔若透得这一个字,天下人不奈尔何。"③

这是说,赵州从谂认为狗子还有业和识(分别)存在,所以没有佛性。五

---

① 《黄龙慧南禅师语录》,《大正藏》第 47 卷,632 页下。

② 参见[日]柳田圣山:《禅与中国》,172 页,三联书店,1988。

③ 《大正藏》第 47 卷,665 页中、下。

祖法演利用这个说法进一步举出"无"字,认为参透这个"无"字也就达到了解脱生死的禅悟境界。

大慧宗杲(1089—1163)也十分重视参究"无"字,他说:

> 僧问赵州:"狗子还有佛性也无?"州云:"无。"此一字子,乃是摧许多恶知恶觉底器仗也。[1]

> 如僧问赵州:"狗子还有佛性也无?"州云:"无。"只管提撕举觉,左来也不是,右来也不是;又不得将心等悟,又不得向举起处承当,又不得作玄妙领略,又不得作有无商量,又不得作真无之无卜度,又不得坐在无事甲里,又不得向击石火闪电光处会。直得无所用心,心无所之时,莫怕落空,这里却是好处。[2]

"提撕",此指对公案的专心参究。"举觉",指运用、强化自身的直觉。这两段话都是说,"无"字是打碎恶知恶觉的有力手段和工具。参禅人要精神高度集中,全身心地投入对"无"字的参究领会,要运用直觉反复体悟,排斥一切分别,绝断理性思维,直到无所用心,心无所往,进入一种空寂(空无)的境界。在宗杲看来,若参透了"狗子还有佛性也无"的公案,破除情尘,就进入无差别境界,此时甚至也就能放下屠刀,立地便成佛了[3]。

宗杲为了提倡直觉,十分强调超越知解分别的障碍,他说:

> 泉(南泉)云:"道不属知,不属不知。知是妄觉,不知是无记。"……圭峰谓之"灵知",荷泽谓之"知之一字,众妙之门。"黄龙死心云:"知之一字,众祸之门。"要见圭峰、荷泽则易,要见死心则难,到这里须是具超方眼,说似人不得,传于人不得。[4]

---

① 《答富枢密(季申)》,《大慧普觉禅师语录》卷26,《大正藏》第47卷,921页下。
② 《答张舍人状元(安国)》,《大慧普觉禅师语录》卷30,同上书,941页中。
③ 详见《大慧普觉禅师语录》卷28,同上书,933页中。
④ 《大慧普觉禅师语录》卷16,同上书,879页中。

这是在批评荷泽神会和圭峰宗密强调知的思想。宗杲强烈反对执著语言文字，主张打破知觉的困扰，摆脱经典的束缚。他也同样认为"知之一字"是"众祸之门"。

继法演、宗杲之后，无门慧开（1183—1260）禅师，为适应当时禅门广泛流行的参究"无"字工夫的趋势，精选出各种禅录的著名公案四十八则，另加评唱（解说）与诗颂，编撰成《无门关》一书，并盛行一时。此书第一则就是赵州从谂禅师的"赵州狗子"公案，文云：

> 赵州和尚因僧问："狗子还有佛性也无？"州云："无。"无门曰："参禅须透祖师关，妙悟要穷心路绝。祖关不透，心路不绝，尽是依草附木精灵。且道，如何是祖师关？只者一个'无'字，乃宗门一关也。"①

无门慧开强调要参透祖关，阻绝心路，并标举"无"字为祖师关，同时又对如何参究"无"字作了生动而形象的叙述：

> 将三百六十骨节，八万四千毫窍，通身起个疑团，参个"无"字。昼夜提撕，莫作虚无会，莫作有无会。如吞了个热铁丸相似，吐又吐不出，荡尽从前恶知恶觉。久久纯熟，自然内外打成一片。如哑子得梦，只许自知；蓦然打发，惊天动地。如夺得关将军大刀入手，逢佛杀佛，逢祖杀祖，于生死岸头得大自在，向六道四生中游戏三昧。②

对于怎样参究"无"字，无门慧开强调，首先要使尽全身的解数生起一个疑团，并集中全部的意志和注意力，引导起伏流注的意识流专注于"无"字，荡尽以前的一切恶知恶觉，彻底破除各种执著，泯灭思虑分别。这样坚持下去，久而久之，工夫一到，便能体悟"无"的精神，豁然开悟，心花怒

---

① 《大正藏》第48卷，292 页下。
② 同上书，293 页上。

放,主客合一,悠游自在,显示出主体的无限自由,获得彻底解脱。

杨岐一派所展示的参究"无"字的独特方法,表明了禅宗学人对"无"字的热烈歌颂,也使"无"的思想获得淋漓尽致的发展。这里应当指出三点:第一,"无"字公案的"无"字本身不是思想,而是一种禅修的方法。正如《无门关》所说,参究"无"字,不能把"无"字当作虚无或有无的无来理会,如果把"无"字作为哲学思想来思考、分析,就陷入"恶知恶觉"的困境,而不得解脱。第二,禅宗学人选择"无"字作为参究的方法,并不是偶然的,而是有其深刻的哲学思想基础的。其一是禅宗学人普遍认同般若学一切皆空的思想,即认为世界万物的本性、本质是空,而空也就是无。这个空或无又不是一般所说的非存在,而是超越存在和非存在的绝对本性。其二是中国传统的天地同根、天人合一、万物一体的思想深刻地支配了禅师的思维方式。看来禅宗学人意在通过参究"无"字以体悟人生与宇宙的本性,把握主客体的真实,内外打成一片,以获得精神自由。这也是见性成佛思想的新发展。似乎可以这样说,禅宗学人的内在心路是在万物本性空无的基础上实现主客合一,并通过对"无"字的参究来实现这样的宗教体验,以达到自由的理想境界。第三,从方法上看,参究"无"字与道家的无为是相通的,与佛教专心于修习一行的一行三昧似乎也是同一个路数。

(四)菩提心与忠义心

杨岐派传人大慧宗杲在禅宗史上享有"百世之师"、"临济中兴"的盛誉。他生活在南宋抗金派和投降派激烈斗争的年代,以强烈的爱国忧民意识同情抗金派的政见。他曾被朝廷高高捧起,御赐紫衣,号封大师,也曾被朝廷狠狠地摔下,褫夺僧籍,流放湖广瘴疠之地。在顺逆无常的人生中,他以出家僧侣的身份坚持中国传统道德观念,提出了"菩提心则忠义心"的命题,在禅宗心性思想史上放射出耀眼的光芒。

宗杲在《示成机宜(季恭)》中说:

菩提心则忠义心也,名异而体同。但此心与义相遇,则世出世间一网打就,无少无剩矣。①

"则",犹即。菩提心属智慧心,忠义心属道德心,宗杲认为佛家的智慧与儒家的道德是统一的。所谓"一网打就"是说菩提心一旦与忠义心相结合,则世间的善心、道德和出世间的发心、佛法便都囊括无遗了。宗杲进而认为儒佛两家也是相即相通的。他在《答汪状元(圣锡)》中说:"若透得狗子无佛性话,⋯⋯儒即释,释即儒;僧即俗,俗即僧;凡即圣,圣即凡。"②他认为儒佛相即、僧俗相即、凡圣相即,实际上是在当时特殊的社会环境下强调僧人不能背离世俗,佛家应当与儒家伦理道德相协调,忠君报国,保卫宋朝江山。这也就是他自白的:"予虽学佛者,然爱君忧国之心,与忠义士大夫等。"③应当承认,宗杲的立场是正义的,思想是进步的。

宗杲还富有时代针对性地将忠义和奸邪鲜明地对立起来,并认为这是不同本性决定的。他说:

> 忠义、奸邪与生俱生。忠义者处奸邪中,如清净摩尼宝珠置在淤泥之内,虽百千岁不能染污,何以故?本性清净故。奸邪者处忠义中,如杂毒置于净器,虽百千岁亦不能变改,何以故?本性浊秽故。前所云差别在人不在法,便是这个道理也。如奸邪、忠义二人,同读圣人之书,圣人之书是法,元无差别,而奸邪、忠义读之,随类而领解,则有差别矣。④

这是说,忠义者所以忠义,奸邪者所以奸邪,不在教法的不同,而是人有善恶不同的本性。这种差异完全取决于前世业力不同,是先天的;后天又是善者行善,恶者行恶,再形成新的业力。这样,众生的善恶本性是永远不可改变的。奸邪者只有改变所做的恶业,才能产生善性。宗杲是以这种人类本性相异的理论来说明当时抗金派与投降派尖锐对立的心性根源。

---

① 《大慧普觉禅师语录》卷24,《大正藏》第47卷,912页下。
② 《大慧普觉禅师语录》卷28,同上书,932页中。
③ 《大慧普觉禅师语录》卷24,同上书,912页下。
④ 同上。

（五）清净心与一心法界

与上述忠义与奸邪两种本性说相应,宗杲还论述了真心与妄心的区别,并对众生如何修道,把心提升为宇宙真心的问题,阐发了自己独特的看法。宗杲把心分为四类:本体心(心体)、真心、妄心、修行心。关于本体心,他说:"此心无有实体"①,"此心不在内外中间,实无方所,第一不得作知解,只是说汝而今情量处为道,情量若尽,心无方所"②。他认为,作为本体的心是一种非实体性的作用,它是不受内外中间空间限制的。众生如果以常识凡情来衡量,心就被局限在固定的范围之内,若能排尽常识凡情,心的潜能、作用就会充分地发挥出来。宗杲认为,本体心纯属一种精神的活动、能力、作用,它本身不是实体,也不带善恶的色彩。众生和佛的本体心是相同的,但作用不同,迷时为妄想心,悟时就是菩提心。他说:"佛言'有心者皆得作佛'。此心非世间尘劳妄想心,谓发无上大菩提心。若有是心,无不成佛者。"③就是说,"心"若在尘劳妄想中打滚,就是妄心,就是凡夫;"心"若能发为求无上菩提,就是真心,就能成佛。妄心与真心来自同一颗心的心体,但两者是对立的:"祖师曰:'境缘无好丑,好丑起于心。心若不强名,妄情从何起?妄情既不起,真心任遍知。'"④宗杲认为外境无美丑之分,美丑只是人主观心的作用。如能不生妄情,真心就可随处呈现。妄心就是颠倒分别的妄情,真心就是原始天真素朴的心灵。宗杲还强调众生应当运用修行心,即以用功禅修求悟的修道心去清除妄心,并转化、升华为真心。

值得我们注意的是,宗杲在论述众生的修行是要使平凡的心提升为真心时,吸取了华严宗的法界真心说,以华严宇宙真心说来充实禅宗清净心的内涵,建构新的理想境界。自马祖道一以来,大珠慧海、临济义玄、杨岐方会等人都受过《华严经》的思想影响,尤其是受心、佛及众生三无差

---

① 《大慧普觉禅师语录》卷26,《大正藏》第47卷,924页下。
② 《大慧普觉禅师语录》卷25,同上书,918页中。
③ 《大慧普觉禅师语录》卷26,同上书,923页下—924页上。
④ 《大慧普觉禅师语录》卷30,同上书,939页下。

别、相即相入、理事圆融等观念的影响更深。在这方面，大慧宗杲更是第一位将禅宗的平常心、清净心归引为华严一心法界的拓展者。宗杲说："华严重重法界，断非虚语"①，十分赞同华严宗的法界说。"法界"，通常指一切现象与本体。华严宗人把法界区分为不同种类，并最终归结为"一真法界"。所谓"一真法界"就是众生和诸佛的本原清净心，也称一心法界、一真无碍法界。这个"一心"，真实不二，一多无碍，大小相容，玄妙莫测，具有总赅万物、周遍含容的作用，其实就是宇宙终极本体。心灵回归到这样的本体，也就进入了真实清净、交摄融通的精神境界。宗杲对心的作用如是说：

> 心心不触物，念念绝攀缘。观法界于一微尘之中，见一微尘遍法界之内。②
>
> 真如净境地界，一泯未尝存，能随染净缘，遂成十法界。③

这是吸取华严学的思想，认为心心念念不接触攀缘外物，而直观微尘和法界交渗互遍，这就是极高的精神境界。这种境界，大小相容，染净相即，自由自在，圆融无碍。宗杲认为，通过参究"无"字的禅修达到"一切皆空"的境界后，还要继续修持，以推进到"真空妙有"的境界，最后还要扩充心量和心用进入到"周遍含容"的境界，他说：

> 显得自心明妙，受用究竟，安乐如实，清净解脱，变化之妙。④
>
> 于中一为无量，无量为一。小中现大，大中现小。不动道场，遍十方界，身含十方，无尽虚空。⑤
>
> 心花发明，照十方刹，便能于一毛端现宝王刹，坐微尘里转大

---

① 《大慧普觉禅师语录》卷28，《大正藏》第47卷，933页下。

② 《大慧普觉禅师语录》卷2，同上书，818页上。

③ 《大慧普觉禅师语录》卷9，同上书，847页下。

④ 《大慧普觉禅师语录》卷26，同上书，923页中。

⑤ 《大慧普觉禅师语录》卷21，同上书，901页中。

法轮。①

这是华严境界,华严禅的境界,也是宗杲临济禅的境界。达到这种境界的心灵是充实的、丰富的,一多相即,大小互现,避免了虚空枯寂的倾向。宗杲把清净心归结为一心法界,把临济禅与华严学统一起来,体现了他的圆融一切的情怀和关怀世俗的爱心。

宗杲曾两度住持径山能仁寺,法席极盛。因其思想颇富创造性、甚有特色而被称为径山派的创始人。宗杲确以其独特的思想丰富了禅宗的心性论、本体论和境界论。

综上所述,我们可以明显地看出临济宗人继承和发展了洪州宗的心性论,并进一步强化了以下的特点:一是更加肯定人类的原本价值和无限价值,提倡自信自主,进一步突出了主体意识的意义。二是更加关注人间的现实,充分肯定人的富有生活气息的现实活动,开发了无限的个性和自由的天地。三是推进禅修的方法更加简捷实用、活泼奇峭。

对于荷泽宗人重视"知"的思想,临济宗人几乎都持反对态度。他们强调直指人心,求得心悟,同时又程度不同地吸取华严圆融思维和圆融情怀来塑造人心的觉悟世界,即人生最高理想境界。这一点以大慧宗杲最为突出。

临济宗的心性理论体现了佛教中国化进程的不断发展,在这方面值得注意的新因素有:一是继承道家的万物一体的直观思维,空前地突出了"无"字的参究功用。二是把菩提心等同于忠义心,进一步推动了儒佛在心性道德上的合流。三是进一步蔑视佛圣祖师的权威,突破佛经戒律的束缚,大力提倡自我为主,充分显示人的至尊品位与崇高价值,从而也在一定意义上超出了宗教的神圣界域。

(原题为《临济宗心性论思想述评》,
载《北京社会科学》1994 年第 2 期)

---

① 《大慧普觉禅师语录》卷 18,《大正藏》第 47 卷,886 页上。

附：

一、心性论：佛教哲学与中国固有哲学的 主要契合点

中国佛教心性论是佛教哲学与中国固有哲学思想旨趣最为契合之点，也是中国佛教理论的核心内容，在中国佛教哲学思想中占有最重要的地位。本文着重就形成这种契合的文化根据和历史根据作一纵向横向结合的论述。

佛教哲学思想主要是倡导内在超越的一种宗教文化，是重视人的主体性思维的宗教哲学。它与同样高扬内在超越和主体思维的中国固有的儒道思想，在文化旨趣上有着共同之处。内在超越和主体思维离不开心性修养，佛教与儒道两家都具有鲜明的心性旨趣，因而心性论逐渐成了佛教哲学与中国固有哲学的主要契合点。这种契合对于佛教及其哲学在中国的命运具有举足轻重的作用，这种契合具有深厚的文化根据。

（一）佛教与儒、道在文化旨归上的共似性

中国固有哲学的中心关怀和根本宗旨是什么呢？简而言之，就是教人如何做人。儒家历来津津乐道如何成为君子、贤人、圣人，道家热衷于追求成为神人、至人、真人。儒家强调成就社会关怀与道德义务的境界，道家则注重内心宁静和平与超越自我的境界。二者所追求的理想人格和精神境界具体内容虽有不同，但都是为了获得人和人生的意义，也就是要

在宇宙中求得"安身立命之地"。可以说,儒道两家都主张人的本真生命的存全不应受外界的牵引、控制,都追求一种自觉地突破世俗利益的束缚而以冷静的理性眼光去正视人生、社会和宇宙的超越精神。那么,世俗性的人生世界与超越性的精神世界之间的鸿沟如何逾越呢? 值得我们特别注意的是,中国的固有哲学思维强调在现实生命中去实现人生理想,追求人生归宿,认为人生的"安身立命之地"既不在死后,也不在彼岸,而是就在自己的生命之中。如此,心性修养就至关重要,成为了人能否达到理想境界的起点和关键,理想人格的成就是人性即人的存在的完美显现与提升,也就是认知的飞跃、情感的升华、意志的实现、道德的完善。

佛教教义的中心关怀和根本宗旨是教人成佛。所谓佛就是觉悟者。觉悟就是对人生和宇宙有了深切的觉醒、体悟。而获得这种觉悟的根本途径不是以外界的客观事物为对象进行考察、分析,从而求得对外界事物的具体看法,成就理想人格。即使分析、认识外界事物,也是从内在的主体意识出发,按照主体意识的评价和取向来赋于世界以某种价值意义(如"空")。随着印度佛教的发展,虽然也出现了阿弥陀佛信仰,在中国也形成了以信奉西方极乐世界阿弥陀佛为特征的净土宗,宣扬人可以在死后到彼岸世界求得永恒与幸福,但是印度原始佛教并不提倡彼岸超越的观念,中国的几个富有理论色彩的民族化的大宗派——天台、华严和禅诸宗也都是侧重于心性修养,讲求内在超越的。而且与中国固有思想的旨趣相协调,晚唐以来中国佛教的主流派禅宗尤为重视内在超越。从思想文化的旨趣来看,可以说儒道佛三家的学说都是生命哲学,都是强调人要在生命中进行向内磨砺、完善心性修养的学问。这便是佛教与儒道能够共存、契合的前提和基础。

关于佛教与儒道思想在文化旨归上的共似性,古代有些学者尤其是佛教学者早已发现了,而且后来在思想的沟通上也越来越深入。在佛教传入初期,佛教著作《理惑论》就从追求理想人格的角度,强调佛与儒道的一致,后来东晋时的慧远等人则从佛教与儒家的伦理纲常和社会作用着眼,肯定两者的共同之处。宋代以来的佛教学者更直接从理想人格和伦理道德的理论基础即心性论入手,鼓吹三教同心说。明代著名佛教学者真可说:

学儒而能得孔氏之心,学佛而能得释氏之心,学老而能得老氏之
　　心,……且儒也,释也,老也,皆名焉而也,非实也。实也者,心也。心
　　也者,所以能儒能佛能老者也。……知此乃可与言三家一道也。而
　　有不同者,名也,非心也。①

　　认为儒道佛三家所不同的是名称,相同的是心,是本心,极其明确地点明
了"心"即思想意识是三教成就理想人格的共同根据,强调三教都以"不
昧本心"为共同宗旨,都以"直指本心"为心性修养的共同途径。

　　儒家学者多数持反对佛教立场,但也有少数人主张儒佛可以会通的,
如史载:"范泰、谢灵运每云,六经典文,本在济俗为治耳,必求性灵真奥,
岂得不以佛经为指南耶?"②认为佛教的心性论超过了儒家经典的论述。
又如柳宗元、刘禹锡也认为佛教的内美胜过外形,其心性修养是值得肯定
的。尤其值得注意的是,唐代儒家反佛名流韩愈和李翱,他们一面强烈地
排斥佛教,一面又羞羞答答转弯抹角地承认甚至吸取佛教的心性学说。
韩愈在高扬儒家道统的宣言书《原道》中,就十分明确地强调个人的正心
诚意是修、治、齐、平的起点和基础,而批评"今也欲治其心而外天下国
家",即指责佛老的"外天下国家",批评他们的超俗避世的生活方式,然
而对于佛老的"治心"则持肯定态度,这是从儒家的立场透露出这样的信
息:心性论为儒道佛三家文化的基本契合点。李翱也说过时人对于佛教
"排之者不知其心"③,又鉴于当时儒者"不足以穷性命之道"④,而在批判
佛教的同时,又吸取佛教的心性思想,建立"复性"说。直至现代,著名史
学家陈寅恪还说:"佛教于性理之学 Metaphysics 独有深造。足救中国之
缺失,而为常人所欢迎。"⑤"佛教实有功于中国甚大,……自得佛教之裨
助,而中国之学问,立时增长元气,别开生面。"⑥

---

①　《紫柏老人集》卷9《长松茹退》。
②　宋·何尚之:《答宋文帝赞扬佛教事》,《弘明集》卷11。
③　《去佛斋》,《李文公集》卷4。
④　《复性书上》,《李文公集》卷2。
⑤　引自吴学昭:《吴宓与陈寅恪》第一章,10 页,清华大学出版社,1992。
⑥　同上书,11 页。

《庄子》发展《老子》的"见素抱朴"思想，认为人性是自然的、纯真的、朴实的，情欲和仁义都不是性，主张性不为外物所动，"任其性命之情"，保全本性。崇奉《老子》《庄子》的道教讲究养生成仙，但在南宋以后，道教的新起派别则力图革新教义，主张道儒佛三教结合，并以道德性命之学为立教之本，如新起的最大道派"全真道"就是如此。史载：

> 金大定初，重阳祖师出焉，以道德性命之学，唱为全真，洗百家之流弊，绍千载之绝学，天下靡然从之。①

王重阳不尚符箓，不事黄白，不信羽化登仙之说，而力主道德性命之学，表明道教学者把教义宗旨定位于内在超越上面，以进一步取得与儒佛文化旨归的一致。以上情况表明，心性论实是佛教与儒道两家共同关注的文化课题，也是佛教哲学与中国固有哲学相契合的文化根据。

（二）佛教心性论与儒、道哲学相契合
是历史的必然

佛教心性论与中国固有的哲学思想相契合也是历史的必然。这可以从三方面加以说明。

首先，我们从主导思想儒家学说的演变来看。古代中国是盛行宗法制的农业社会，人们提倡的是人与自然的和谐，人与社会等级的协调。因此强调的不是如何征服自然、改造社会，而是十分重视主体内心修养。克服主体自身局限的儒家学说，成为了社会的正宗思想。如孟子讲"尽心知性"、《周易大传》强调"穷理尽性"、《大学》和《中庸》重视个人道德修养，提倡"慎独"，主张诚心恪守道德规范等，成为了人们生活、行为的准则。但自汉代以后，儒风发生了变化，偏离了心性之学。儒家名教又受到魏晋玄学的批判，更加削弱了它的正宗主导的地位。正如韩愈所说：

---

① 元·李鼎《大元重修古楼宗圣宫记》，见朱象山《古楼观紫云衍庆集》卷上第十八，载台北艺文印书馆 1977 年 3 月版《正统道藏》第 32 册，26029 页。

周道衰,孔子没,火于秦,黄老于汉,佛于晋魏、梁、隋之间,其言道德仁义者,不入于杨,则入于墨,不入于老,则入于佛。①

这是对秦至汉间思想史的总结,表明了儒家仁义道德学说的失落,心性旨趣的缺失。西晋玄学家郭象就曾综合儒道两家思想,强调游外(逍遥)与弘内(从事世俗事务)、内圣(到达内心最高精神境界的圣人)与外王(从事外部事务的帝王)的统一,以纠正儒家的偏颇。韩愈、李翱则站在儒家本位立场,高举仁义道德的大旗,重兴心性之学。迄至宋代,二程还说:

古亦有释氏,盛时尚只是崇设像教,其害至小。今日之风,便先言性命道德,先驱了知者,才愈高明,则陷溺愈深。②

二程敏锐地意识到佛教"言性命道德"夺取了儒家的地盘,对儒家构成了极大的威胁。因此宋儒都自觉地以重建心性之学为己任,并建立了理学体系。这从一个历史侧面表明,佛教心性学说大行中土是合乎中国固有文化旨趣的,是一种历史的必然。

其次,从中国哲学主题思想的变化来看。先秦时代思想活跃,百家争鸣,各种哲学问题,如本体论、宇宙论、人生理想论和心性论等都有了发轫和展开,呈现出百花齐放的鼎盛局面。到了汉代,宇宙论成为热点,一些哲人热心于探讨宇宙万物的生成、结构和变化等问题。魏晋时,玄学盛行,其重心是本体论,着重从宏观方面深究宇宙万物的有无、本末、体用关系。在魏晋玄学思潮的推动和本体论思维方式的影响下,中国哲学的兴奋点从宇宙(天)转到人,着重透过人的生理、心理现象进而深入探究人的本质、本性,从而由宇宙本体论转入心性论,即人本体论。而着了先鞭,首先完成这一转变的便是佛教学者。南北朝时佛教的佛性论思潮就是心性论成为了当时时代哲学主题的标志。后来,在佛教心性论的刺激下,儒

---

① 《原道》,《朱文公校昌黎先生集》卷11。
② 《河南程氏遗书》卷2上,《二程集》,23页,中华书局,1981。

家也更为系统地阐发了奠基在道德本体上的心性论,把社会伦理本体化、超越化,说成既是人的形上本体,又是宇宙的形上本体,从而又与佛教心性本体论进一步相沟通。

再次,从中国佛教哲学发展逻辑来看。最早引起中国佛教学者兴趣和注意的佛教思想是般若空论和因果报应论。开始,般若空论在教外知识界中并未引起强烈的反响,因果报应论还遭到了儒家学者的激烈反对,并由教内外的因果报应之辩发展到神灭神不灭之争。这种具有重大哲学意义的争论最终以双方坚持各自立场而告终。但经过这场争论,中国佛教学者把理论建设的重点从形神关系转移到身心关系,从论证灵魂不灭转向成佛主体性的开发,着重于对佛性、真心的阐扬,此后中国佛教哲学也就转到心性论轨道上来。并且由于与重视心性修养的中国固有文化旨趣相吻合而日益发展,以致在南北朝隋唐时代形成了派别众多的丰富多彩的心性论体系。

佛教和儒道的内在超越的共同文化旨归,佛教和儒道在心性论哲学上的互相契合,是佛教得以在中国流行的根本原因,也是佛教哲学与中国固有哲学相融合进而成为中国传统哲学重要内容的原因。故此,研究中国佛教哲学不能不把心性论作为重点。

（原载《社会科学战线》1993 年第 1 期）

附一、心性论：佛教哲学与中国固有哲学的主要契合点

二、重"禅"与重"性"

——学习太虚法师"中国佛学特质在禅"论断的思考

太虚法师(1889—1947),中国近代著名僧人、佛教领袖。太虚法师在理论和实践两方面都为中国近代佛教做出重大贡献,门人辑有七百余万字的《太虚大师全书》行世。

笔者近日阅读太虚法师的论著《中国佛学》①,对书中提出的"中国佛学特质在禅"论断,深受启发。太虚法师的论断也推动了我进一步思考中国佛教的特点,思考的结果是,认为中国佛学的特质禅是建立在中国佛学重性,即重人的自性,重自性有的基础上的。也就是说,重自性是中国佛教的一个重要特点,可能是一个十分重要的特点。这篇小文提出这一看法,一是为了推动太虚法师思想的开拓研究,二是为了向同行讨教,以求获得正确的结论。

下面拟先简述太虚法师对"中国佛学特质在禅"的论证,次述中国佛教重禅定与重自性的关系,再述中国佛教重自性的文化意义。

(一)太虚法师对"中国佛学特质在禅"的论证

太虚法师《中国佛学》共设五章,"中国佛学特质在禅"为第二章。第二章全文占全书篇幅一半多,是全书论述的重点。本章又设六节,依次分

---

① 《中国佛学》,中国佛教协会·中国佛教文化研究所印行本,1989。

别论述"略叙因缘"和禅自东汉以来,迄至明清不同历史时期的演变。

太虚法师认为,与其他国家、地区相比较,如南洋地区佛法之特质在律仪,日本佛教的特点则在于闻慧及通俗应用,而中国佛教特质是重禅。太虚大师从三方面论证"中国佛学特质在禅"的立论。

一是概念的界说。太虚法师指出,从中国佛教历史研究角度看,中国佛学有其特殊面目与系统,由此进而确定"中国佛学"概念①。具有特殊面目与系统的中国佛学有其特殊素质,这个特质就是"禅"。太虚法师又对禅作了界说,指出禅是静虑之意,即在静定中观察思虑。禅也就是指戒定或定慧之"定",比禅宗之禅的意义宽广。所以,禅不一定指禅宗,当然禅宗也包括在内。

二是历史的描述。太虚法师先述"依教修心禅",指出依教理修观的禅有安般禅、五门禅、念佛禅和实相禅。次述"悟心成佛禅",这是直指人心见性成佛的禅,书中着重叙述从达摩到慧能的禅法。三论"超佛祖师禅",这是超佛而惟以祖师之意为中心的禅,着重分述青原行思与南岳怀让两系的禅法。四论"越祖分灯禅",指越祖的五宗分传禅灯,即沩仰、临济、曹洞、云门与法眼五宗禅法。最后五论"宋元明清禅"。中国禅的历史演变,生生不绝,未曾中断,内涵丰富,历史悠久,构成为中国佛教的重要内容,中国佛学的重要特质。

三、因缘的说明。太虚法师认为,中国佛学的特质之所以在禅的因缘有两条:一是"梵僧的化风"。梵僧教化仪态端肃、风度渊默、显扬神妙、探索密奥。"当这些梵僧来华时,中国文化已经发达很高,他们从端严寂默之中显其无穷之神功妙智,使瞻仰者起一种高深莫测而极欲探索之心。这在达摩来华后,亦即以此成为禅宗的风化,学人皆从禅中去考究,探索其秘奥,遂即成为中国佛学之特质在禅。"二是"华士之时尚"。"华士"即中国士大夫,思想玄要、言语隽朴、品行恬逸、生活简俭,"同时乐于山洞崖窟,过其简单生活,禅静修养;遇有访求参问者,为示简要而切于实际之要旨。如此适于士人习俗之风尚,遂养成中国佛学在禅之特质"。太虚法师

---

① 引自太虚:《中国佛学》第二章《中国佛学特质在禅》,以下凡引自该章的引文、论说,均不另注明出处。

认为,中国佛学之特质在禅的原因,就是这两个方面。

(二)重禅的思想信仰基础是重自性

中国佛教特质为什么是禅?这是一个有意义的问题,也是一个复杂的问题。太虚法师从外来佛教僧侣的教化风度和中国士大夫的习俗时尚两个方面揭示了"中国佛教特质在禅"的原因,也就是强调禅这个中国佛学的特质是外来佛教僧侣教化与本土知识界实际特性相结合的产物。我们以为太虚大师的说法是深刻的。

同时我们也认为,作为佛教修持实践方式的禅,决定于它所依赖的信仰价值取向。我们还有必要追问:是什么信仰价值取向决定了中国佛教重禅修?在中国禅修的深处,其信仰思想基础是什么?问题的答案,我们以为重自性是奠定中国佛学特质在禅的内在信仰和思想基础,而唐以后中国佛教的主流禅宗的思想正生动有力地说明了这一点。

据《六祖大师法宝坛经·行由品第一》载,禅宗五祖弘忍欲付衣法给慧能,叫慧能夜半入丈室,为说《金刚经》,至"应无所住而生其心"句,慧能言下大悟:一切万法不离自性。并说:"何期自性本自清净,何期自性本不生灭,何期自性本自具足,何期自性本无动摇,何期自性能生万法。"在这里,慧能把宇宙和人生问题都归结为自性,并揭示了自性具有的本原的性质与功能。慧能认为人的自性具足成佛智慧。他说:"一切般若智,皆从自性而生,不从外入。"①自性生有般若智慧。又说:"三世诸佛,十二部经,在人性中本自具有。"②还说:"自性具足三身。"③三身指佛的法身、报身和化身。自性具足三种佛身,自性即是佛身,自性即是佛。由此众生与佛的区隔只在于自性的迷悟:"自性若悟,众生是佛;自性若迷,佛是众生。"④慧能对人的自性的肯定,是对人的生命本质的肯定,是对人的心性本体和人生实践主体的肯定,这种肯定为人的修持成佛提供了理论基石

---

① 《六祖大师法宝坛经·般若品第二》。
② 同上。
③ 《六祖大师法宝坛经·机缘品第七》。
④ 《六祖大师法宝坛经·付嘱品第十》。

和内在基础。禅宗就是以用禅修参究的方法,彻见心性的本原为主旨和特色的宗派。自性是成佛的本原,禅修是开悟自性即成佛的方法。禅宗直指人心,见性成佛的宗旨决定了相应的参禅修持方式。

戒、定、慧"三学"是印度佛教的修学纲要,由戒生定,由定发慧,三者缺一不可。慧能认为,佛教通常讲的戒定慧,只是适应素质低下的人,对于上等素质的人来说,成佛是悟自性。他说:"心地无非自性戒,心地无乱自性定,心地无痴自性惠。……汝师戒定惠,劝小根智人。吾戒定惠,劝上人,得悟自性,亦不立戒定惠。"①"定",此指坐禅以保持内心不乱。"惠",古同"慧"。慧能一方面把戒定慧归结为自性,一方面又强调以悟自性取代戒定慧。悟自性是直指心性,顿然开悟,这是内在的直觉,内在的觉悟,内在的超越,内在的解脱。自性的内在开悟,不是通过遵守戒律和学习义理所能达到的。因此,从修持的根本来说,既不需要外在的严峻戒律的约束,也不需要外在的文字义理的指导。慧能的禅法也不是那种一味坐禅的修定,而是以"无念为宗,无相为体,无住为本"②为禅修方法。这种法门是"无相者,于相而离相;无念者,于念而不念;无住者,为人本性"③。无相、无念、无住是悟见人的本性即自性的参究法门,这种建立在自性开悟基础上的禅法是对传统禅法的新创造、新发展。

基于以上的论述,我们认为"中国佛学特质在禅"是建立在中国佛学重自性的思想信仰基础上的。

(三)中国佛教重自性特点的文化意义

如果说,"中国佛学特质在禅"是奠立在重自性思想信仰基础上的说法可以成立的话,那么,我们还可逻辑地推论出这样的论断:重自性也是中国佛教的一个特点。

值得注意的是,中国佛教自性与印度佛教自性在内涵上的重要区别,这种区别表现出了中国佛教重自性的深厚的文化意义。

---

① 敦煌本《坛经》[41]。

② 敦煌本《坛经》[17]。

③ 同上。

禅宗主张修持应以自性为枢纽,而自性的内涵是一种"本觉性"。慧能说"自色身中……自有本觉性"①,本觉就是一个人先天本来具有的觉悟、智慧。华严禅师宗密更以此表示中印佛教心性思想空与不空(有)的区别。他在《禅源诸诠集都序》中以"性""空"对举的角度,把佛教区分为空宗和性宗两宗,并分析了两宗的十种异点,其中最重要的是指出两宗"性"字的意义不同:空宗的心性指空寂而言,性宗的心性则"不但空寂,而乃自然常知"②。又说:"空宗以诸法无性为性,性宗以灵明常住不空之体为性。"③宗密认为,印度佛教空宗的心性是不觉的、无知的,是以诸法无性为性的;而中国佛教性宗的心性是本觉的、有知的,是以灵明常住不空之体为性的。宗密所说的心性具有现实灵知不空之体的思想,实为隋唐时代中国化佛教宗派天台、华严和禅诸宗所共有,并构成这些宗派的理论基础。

上述引自慧能和宗密的观点,表明中印两国佛教在心性思想上的两个区别:一是性净与性觉的分殊④。印度佛教心性思想的主流是心性本净说,认为心性本来是寂静、明净、寂灭的,和嚣动不安的烦恼不是同类的。心性虽为烦恼客尘覆蔽,但其明净本性是不变的。而中国佛教则提出了性觉说,强调众生本来具有觉悟性,具有成佛智慧。本净说着重就伦理、心理方面立论,本觉说则从智能、智慧方面立论;在修持实践上,本净说导致偏于伦理道德修持,本觉说则趋于返本归源,见性成佛。二是性空与性不空(有)的不同。慧能和宗密都尊奉般若空宗思想,慧能因听弘忍讲说《金刚经》而开悟;宗密承认心性有空寂的一面,但更强调心性也有自然常知的一面,并据此实际上不太赞成空宗的诸法无性说,而主张性有灵明常住不空之体。也就是说,主张诸法有性说和心性有不空之体说。应当承认,这是一种性有说,是与印度大乘佛教中观学派的缘起性空说有所不同的。

---

① 敦煌本《坛经》[21]。
② 《大正藏》第48卷,406页中。
③ 同上。
④ 参见吕澂:《试论中国佛学有关心性的基本思想》,《吕澂佛学论著选集》(三),1413—1424页。

中国儒家重要代表人物孟子提出"良知"、"良能"说①。良知指先天具有的道德意识和认识本能,良能指先天具备的实现天赋道德观念的能力。此说影响久远。中国哲学主流思想不仅主张一切现象是实有的,还认为事物与本性、现象与本质是统一的、一致的,排斥那种把事物与本性、现象与本质对立起来,视现象是有而本质、本性为空的观点。中国固有思想传统和思维方式是否对中国佛教学者会产生潜移默化的影响呢? 我想这是毫无疑问的。

性净与性觉、性空与性有的对立,是中印两国佛教在心性思想上的重大区别。包含性觉和性有说,尤其是性有说的自性说是中国佛教区别于印度佛教的核心理论,在探讨中国佛教特点方面有着突出的意义。中印佛教心性思想的区别凸现出中印两国文化背景的差异:印度是宗教国家,重视未来,关注来世的命运;中国是人文国家,重视现实,关注人格的提升。由于这种根本性的文化差异而如何折射为两国佛教在心性论上的思想不同,是一个值得继续深入探讨的重要课题。

（原载《觉群》2007 年第 6 期）

---

① 见《孟子·尽心上》。

禅 法 编

一、汉晋禅法

禅法是佛教的重要修持方法,自东汉时代传入中国后,至东晋时代又有重大的发展。下面拟就这一阶段禅法的流传与演变作一简要的论述。

(一)禅法的传入

从汉译佛经的情况来看,早在东汉时代,小乘禅法就已传入中国。汉译创始人安世高所译的佛经就是以禅法典籍为主的,如大小《十二门经》、《修行道地经》、《明度五十计校经》和大小《安般守意经》都属于小乘禅法。其中的大小《安般守意经》是中土最初盛传的禅法。"安般"是梵语音译,汉译为数息观。"息",即呼吸,"数息",即计数呼吸的次数。"意",即意识,"守意",即令杂念旁骛的分散心思专注于禅定意境。数息观是一种静心的观照,用计数呼吸次数的办法来使心神安定、精神集中。数息观因与中土的养生、长寿、神仙方术的呼吸吐纳相近,因而得以广泛地盛行起来。

比安世高稍晚的支娄迦谶(支谶)译出了大乘禅经《般舟三昧经》和《首楞严经》,推动了大乘禅法的流行。"般舟三昧"是梵语音译,"般舟",意为佛立,故也称佛现前三昧,也就是念佛三昧。据说修这种三昧的人,只要在一定期间内,如每月的七日至九日、十日,在一定的场所往复回旋地行走,并步步声声,唯念阿弥陀佛,工夫久了,就能见诸佛出现在眼前。"首楞严"是佛的一种三昧。"首楞严",梵语音译,意译为健行(健步如飞),一切事竟。这种佛的三昧,力大无比,能勇猛地摧毁一切邪魔。

三国时的译经家康僧会作《安般守意经序》,集中反映了当时的佛教学者对禅法的理解。他着重宣扬数息观的功用,着力描述禅定的神异效果:

> 得安般行者,厥心即明,举眼所观,无幽不睹。往无数劫,方来之事,人物所更,现在诸刹。其中所有世尊法化,弟子诵习,无遗不见,无声不闻。恍惚仿佛,存亡自由,大弥八极,细贯毛牦,制天地,住寿命,猛神德,坏天兵,动三千,移诸刹,入不思议,非梵所测,神德无限,六行之由也。[①]

从这里所描述的禅修者的神通、神德来看,无异于中国传统神仙的属性和功能,表明了中国的神仙方术与三国时佛教的互动关系。

西晋时期最主要的译经家竺法护重译小乘禅籍《修行道地经》,系统地介绍了有关瑜伽观行的大要。经中的《神足品》、《数息品》和《观品》集中地论述了禅定和观照的基本方法。《修行道地经》的禅法思想,在当时河西一带流传甚广,到了东晋中期以后,更对道安、支遁等人的禅学思想产生了直接的影响。

(二)东晋十六国时代禅法的多元融合

东晋十六国时代,一些僧人如竺僧先、帛僧光、竺昙猷、支昙兰等,都以习禅为业。更有一些佛教学者,如道安、支遁、鸠摩罗什、佛驮跋陀罗和慧远等人,对禅法的规范和流传以及禅学的重整和发展,都作出了自己的贡献,推动了大小乘禅法的融合,以及禅学与中国固有思想的融合。

道安(312,一说314—385)的亲教师佛图澄,史载其神通事迹颇多,以神变见称于世,而其神变又出于禅修。道安受佛图澄和康僧会的影响,也十分重视禅法。他宣扬禅修能发生种种的神异现象:"得斯寂者,举足

---

① 《出三藏记集》卷6。

而大千震，挥手而日月扪，疾吹而铁围飞，微嘘而须弥舞。"①意思是说，禅修者达到寂灭境界后，举足而世界震撼，挥手则执取日月，猛一吹气，铁围山为之飞腾，轻轻嘘气，须弥山随之起舞。这番描述形象地说明了道安的禅法具有极大的神异性。道安还综合了自汉以来佛学的两大系统——禅学和般若学，并把两者融贯起来。道安说："般若波罗蜜者，成无上正真道之根也。"②又说："痴则无往而非徼，终日言尽物也，故为八万四千尘垢门也。慧则无往而非妙，终日言尽道也，故为八万四千度无极也。所谓执大净而万行正，正而不害，妙乎大也。"③道安在这里强调般若思想是一切修行的根本，认为愚痴与智慧决定了行为的垢正、邪净，般若智慧是禅修的指导，统率着具体禅观的修行。也就是说，禅修必须与般若智慧相结合。另外，由于道安的般若思想深受先秦道家"无为"说与魏晋玄学"本无"说的影响，因此他的禅法也明显地表现出本无思想的色彩，如他的《安般注序》云：

> 安般者，出入也。道之所寄，无往不因；德之所寓，无往不托。是故安般寄息以成守，四禅寓骸以成定也。寄息故有六阶之差，寓骸故有四级之别。阶差者，损之又损之，以至于无为；级别者，忘之又忘之，以至于无欲也。无为故无形而不因，无欲故无事而不适。无形而不因，故能开物；无事而不适，故能成务。成务者，即万有而自彼；开物者，使天下兼忘我也。④

"安般"，数息观。这一段话是说，禅修的真正目的就是要契入"无为"、"无欲"而"开物成务"，"开物"而"使天下兼忘我"，"成务"则"无事而不适"。这就是说，禅修的最终目的是要达到忘我、适性、安乐的境界。显然，这里道家的思想跃然纸上，而禅法的神异性却淡化了。

支遁（支道林，314—366），是一位典型的杂糅佛老的清谈家型的僧

---

① 《安般注序》，《出三藏记集》卷6。
② 《合放光光赞略解序》，《出三藏记集》卷7。
③ 同上。
④ 《出三藏记集》卷6。

人,他对清谈家最为宗奉的《庄子》,特别是其中的《逍遥游》篇持有独到的见解,深得当时名士的赞赏。在佛学方面,他专长于《般若》,也重视禅学。史载他在剡山时,"宴坐山门,游心禅苑"①,又曾撰写《安般经注》和《本起四禅序》,文现均已不存。就现存的史料而言,支遁的禅学思想,主要体现在赞叹佛像、咏述禅趣的诗文中。如《咏禅思道人》②、《释迦文佛像赞》③和《阿弥陀佛像赞》④都系统地描述了数息观的过程和阶段,并强调作为禅定方法的数息观是佛陀解脱得道的途径。支遁还用庄子的思想和语言来解说禅修,如用"恬智交泯"⑤来说明禅定实践与般若智慧的交互作用,就源于《庄子·缮性》篇的"知与恬交相养"的思想。《庄子·缮性》篇是论修心养性的,"知"通"智","恬"指恬淡的性情。原意是说智慧与恬淡性情是互相渗透、互相涵养的。支遁将此转换为说明禅与智的相互促进关系,从而冲淡了禅法的神异色彩。应当肯定,支遁在中国禅学史上是有重要地位的。

鸠摩罗什(343—413)是著名的译经家,他译出的禅经《坐禅三昧经》和《禅法要解》,以及《无量寿经》、《首楞严经》、《金刚经》、《维摩诘经》,对中国禅学的发展都产生了重要的影响。这里我们就较为重要的《坐禅三昧经》的禅学思想略作论述。

《坐禅三昧经》系鸠摩罗什以自身宗奉的大乘中观思想为基础,又杂糅多家的禅法,整合编译而成,反映了鸠摩罗什本人对禅学的理解和看法。经文系统地介绍了小乘佛教止息邪心的五种观法"五门禅"("五停心观")⑥。这五种观法,一是不净观,观外界不净的样相,以泯除贪欲;二是慈心观,观一切众生,生慈悲心,以息嗔怒;三是十二因缘观,观因缘和合的道理,以远离愚痴;四是数息观,历数呼吸的次数,以治乱心;五是念佛观,勤念三身佛,以对治恶业障。原五门禅通常有一门是界分别观,观

---

① 《支道林传》,《高僧传》卷4。
② 《广弘明集》卷30。
③ 《广弘明集》卷15。
④ 同上。
⑤ 《阿弥陀佛像赞》,《广弘明集》卷15。
⑥ 《坐禅三昧经》卷上。

五蕴、十八界均是诸元素的和合,以纠正我执。而鸠摩罗什以念佛观取代界分别观,是为了适应当时念佛禅日益兴盛的总趋势。五门禅中的后两门最为中国僧人所重视,对此,鸠摩罗什也相应地作了较为详尽的介绍。鸠摩罗什还注意把习禅者的不同层次和禅学的不同要求结合起来。他把习禅者分为三类:"初习行",即初习禅者;"已习行",即经过修习,有一定基础者;"久习行",即历久习禅,多有体悟者①。相应地,对不同层次的习禅者的要求也有不同。以修习慈心观为例,对初习行者,只要求他们把快乐与亲属、朋友共享;对于已习行者,则要求他们把快乐给予其他一般的人("中人");对于久习行者,则更是要求他们把快乐给予自己所怨恨的人②。如此由易到难,由低到高,循序渐进,攀登至禅修的最高境界。

鸠摩罗什所强调的禅修宗旨是,以般若智慧观照诸法实相,也即观照一切事物的真实本相——性空,或者说是空与有(假有)的统一。经说:"佛弟子中有二种人:一者多好一心求禅定,是人有漏道;二者多除爱著,好实智慧,是人直趣涅槃。"③又说:"当学求诸法实相,不有常不无常,非净非不净。"④在鸠摩罗什看来,沉溺于禅定,是一种执著,是有缺陷的修行。而般若智慧要高于禅定修行,禅定的最高境界在于运用般若智慧去观照一切事物的空无自性。鸠摩罗什提倡的这种禅法称为实相禅。

鸠摩罗什编译的《坐禅三昧经》,虽然在禅定的修持方法和禅观的组织方法方面,基本上是承袭小乘说一切有部的禅学体系,但是又以大乘般若学为统率,强调在禅观中要用般若智慧去观照诸法实相,这就较为成功地实现了大小乘禅学的结合。在这一整合过程中,鸠摩罗什既揭示了大小乘禅学在修行目标和修持方法上的区别,又疏通了两者的关联。鸠摩罗什倡导的禅学深刻地影响了此后中国禅学的发展轨迹与方向,在中国禅学思想史上具有重要的意义。如五门禅对天台宗的止观学说,念佛对道信、弘忍的东山法门,以及实相禅对慧能禅宗的影响都是巨大的。此外,鸠摩罗什的另一译经《禅法要解》中所强调的僧人修习佛法的四种依

---

① 参见《坐禅三昧经》卷上。

② 同上。

③ 《坐禅三昧经》卷下。

④ 同上。

凭,即"依深义不依于语"、"依了义经不依非了义经"、"依智而不依识"、"依法不依人"①,表现了大乘禅学的批判精神与思辨精神。"四依"中的"依义不依语"、"依智不依识",更是强调了领悟义理和依赖智慧的重要,突出了主体精神和自觉精神。这些思想对"不立文字,教外别传,直指心性,见性成佛"的禅门五家宗旨的形成,起了很大的推动作用。

佛驮跋陀罗(觉贤,359—429),禅师、译经家。来华后,因与鸠摩罗什师承、教学、修习、学风不同,被逼由关中南下,在庐山和建康从事翻译,译出《大方广佛华严经》等十多部经典。佛驮跋陀罗专精禅法,他译出的《修行方便禅经》,系统完备,对于禅修方法的介绍尤为详尽。《修行方便禅经》是说一切有部历代祖师相传的经典,后传至达摩多罗和佛大仙。佛驮跋陀罗即佛大仙的弟子。佛驮跋陀罗译出的禅经和所修持禅法与说一切有部一脉相承,严谨纯一。现存《修行方便禅经》虽又名《达摩多罗禅经》,并以此经名入藏,但反映达摩多罗禅法的内容已无从可考,实际上只是介绍了佛大仙的渐修一法。全书论述五停心观、四无量观、阴观(五蕴观)、入观(十二处观),其中的数息观和不净观"二甘露门"的文字约占经文的三分之二,数息观更是占全书篇幅的一半以上。显然,二甘露门是全书的重点,而数息观更是重点中的重点。

《修行方便禅经》在禅观组织方式上的特点是,把修行的过程分为"四分"即四个阶段:"退"(减退)、"住"(停住)、"升进"(上升跃进)、"决定"(止观圆熟,牢不可摧)。修行的要求是离前二义而行后二义,远离退转,舍弃住缚,增益升进,成就决定②。此经把二甘露门的修行内容分为"二道",即两个层次。一是方便道,修行的内容可与教外其他流派共通,偏于修止得定;二是胜道(胜进道),着重证悟佛教教义,偏于修观得慧③。整个禅修过程就是从二甘露门方便、胜进二道开始,远离退、住,力行升进、决定,进而观界分别,修四无量,观五蕴、十二处,以至畅明缘起,获得禅定的成就,达到禅定的境界。

与鸠摩罗什编译的《坐禅三昧经》相比较,《修行方便禅经》没有杂糅

---

① 《禅法要解》卷下。
② 参见《达摩多罗禅经》卷上。
③ 同上。

其他诸派的禅法,而是说一切有部的一部纯正的禅经。此经不是一味地强调般若智慧的观照作用,更不是以慧代禅,而是主张智慧与禅定并重,智慧与禅定相结合,即在禅定的基础上修习智慧观照,使智慧观照融入禅定修行中,并逐渐深化、提高。这就比《坐禅三昧经》更为切实,更具层次性,也更富操作性。

慧远是东晋后期的佛教领袖,也是此前禅学的集大成者。他对当时流传的禅法,包括上面提到的安世高等人译出的禅经都有比较深入的研究。他推崇大小乘禅法,尤为赞扬《阿毗昙心论》和《修行方便禅经》的禅学思想,又归结为宗奉念佛三昧。慧远奉行的是以说一切有部禅学为基调,融合般若、净土思想的禅修方法。

念佛三昧是通过念佛把心思集中起来的冥想法,其具体法门一般说来有三种:一是称名念佛,即口念佛名,如谓口念七万、十万声佛名,即可成佛;二是观想念佛,即静坐入定,观想佛的种种美好形相和崇高功德,以及佛所居住的庄严国土;三是实相念佛,即观照佛的法身"非有非无中道实相"之理。慧远修持的是念佛三昧中的观想念佛。慧远说:

> 诸三昧,其名甚众。功高易进,念佛为先。何者?穷玄极寂,尊号如来,体神合变,应不以方。故令入斯定者,昧然忘知,即所缘以成鉴。鉴明则内照交映而万象生焉,非耳目之所暨而闻见行焉。于是睹夫渊凝虚镜之体,则悟灵相湛一,清明自然;察夫玄音之叩心听,则尘累每消,滞情融朗。非天下之至妙,孰能与于此哉?①

慧远认为各种三昧中,功高又易进入境界的,当以念佛三昧为第一。因为如来佛穷通体极玄寂大道,他的体和神共同变化,感应而无方所。所以佛教徒修持念佛禅定,观想如来佛,就能忘却一切知虑,并以禅定中所观想的佛的相好或功德为明镜,使心灵湛然,烦恼殆尽,滞情消融。

慧远在理解、吸纳诸禅法的过程中,就禅经中的某些说法和鸠摩罗什的实相禅,曾向鸠摩罗什请教并多有辩难。对于如何理解禅修的内观境

---

① 《念佛三昧诗集序》,参见《中国佛教思想资料选编》第1卷,98页。

界问题,他问鸠摩罗什,念佛三昧所见佛的形相究竟是怎样的:"众经说佛形,皆云身相具足,光明彻照,端正无比……真法身者,可类此乎?"①又问:"所缘之佛,为是真法身佛,为变化身乎?"②这是问,说佛有三十二相、八十种好,法身佛是否也如此呢? 在念佛三昧中所见的佛,究竟是法身佛,还是化身佛? 慧远还问:

> 念佛三昧,如《般舟经》念佛章中说,多引梦为喻。梦是凡夫之境,惑之与解,皆自涯已还理了。而经说念佛三昧见佛,则问云,则答云,则决其疑网。若佛同梦中之所见,则是我相之所瞩,想相专则成定,定则见佛,所见之佛不自外来,我亦不往,直是想专理会,大同于梦了。疑夫我或不出境,佛或不来,而云何有解,解其安从乎? 若真兹外应,则不得以梦为喻。身体之会,自非实相,则有往来,往则是经表之谈,非三昧意,复何以为通;又,《般舟经》云有三事得定:一谓持戒无犯,二谓大功德,三谓佛威神。为是定中之佛,外来之佛? 若是定中之佛,则是我想之所立,还出于我了。若是定外之佛,则是梦表之圣人。然则神会之来,不专在内,不得令同于梦明矣。③

从慧远的提问来看,他认为经文以梦境来比喻念佛三昧的见佛是不恰当的,见佛是神通之会,要依靠人的持戒或功德,以及佛的威神,而不是在梦境的幻象中所能见的。

鸠摩罗什在回答中强调,念佛三昧的见佛是由观佛色身转向观佛法身,进而再观诸法实相。至于梦中见佛之喻,不仅能引发修持者的信心,而且作为主观想像的梦境也是因缘和合而起的。佛身也是因缘而生,是无自性的,不能执著为客观实在。

慧远与鸠摩罗什之间的问答,反映了两位佛教学者在禅学思想上的分歧。鸠摩罗什以中观般若性空思想统率禅法,而慧远是以说一切有部

---

① 《大乘大义章》卷上。
② 同上。
③ 《大乘大义章》卷中。又,引文内"疑夫我或不出境,佛或不来",原为"疑大我或或不出境佛不来",据文义改。

的三世实有思想来理解禅定的境界、佛身的属性。慧远还作序赞扬佛驮跋陀罗译出的说一切有部的《修行方便禅经》,含蓄地批评了鸠摩罗什的禅法思想。这都表现了佛教内部不同派别间的思想分歧。再联系到慧远坚持的神不灭论思想,也可以说,慧远是以深厚的中国固有思想,尤其是肯定最高实在、肯定人与物的最终本原的思想,对印度佛教的大乘空宗思想所作的不自觉的抵制和抗拒。

应当指出,慧远也是一位般若学者,他并不反对大乘般若中观学说,甚至在《修行方便禅经序》等著作中也表达了大乘中观思想。可见他的思想是复杂的、矛盾的、不彻底的,他的禅学思想实是印度大小乘禅学思想与中国传统的实在论和有神论相融合而成的。

(三)小　结

综上所述,可就汉晋禅学得出这样的看法:首先,约在东汉中期,佛教小乘禅学和大乘禅学几乎是脚前脚后同时传入中国的。但从所译论述禅法的经典来看,较多的是小乘禅经。小乘禅经的派别法脉比较清楚,禅修的操作技术规定也比较具体。其次,汉晋期间,十二门禅①广为流传,然最受重视的禅法是数息观和念佛观,前者与健身、养生乃至神仙方术相通,后者因切近修持成佛的终极价值,因而得到广泛的流传。再次,多元融合是这一期间禅学的基本走向和总体趋势,这主要表现在两个方面:一是佛教大小乘禅学的交渗、合流。大小乘禅学也有分歧、对立,如鸠摩罗什门下对佛驮跋陀罗的排斥,慧远与鸠摩罗什的问答辩难。但是两者的合流是主要的,这既有禅学操作层面的融合,如鸠摩罗什把小乘禅法和大乘念佛禅糅合在一起;也有在指导思想与具体实践方面的统一,即以大乘

---

① 十二门禅,十二门禅定,为四禅、四无量心、四无色定的合称。四禅为初禅、第二禅、第三禅、第四禅,是色界的四个冥想阶段,随着心理活动的逐次发展,逐步超越欲界的种种迷执,形成日渐提升的精神境界。四无量心,指慈、悲、喜、舍四种广大的利他心愿,以引导无量众生离苦得乐,进入觉悟之域。四无色定是空无边处定、识无边处定、无所有处定、非想非非想处定,这是超离物质(色界)系缚的四种境界,即修行这四定,一切物质性的束缚都将被解除。

般若智慧为禅修的指针,把大乘思想融入禅修实践中,并追求大乘的理想境界。二是佛教禅学与中国固有思想文化的附会、融合。这有康僧会等人与神仙方术合流的神异禅,也有支遁把禅学与玄学,即神玄相融合的玄学禅,还有慧远综合印度佛教禅法和中国的实在论、有神论而成的念佛禅。

(原题为《汉晋禅法略述》,
载《闽南佛学院学报》1999 年第 1 期)

二、南北朝禅法

（一）北朝禅法

与南朝佛教比较而言，北朝佛教侧重于实践，尤其是禅观。一些本土的知名禅师往往师承外域来华禅师，尊奉某类佛典，诵经修禅，并形成相对稳定的传承关系和禅僧群体。他们分布于河西、长安、洛阳、邺城等由西到东的广阔地域，可谓禅法弥满北土。

据现有资料可知，著名而有影响的北朝禅师，主要有以下五系：

第一系是从佛驮跋陀罗到玄高再到玄畅、法期等人，此系的关键人物是北朝著名禅师玄高（402—444）。玄高早年赴关中从师佛驮跋陀罗，精通禅法。后西隐麦积山，有"山学百余人，崇其义训，禀其禅道"①。又从外国禅师学习禅法，此后居河北林阳堂山，徒众三百人。玄高实为当时西北禅学的宗师。又应北魏王朝之请，玄高往魏都平城（今山西大同）大弘禅法。后因支持太子晃共参国事，被太武帝所杀。一年多后，太武帝下令毁佛。玄高修持的禅法是"出入尽于数随，往还穷乎还净"，即所谓的数息观。《高僧传》本传还渲染玄高禅法的神灵性。玄高的重要弟子有玄绍、僧印、玄畅等人。其中日后影响最大的是玄畅。玄畅在玄高被杀后，南下潜逃至扬州，后又赴荆州，西适成都，再转入岷山齐后山，结草为庵。

---

① 《玄高传》，《高僧传》卷11。

史载玄畅精于"三论",更是较早弘扬《华严经》的禅师,他广泛地融合佛教"空"、"有"思想,以主导禅修活动,从而发展了玄高的禅法①。玄畅的弟子法期被赞为"特有禅分",精于禅法,禅修功夫颇深②。

第二系是从佛陀扇多禅师经道房到僧稠再到昙询等。此系的关键人物是北齐著名禅师僧稠(480—560)。佛陀扇多禅师,天竺人,自西域来华,至魏平城。后随帝南迁,并在嵩山少室立少林寺,闻风响会者,达数百之众。少林寺以禅法驰誉北方。僧稠初从佛陀扇多弟子道房受止观法门,后又从道明禅师受十六特胜法,苦修得定,深有所证,获佛陀扇多印可,赞扬他说:"自葱岭以东,禅学之最,汝其人矣。"③僧稠在嵩岳一带讲学,徒众甚多。后又应齐文宣帝之请,到邺城弘法。史载:"帝躬举大贺,出郊迎之。稠年过七十,神宇清旷,动发人心……帝扶接入内,为论正理,因说三界本空,国土亦尔,荣华世相,不可常保,广说四念处法。帝闻之,毛竖流汗,即受禅道……帝曰:佛法大宗,静心为本,诸法师等,徒传法化,犹接器烦,未曰阐扬,可并除废。"④帝亲自郊迎,礼敬备至。在听闻僧稠说法后,认为禅修是佛法的大宗,立即从受禅道,并强调义理低于禅道,可以废除。文宣帝晚年还远赴东山寺坐禅,足见僧稠影响之大。由于僧稠在传播禅法上的突出贡献,道宣把他和菩提达摩并称,强调僧稠的历史地位⑤。

《高僧传》本传载,僧稠修持的禅法,一是依《大般涅槃经·圣行品》所讲的"四念处法"修持。"念",系念、观照。"念处",内心静寂的观想作用。"四念处"就是观"身"不净、观"受"(感受)是苦、观"心"无常、观"法"无我,以此四观来破除世俗所持的"常、乐、我、净"的观念。文云:"此身如是不净,假众因缘和合共成,当于何处生引贪欲?若被骂辱,复于何处而生瞋恚?若他来打,亦应思维:如是打者,从何而生?……因手、刀、杖及以我身,故得名打,我今何缘横瞋于他?乃是我身自招此咎,以我

---

① 参见《玄畅传》,《高僧传》卷8。
② 参见《法期传》,《高僧传》卷11。
③ 《僧稠传》,《续高僧传》卷16。
④ 同上。
⑤ 参见《习禅篇后论》,《续高僧传》卷20。

受是五阴身故。"如被人辱骂痛打,是因有我身而招惹此咎。"四念处"就是通过摄念调心以求忍受一切痛苦烦恼,勘破一切无常无我,断除一切妄念欲想。二是修持"十六特胜法"。此为从数息观到观弃舍法等十六种观法,是定性多的人修持的方法,因优胜于"四念处"等禅法,故名。实际上只是比较强调对禅定喜乐的感受和体验喜乐感受的无常性,而内容并没有超出"四念处"禅法的范围。此外僧稠还"修死想"。《成实论》有《死想品》,"死想"是观想死的相状。"修死想"是通过观想死状的种种不净秽,以灭除贪欲。史载:"稠以死要心,因证深定,九日不起。后从定觉,情想澄然。究略世间,全无乐者。"①

僧稠的弟子有昙询等人,昙询"化流河朔,盛阐禅门"②,在北朝传播禅法颇有影响,曾受到隋文帝的嘉勉、敬仰。

第三系是从勒那摩提到僧实,再到昙相等,其中北周著名禅师僧实(476—563)是此系的核心人物。勒那摩提,印度人,精于瑜伽师禅法。后来华,入洛阳译经。北周僧实来到洛阳,遇勒那摩提,从受禅法,得其心要。勒那摩提赞扬僧实:"自道流东夏,味静乃斯人乎!"③北周太祖礼请僧实为国三藏。北周王朝上下,甚为敬重,声誉极隆。僧实偏于修持"九次调心"法,也作"九次第定",即"四禅"、"四无色定"和"灭心定",合为九种禅定,为小乘古典禅法。"四禅",即初禅、第二禅、第三禅和第四禅定,是色界的四个冥想阶段。"四无色定",即空无边处定、识无边处定、无所有处定、非想非非想处定四种禅定,是无色界的四个冥想阶段。众生居住在三个界域:欲界、色界、无色界。欲界是具有淫欲贪欲的众生所居,色界是离欲的清净物质世界,无色界是超越于物质之上的唯有精神的世界,这三界是依次上升的境界。修持以上八种禅定,就能依次提升境界,由超越欲界的种种迷执,进而解除种种物质性的系缚。"灭心定"是灭除一切意识作用、精神作用的禅定。这是"九次调心"法的最后阶段、最高境界。以上的九次第定,由一定入他定,由低到高,由浅入深,最后达到灭绝一切心思活动的境界。这是超越淫欲和贪欲、超越物质、超越精神,即

---

① 《僧稠传》,《续高僧传》卷16。

② 《昙询传》,《续高僧传》卷16。

③ 《僧实传》,《续高僧传》卷16。

超越众生三界的境界。

道宣在总结北朝佛教禅师的地位与作用时说："使中原定苑剖开纲领"者，唯僧稠、僧实"二贤"①。认为唯僧稠、僧实在中原一带佛教禅定领域中，具有总纲大要的开拓、示范作用。僧实有弟子昙相等，师徒授受，直到唐初，传灯不绝。

第四系是从慧文经慧思到智颢。慧文、慧思是北齐禅师，慧思晚年南下衡岳，智颢自离开慧思后，主要活动在沿江的庐山、荆州、建康，以及浙江天台山。这一系全由中国禅师组成，是在禅法上极富创造性的一系，并由智颢开创了第一个中国佛教宗派——天台宗。这里主要简述的是慧文和慧思的禅学思想。

慧文，北方人，约生活在6世纪，具体卒年不详，被尊为天台宗的初祖。据《续高僧传·慧思传》载，慧文是"聚徒数百，众法清肃，道俗高尚"的大禅师，门徒众多，曾受到隋文帝的嘉勉、敬仰。风格严肃，他极重视锻炼心思的集中，以正确地观察事物的本质。他无师自悟，创造性地提出了新的禅观方法："一心三观"。慧文是怎样提出"一心三观"的呢？《大品般若经》讲三种智慧②："道种智"，是熟悉大小乘各种实践方法的智慧；"一切智"，是能看清一切现象的普遍真相的智慧；"一切种智"，是能辨别一切现象的具体自相的智慧。并讲如果具备这三种智慧，就能彻底灭除一切残余的烦恼，达到佛教的理想境界。龙树的《大智度论》卷27在解释这段经文时说，三种智慧虽是先后依次得到的，但三智实在"一心中得"，最后是一齐具足，是可以同时兼有的。慧文由此领悟出一种禅法，即三种智慧同时圆满具足于一心的"三智一心"观。慧文还进一步领会到一心中可以同时观照多方面的道理，他联系《中论》的《三是偈》，认为"我说即是空"的"空"是真谛，"亦为是假名"的"假"是俗谛，"亦是中道"的"中"是中道谛。并认为真谛讲一切现象的共相，俗谛讲具体现象的假相，中道谛讲一切现象的自相，相当于三种智慧的境界。偈说空、假、中三相都是真实，称为三谛。一心同时从空、假、中三个方面观察为"三谛一

---

① 《习禅篇后论》，《续高僧传》卷20。
② 参见《序品》，《摩诃般若波罗蜜经》卷1；《三慧品》，《摩诃般若波罗蜜经》卷21。

心"观。这样从"三智一心"观发展为"三谛一心"观,构成了慧文的"一心三观"禅法。慧文将这一禅法传给慧思,慧思又传给智𫖮,智𫖮更开展为"一念三千"的"三谛圆融"观,成为天台一宗的教观中心。慧文是奠定这一学说基石的先行者。

慧思(515—577),早年出家,后投慧文,从受禅法。他专诵《法华经》,约千遍以上,造诣极深。后率众南下,在光州(今河南潢川县)大苏山游化,历时14年。后又继续南下,入南岳山弘法,世称南岳大师。慧思禅法的最大特点是,他在慧文的"一心三观"的基础上,提出"实相"观。慧思亲承慧文的传授,重视在禅修上尽力于引发智慧,穷究实相。他的实相说的要点,来源于《法华经》。实相说的结构方法,则受《十地经论》和《大智度论》的启发。《法华经·方便品》提出佛的知见,即佛照见一切现象实相妙理的知见慧解,为一切智慧的标准,强调佛的知见不仅广大深远,而且能穷尽诸法实相,即圆满把握一切存在的真实本相。实相的内涵有十项,即如是相、性、体、力、作、因、缘、果、报、本末究竟。慧思受《十地经论》解释方法的影响是十分明显的。该论解释《华严经》处处都用十法来表示圆满之意,又有十如是的文句:"诸佛正法如是甚深,如是寂静,如是寂灭,如是空,如是无相,如是无愿,如是无染,如是无量,如是上,此诸佛法如是难得。"①受此启发,慧思也用这种方法来解释《法华经》。慧思认为"十"表示圆满,含摄一切法。"如是"是表示非泛泛之谈,是肯定相、性等十项都真实不虚。《大智度论》把实相分为两类:"别相"或"各各相"(自相)和"实相"(共相)。如地的坚硬、水的潮湿、火的炎热、风的流动,是各自的自相,若深入本质探求,则为"空",为"实不可得",这是四者的共相②。慧思也说十如的各个方面是别相,十者都谓之"如"是共相,并在这种区分的基础上,把别相和共相两类合称为实相。由此,慧思建立起"十如"实相说,并以观照实相为禅观的中心内容。慧思专精《法华》,悟得法华三昧。法华三昧就是观照《法华》所开显的实相的真理。

同时,慧思也修持"四念处",即以身、受、心、法四者为止观的对象,

---

① 《十地经论》卷3。
② 参见《大智度论》卷32。

分别念身是不净、感受是苦、心是无常、法是无我。与此相关,慧思还提倡安乐行。安乐行是安乐又容易的修行。《法华经·安乐行品》称有四种修行方法是安乐的,即身、口、意三安乐行和誓愿安乐行。所谓四安乐行,就是在禅修时远离身体、言说、意志方面的种种过失,而誓愿普度众生,引导众生走上解脱之路。

慧思在大苏山传授禅法时,智𫖮曾前往问学。慧思很器重智𫖮,常命他代讲《大品般若经》,并特别指导智𫖮说,《般若》讲的"一心具足万行"是次第义,《法华》讲的"一法具足万行"才是圆顿义。《法华》所说的比《般若》更进一步,高于《般若》思想。慧思还与般若学者不同,他偏于以心法为中心观照诸法实相。这些对于后来智𫖮创立以《法华经》为中心的天台宗学说,尤其是"一念三千"和"圆融三谛"说,有着决定性的影响。

第五系是从菩提达摩到慧可再到僧璨。因达摩以《楞伽经》印心,故当时慧可与僧璨①都被称为"楞伽师"。此系后经唐代道信、弘忍再到慧能创立禅宗,是为中国佛教信徒最多、影响最大的佛教宗派。

菩提达摩(? —536,一说528),自印度航海来华,经广州到建康。传说达摩和梁武帝有一段对话,梁武帝笃信佛教,问即位后所做的建寺、写经、造像、度僧等事,能积多少功德?达摩却说无功德可言。梁武帝对这个答复不能理解,彼此话不投机。达摩随即渡江北上入魏,在嵩、洛一带传授禅法。有传说,达摩晚年遭遇毒害而死,也有说他手携只履西归印度,即所谓"只履西归"的传说。

菩提达摩的禅法以壁观——安心法门为中心。宗密说:"达摩以壁观教人安心,外止诸缘,内心无喘,心如墙壁,可以入道,岂不正是坐禅之法?"②"壁观",面壁而观,心如墙壁,外,诸缘不能入;内,心无不安。这是达摩传授的独特禅法。道宣对它评价甚高:"大乘壁观,功业最高,在世学流,归仰如市。"③可见达摩禅法的影响是很大的。达摩禅法的特点在于"藉教悟宗",也就是先凭借言教以启发信仰,一俟信仰形成就脱离言教。达摩禅法的具体内容是以理入为主、行入为辅的"二入四行"法门。史载

---

① 慧可最后几年和僧璨晚年都生活在隋代,为方便起见,将他们列入北朝时代论述。

② 《禅源诸诠集都序》卷上之2,《大正藏》第48卷。

③ 《习禅篇后论》,《续高僧传》卷20。

达摩称："入道多途，要唯二种，谓理、行也。"认为成就佛道的方法只有"理入"（对于教的理论思考）和"行入"（修行实践）两种。

关于"理入"，达摩说："藉教悟宗，深信含生同一真性，客尘障故，令舍伪归真；凝住壁观，无自无他，凡圣等一，坚住不移，不随他教，与道冥符，寂然无为，名理入也。"①"真性"，即是佛性，也即空性。"理入"有两层含义：一是根据经教所说，深信人人都有真性，在"含生同一真性"的理论基础上，确立"舍伪归真"的信仰和决心；二是树立信仰后，通过禅定"壁观"，令心安定，不生分别，不再依赖经教，心与道冥符。"理入"即悟理，也就是悟入"无自无他，凡圣等一"的"性净"之理，悟入"寂然无为"的"空性"之理。悟理的关键是"壁观"，也就是"安心"。菩提达摩特别重视"安心"，强调将心安住一处，也就是不分别心，没有分别心，使心达到安定寂静的境界。相传有这样一个故事，慧可初见达摩，诉说自己内心很不安宁，乞求帮助"安心"。达摩说，你不安的心拿来，我好使你安心。慧可说，不安的心无处可找。达摩即说，我已经给你安心了②。这个故事是说不要把心加以区别，就是安心的意义。可见，菩提达摩的"藉教悟宗"的实质是重禅悟、轻经教，重内证、轻语言。

关于"行入"，"行"有"四行"，即有四项内容：一是"报怨行"，人们对以往所作的业应有正确的认识，甘愿承受报应，毫无怨憎，并且努力修行，以显了真性；二是"随缘行"，人们应依随苦乐顺逆各种缘，保住真性，以渐进于道；三是"无所求行"，对于现实经验世界，不应有任何贪恋、追求；四是"称法行"，"称法"指与理法相应，理法即"性净之理"、"空性"之理，这是与"性净之理"或"空性"之理相应的修行。"四行"是说在四种禅修实践中要做到无怨无憎，无喜无悲，无贪无求，符合理法。"行入"是在"理入"基础上进行的，并要求与壁观内证所得的"性净之理"或"空性"之理相应。达摩提倡"理入"与"行入"相结合，而实际上是有着"理入"重于"行入"的倾向。

菩提达摩的"二入四行"说，把"言通"与"宗通"联系起来、统一起来，

① 《菩提达摩传》，《续高僧传》卷16。
② 同上。

并以超越言教的"悟宗"为根本目的。

慧可，虎牢(今河南荥阳)人。少为儒生，通老庄易学，后出家。年约四十时，遇菩提达摩，即礼以为师，从学六年。禅学史籍上传有慧可"雪中断臂求法"的故事，传说慧可向达摩求法时，达摩告诉慧可：求法的人"不以身为身，不以命为命"，于是慧可就在门外立雪数宵，甚至断臂，以此表示虔诚和决心之大。精诚所至，达摩遂把四卷《楞伽经》授予了他，并鼓励说，若依此经修行，就可自行度世。慧可后到东魏的邺都，大弘禅法。由于异派学者的迫害，其说法被称为"魔语"。北周武帝灭佛后，慧可南下隐居舒州皖公山(今安徽潜山县)，在此传法给僧璨。后又回邺都修禅传法。

据《续高僧传》卷16《慧可传》载，慧可承袭达摩重禅悟而轻经教的传统，是一位"专附玄理"、不拘文字的自由解经方法的倡导者，他的禅学思想的根本主旨是以"忘言忘念、无得正观为宗"[1]。现存慧可《答向居士来书》中的一首偈，基本上表达了他的禅学见解，体现了他"专附玄理"的思想风貌。偈云："说此真法皆如实，与真幽理竟不殊。本迷摩尼谓瓦砾，豁然自觉是真珠。无明智慧等无异，当知万法即皆如。……观身与佛不差别，何须更觅彼无余?"[2]"摩尼"，宝珠。"无余"，无余涅槃。偈的第三、四句是说，犹如众生迷惑时会视珍珠为瓦砾，一旦豁然觉醒，就会自知摩尼是珍珠一样，众生一旦觉悟，离开迷妄，也就立即明白自我的本性就是觉性。这是一种本性觉悟，即把自觉解释为自性觉悟，认为自我本来就是有觉性的、是觉悟的。第五、六句是肯定无明(无知)与智慧无异，"万法"皆是"真如"。偈文末尾两句是说，众生自身与佛本无差别，不必去另求涅槃境界。应当指出，慧可所奉持的《楞伽经》所讲的自觉圣智的"觉"字是指触觉，"自觉"是一种自我观证。而慧可把"自觉"解释为是不依靠别的因缘的自我觉悟、本有觉悟，"自觉圣智"被解释为自性觉悟的绝对智慧，可说这是一种自由的发挥。与此相应，慧可把般若性空之"理"作为"真如"本体，遍于众生之中，这既为众生具有自觉圣智提供了本体论的

---

[1] 《法冲传》，《续高僧传》卷25。
[2] 《慧可传》，《续高僧传》卷16。

根据,又把般若性空说与佛性论结合起来。慧可还进一步阐扬众生的心灵即是佛、众生身即是佛、生死即是涅槃的思想。慧可这种不重言教的自由解经的方法和直指生(众生)佛无差别的自性本觉说,凸显了达摩正传的心法,对后世禅宗产生了重大的思想影响。

僧璨的史料极少,今就托名僧璨所作的《信心铭》①略作论述。《信心铭》是在佛教清净心的思想基础上,吸取道家尤其是《庄子》的《齐物论》、《逍遥游》思想而成。文云:"至道无难,唯嫌拣择。""至道",禅学的最高境界,实即人的心性的本真状态。意思是说,把握"至道"的最根本之点就是不作任何分别。又云:"不用求真,唯须息见。"不必去求真,但必须息灭各种妄见。这也就是"一心不生,万法无咎"。而要做到息灭妄见,一心不生,就要"任性":"放之自然,体无去住。任性合道,逍遥绝恼。""性",众生本性、真性。"任性"就是顺从本性的自然,就是"复归自然"。这是不作分别、非有非空、无去无来的心性本然,是人心冥合至道、断绝烦恼的理想境界。这种追求心灵的原初状态、心性的自然表露,以及任运自在的自然主义的禅修生活准则,越来越为后世大多数禅师所奉行。

(二)南朝禅法

南朝宋初,一度盛传禅法,宋末以后,禅法趋衰。到了梁代,禅法虽略有起色,但直至南朝末年,由于北方禅师南下,才使习禅风气真正兴盛起来。禅法流行地区,大体上是沿着长江两岸的蜀郡、荆州与衡阳、建康等地,此外浙江的天台山、四明山一带,也是禅修的重要基地。

长江上游的蜀地与北凉相近,故禅风颇盛,如刘宋初的智猛禅师就在此授禅。又如与凉州著名禅师玄高俱以禅学的"寂观"见称的酒泉慧览禅师,曾游西域,从罽宾达摩比丘诺受禅要,回国后在蜀地左军寺传授禅法。后应宋文帝之请,东下建康,复以传授禅法而著称于世②。再如陇西人僧隐,先从凉州玄高习禅,"学尽禅门,深解律要"③。玄高逝世后,僧隐

① 《大正藏》第48卷。
② 参见《慧览传》,《续高僧传》卷11。
③ 《僧隐传》,《高僧传》卷11。

游巴蜀,后又东下江陵,传播禅法,"禅慧之风,被于荆楚"①,影响极大。又有法绪,高昌人,后入蜀,常处石室中,且禅且诵②。还有僧副,时西昌侯萧渊藻出镇蜀郡,他也随往传法,"遂使庸蜀禅法,自此大行"③,对蜀地禅法的流行起了很大的作用。蜀地习禅与北凉的禅风直接相关,且由北地南下的禅师往往经蜀地而东下荆州、建康,蜀地成为禅学南下东移的中转站。

荆州是南朝时的军事重镇,其重要性仅次于都城所在地建康。地理位置的显要,吸引了不少禅师来此一带习禅传法。刘宋时,佛驮跋陀罗、昙摩耶舍都来荆州传授禅法。曾被北齐王主崇为国师的法常南下荆州、衡山等地传"寂定"之法④。又有法京、智远师弟居荆州长沙寺禅坊弘法,声望颇隆⑤。又上述法绪在从智猛习禅后,下止江陵,在长沙寺禅修。还有慧命也由北而南,在荆州修禅定业,影响颇大。慧命撰写禅法论文多篇,其中所作《详玄赋》,就被《楞伽师资记》视作禅宗三祖僧璨的作品。史称他"与慧思定业是同,赞激衡楚",但"词采高挹,命实过之,深味禅心,慧声遐被"⑥。认为慧命与慧思的禅法相同,但慧命文章的词采要高出慧思一筹。从中国禅学发展史来看,慧思是南朝后期修禅诸人中最引人注意的人物。慧思最初跟随北齐慧文禅师习禅,获得传授后,从河北入河南光州大苏山,后又来到湖南南岳,前后逗留约十年光景,直至去世。慧思来到南方后,深感南方佛学界偏重义理、蔑视禅观的弊病,于是大力提倡白天谈论义理,夜里专心思维,走由定发慧、定慧双修的路子。史载:"江东佛法,弘重义门,至于禅法,盖蔑如也。而思慨斯南服,定慧双开,昼谈义理,夜便思择,故所发言,无非致远,便验因定发慧,此旨不虚,南北禅宗,罕不承绪。"⑦慧思提倡的"定慧双开"法门,强调二者结合、并重,有助于克服北方佛教偏于习禅数学、南方佛教偏于探讨义理的倾向。如上所

---

① 《僧隐传》,《高僧传》卷11。
② 参见《法绪传》,《高僧传》卷11。
③ 《僧副传》,《续高僧传》卷16。
④ 参见《法常传》,《续高僧传》卷16。
⑤ 参见《智远传》,《续高僧传》卷16。
⑥ 《慧命传》,《续高僧传》卷17。
⑦ 《慧思传》,《续高僧传》卷17。

述,慧思的禅观观照宇宙实相,体悟终极境界,把禅修与智慧在更高层次上内在地结合起来,对此后中国禅学的走向影响深远。

建康是六朝的都城、南方的政治中心,也是南朝佛教寺院最集中、佛教思想最兴盛的都市。无疑,建康一带也是南朝佛教禅修的重镇。有些禅师在城内的大寺里习禅、译经,有些禅师在城外钟山、摄山等地宴坐修禅,形成了大小不等的禅师群体。例如,佛驮跋陀罗自长安南下,住庐山约一年后,即入建康,与其弟子,一代名僧慧观、宝云共住道场寺(斗场寺)。佛驮跋陀罗继续传授禅法,慧观作《修行地不净观经序》,宝云译《观无量寿经》,共同弘扬定业,时有"斗场禅师窟"之称。又如罽宾僧人昙摩蜜多,因"特深禅法"而为宋室后宫所尊,教授禅道,曾译出《禅经》、《禅法要》等,并在钟山建定林寺,是为当时的重要禅寺。北方达摩门下僧副,精定学,南游建康时,就住在定林寺。摄山有栖霞、止观等庙宇,会集了众多禅师在此习禅,时称此山为"四禅之境",山僧为"八定之侣"①,足见摄山禅僧集团的规模之大。

在中国禅学史上,南朝建康一带的禅学最具历史影响者有二:

一是译出禅经与有关之佛典。北凉王沮渠蒙逊的从弟安阳侯沮渠京声,少时西渡流沙,至于阗,学梵文,后遇天竺高僧、时称"人中师子"的佛陀斯那,从其受《治禅病秘要法》,回河西后译出此经。公元 439 年,北凉被北魏灭亡后,沮渠京声投奔刘宋,应请重译此经。禅病是指参禅者在修禅过程中,因尚未体会出参禅的真诀而产生的疾病。本书列举了十二种禅病和相应的对治方法。比如对治喜爱音乐的禅病,就要心想一手持乐器的天女,"眼生六毒蛇,从眼根出,入耳根中。复见二虫,状如鸦鹊,发大恶声,破头出脑,争取食之。……见女所执诸杂乐器,宛转粪中,诸虫鼓动,作野干鸣。所说妖怪,不可听采,如罗刹哭。因是厌离"。说禅修者治疗喜爱音乐的病,应从心念中想像天女、乐器、音乐的污秽和丑恶,以达到厌离的目的,实际上这是一种精神自我控制法。本书有关身心疗法,是集古代印度、西域医学思想的重要成果,有一定的积极意义。再如上面提到

---

① 《摄山栖霞寺碑》,参见《全上古三代秦汉三国六朝文》第 4 册,4076—4077 页,中华书局,1958。

的,昙摩蜜多也译有禅经。而深刻影响禅学思潮变化的译经,有求那跋陀罗译的二部经:《胜鬘狮子吼一乘大方便方广经》(简称《胜鬘经》)宣扬"如来藏缘起"说;《楞伽阿跋多罗宝经》(简称《楞伽经》四卷本,公元443年译出)强调要开发自心佛性如来藏,以成就佛果。这都为禅学提供了向内探求解脱之道的新途径、新方向,具有重大的理论意义和实践意义。这里顺便指出,公元513年,著名的译经家菩提流支在洛阳译出十卷本《入楞伽经》,上述求那跋陀罗译的四卷本《楞伽经》就是此经的略本。此经是大乘瑜伽系的经典,两种译本都是以阿赖耶识和如来藏,尤其是以后者来说明人生和宇宙的本原的。但四卷本以"性空"为涅槃境界,以"性空"之理为如来藏,而十卷本则视涅槃、一心和如来藏三者是相通而相等的。这样就在涅槃和如来藏是"性空"还是一心的问题上形成了分歧,并影响了禅修的不同走向。

二是建康作为南方著名禅僧最集中的地方,由北方禅师和印度、西域僧人带来的禅风与本地重义理的学风相融合,逐渐形成了一种佛教新风:修习禅法与探求义理相结合。如三论宗的重要先驱、"摄岭师"僧朗对于龙树"三论"(《中论》、《百论》、《十二门论》)深有研究,又重视禅法,教人以无住、无得,把三论的中道思想应用于禅学。

此外,还有两位风采特异的禅师也值得注意。一位是宝志(?—514),甘肃兰州人。史载,他长年修习禅业,从无定式,居无定址,食无定时,发长数寸,手持锡杖(上挂剪刀和镜子),跣行街巷,时而赋诗,言如谶记,屡显神异。齐武帝谓其惑众,收容于建康。梁武帝即位后,则对他倍加崇敬。死后葬于钟山,墓侧立开善寺。后世称之为志公和尚。据《景德传灯录》卷29载,宝志作有《十四科颂》、《十二时颂》和《大乘赞十首》,宣扬即心即佛说,强调"一切无非佛事,何须摄念坐禅"①。因与唐以后禅宗思想一致,被视为后人托名之作。

另一位是傅翕(?—569),浙江义乌人,是在家的善慧大士(居士),也是禅师。他日间劳作,夜间修禅。后被梁武帝迎入京师,世称为傅大士。唐代道信禅师在所作《入道安心要方便法门》中,称赞傅大士的禅法

---

① 《十四科颂》,《景德传灯录》卷29。

"独举守一不移"①,并以此为修道方便五种法门的依据之一。又《景德传灯录》卷30载有傅大士的《心王铭》,强调自心的修持重在心性清净。然也有人疑为后世的伪作。

地处浙江东北部的天台山、四明山一带是继东晋以后南朝禅师的又一集中地。如释慧明,康居人,于齐建元中,与沙门共登赤城山,"栖心禅诵,毕命枯槁"②。释弘明,会稽山阴人,少年出家,于山阴云门寺诵《法华》,习禅定。《高僧传》本传载,时有虎来室内,见明端然不动,久之而去。后住昭玄寺、百林寺,"训勖禅戒,门人成列"③。可见当地习禅风气之盛。又有释慧实,颍川人,梁末游步天台,修头陀行,以宴坐为业④。南朝时这一带最重要的禅修活动者当属天台宗创始人智颛。智颛年十八即投湘州果原寺沙门法绪出家,后到光州大苏山投慧思禅师门下,修"法华三昧"。慧思游南岳,智颛则至金陵,宏开讲论,博得当时诸大德的敬服。此时智颛对禅观学说的组织已初见眉目,著有《小止观》、《次第禅门》等。智颛同门人一起入天台山住了十年,后人称之为天台大师。陈末又回金陵,陈亡后游化两湖,回到故里荆州,又往庐山,再重上天台山,不到两年就去世了。智颛本人成熟的禅观思想体现在他晚年的著作《摩诃止观》里,该书本拟写作十章,实完成了七章,未成全璧。

(三)南北两地禅法的基本特点

下面我们从三个方面来综合南北朝两地禅法的基本特点:

第一,就禅僧的情况来说,有两个特点值得注意:一是有的禅僧是受王朝直接供养,礼遇甚隆,生活优裕;有的禅僧则是生活在山林,一衣一食,自给自养。由此形成禅僧有上层和下层之分。上层的禅僧与王朝关系密切,地位显赫,名声隆盛。他们往往把禅法修持与政治活动和道德教化结合起来,以发挥安民抚众、巩固统治的作用。如僧稠建议北齐文宣帝

---

① 参见《楞伽师资记》引,《大正藏》第85卷。
② 《慧明传》,《高僧传》卷11。
③ 《弘明传》,《高僧传》卷12。
④ 参见《慧实传》,《续高僧传》卷17。

高洋以佛道设教,引导四民,深得赏识。又如僧实,被西魏统治者视为"可宪章于风俗,足师表于天人"①的模范人物,其言论也被尊为"世宝"。他们都是通过禅学的形式为社会政治服务,又通过王朝的支持来扩大禅学的影响。下层的禅僧,有潜心禅修、追求解脱者,也有原为流民,或与当局统治者不合作者。他们人数众多,是佛教禅修活动的群众基础和社会基础。在下层禅僧中,也有造诣极深的禅师,他们是中国禅学思想发展的重要代表人物。二是禅僧有分散的也有集中的,后者形成为共同生活、共同修禅的群体。在这些群体中,有的更是形成了师徒相承的传法系统。师承关系的形成,一方面引发出禅僧内部的相互排斥乃至倾轧现象,一方面又逐渐导致禅僧内部不同派别的产生。

第二,就南北两地禅学的关系来说,正如僧传所载:"江东佛法,弘重义门"②,"佛化虽隆,多游辩慧"③。南方重义理,北方重实践,是当时佛教的历史事实。这就是说,其一,北方禅学盛于南方;其二,南方禅学较多与义理之学相糅合,并非说南方禅学不兴盛,更不是说南方无禅学。南北佛教学风的不同,推动了两地的交流。北方禅师大批南下,弘扬禅法,直接推动了当时南方禅修的盛行。南方有的禅师也专程北上取经,如摄岭三论学系的著名僧人慧布,尊奉"三论",而又偏重于禅定。他北至邺都,向达摩门下的慧可禅师问学,求证其所见,又西至荆楚,与慧思讨论大义,也获得印可。慧布回到栖霞后,与寺内的禅众专习禅法,并请保恭禅师主持栖霞寺,指导禅修。又,南方的禅师之间也经常进行交流,如摄岭僧人与智颛的关系就很密切。禅师们频繁交流,一方面,使不同传承系统的禅学趋于契合,如后来的天台宗、三论宗和禅宗诸家禅学,虽然学说渊源不同,禅修方法有异,但是在思想上仍有一脉相通之处;另一方面,使义理与实践、教与禅逐渐走向合流,推动理论与实践融汇成完整的体系,从而为佛教宗派的创立准备了条件。

第三,就中国禅学的形成来说,南北朝禅师通过多方面的创造性的学术活动,而为新的禅学体系的创立奠定了基础:一是突破了佛典神圣观念

---

① 《僧实传》,《续高僧传》卷 16。
② 《慧思传》,《续高僧传》卷 17。
③ 《习禅篇后论》,《续高僧传》卷 20。

的束缚,独立地评判佛典的高下,选择自认为义理最高的经典作为修禅的依据。二是领悟而又不拘于佛典的文句,从中提出了新的观点、新的命题、新的禅观方法。三是突破了原有坐禅入定的樊篱,贬斥一味"宴坐"的禅法,拓展了禅修的新法门。四是在译出唯识系等经典的影响之下,中国禅学日益与心学相融合,偏重于主体"心"的修持,同时在此基础上构筑心性论、功夫论和境界论的禅学体系。这在前面所述的慧文、慧思、达摩、慧可等禅师的活动中,可以或看出其端倪,或看出其轮廓。中国化的禅学体系可谓呼之欲出了。

(原题为《南北朝禅学》,载《宗教学研究》2000 年第 2 期)

三、道信和弘忍的东山法门

　　道信,早年出家,后赴安徽舒州皖公山从僧璨学习禅法。僧璨圆寂后,道信南下江西吉州、江州一带传法,最后北上,到与江州隔江相望的湖北黄梅双峰山弘法三十余年。弟子弘忍,生于黄梅,早年奉事道信,曾负责安排寺内禅众的劳动生产和生活,深得众望,后来赴双峰山以东约三十公里的东山弘法。道信和弘忍的禅修生活与以往的禅师不同,一是定居,如道信在双峰山弘法三十余年,聚徒达五百多人。二是重视生活自给,提倡以禅指导日常生活,把劳动生产与禅修实践结合起来。道信和弘忍使禅僧生活方式和修持方式发生了重大的变化,史称他们的禅法为"东山法门"。

　　道信在《入道安心要方便法门》中说:"我此法要,依《楞伽经》诸佛心第一。又依《文殊说般若经》一行三昧,即念佛心是佛,妄念是凡夫。"①这可以说是东山法门禅法的纲要,其中包含了心性理论和修行实践两个方面。总的说,东山法门的禅法就是静态渐修的坐禅、念佛和守心,其特质主要是外在的念佛和内在的守心,尤其是守心,最为偏重。

(一)道信的"念佛即是念心"说

　　念佛是禅门的一种常用法门,它是以念诵、观想等方式使念佛人的心

---

　　①　转引自《楞伽师资记》,《大正藏》第85卷,1286页下。

灵专注起来,并产生一种神圣的感受与对佛的崇敬心情。《入道安心要方便法门》引古训说:"古时智敏禅师训曰:学道之法,必须解行相扶,先知心之根原及诸体用,见理明净,了了分明无惑,然后功业可成。一解千从,一迷万惑。失之毫厘,差之千里。"①这段话强调了理论与实践相结合的修持原则的重要,而在解知方面,特别重视知心的根源及其体用的意义。又说:"坐时当觉识心初动,运运流注,随其来去,皆令知之。"②从《入道安心要方便法门》来看,所讲心的涵义有两个层次:一是从众生原初本有的角度来界定心,说心是明净心(清净心);二是从众生现实修持角度提出的念佛的心。对于明净心,道信又通过融合《楞伽》和《般若》两经,来肯定如来藏性与寂灭性相统一的特质。《楞伽经》是讲如来藏的,《文殊说般若经》是讲空的,然而,后者又认为真如与寂灭性是无异无别的;若能做到"观察分明,内外空净,即心性寂灭,如其寂灭,则圣心显矣"③。也就是说,清净与空寂本是一回事。

道信还分析了明净心的体用两个方面:心体是指心的体性,心体是清净无染的,与佛无异;心用是指心的明净作用,即产生与佛法相符合的觉悟。这种明净心体用说,为"念佛心"成佛说提供了理论依据和修持规范,为引导人们追求内心世界的明净空灵提供了方便法门。

如上所述,道信提出的"念佛心是佛,妄念是凡夫"命题,既把念佛心与妄念、佛与凡夫对立起来,也把念佛心与佛、妄念与凡夫统一了起来,具有重要的理论意义和实践意义。所谓念佛心是"系心一佛,专称名字"④,是排除一切妄念,专于念佛,心心相续,以求心中见佛。这实际上是主张念佛与念心的同一。道信的念佛是称名、观想等多种活动,念心就是观心。也就是一方面以念佛求生无量无边功德,一方面以观心灭尽妄念,求得心地清净。这两方面是同步的,甚至是同一的。这也就是"念佛心名无所念"⑤,是不作区别、无所执著的心,是心的本然。念佛心排除妄念、烦

---

① 转引自《楞伽师资记》,《大正藏》第85卷,1288页上。

② 同上书,1287页中。

③ 《入道安心要方便法门》,转引自《楞伽师资记》,《大正藏》第85卷,1289页上。

④ 《文殊说般若经》卷下,《大正藏》第8卷,731页中。

⑤ 《入道安心要方便法门》,转引自《楞伽师资记》,《大正藏》第85卷,1287页上。

恼,不执著对象形相,其结果就会"忽然澄寂,更无所缘念"①。念佛心的佛是无形相的,念佛心的心也是无形相的,从修持的更高意义上说,念佛实是无所系念,连念佛心也不生起,只保持原本的净心,才是真念佛。这种无所念的念佛心,才是禅修成佛的基础:"身心方寸,举足下足,常在道场;施为举动,皆是菩提。"②身心的一切活动,都是成佛的道场,都体现了成佛的觉悟。所以,"离心无别有佛,离佛无别有心"③,念佛心是佛,真念佛时,佛与心的形相一同泯灭,佛与心相合相融,佛就是心,心就是佛。这也就是所说的"念佛即是念心,求心即是求佛"④的真谛。

道信以念佛与念心相合而一构成念佛心的观点,把众生的现实心与原本的清净心沟通起来,从而也就为从念佛过渡到成佛架起了桥梁。

(二)从道信的"守一"到弘忍的"守心"

道信认为除了念佛净心外,坐禅摄心也是禅修的重要法门。在"摄心"中,他还特别重视"守一"。道信说:"守一不移者,以此空净眼注意看一物,无问昼夜时,专精常不动。其心欲驰散,急手还摄来。如绳系鸟足,欲飞还掣取。终日看不已,泯然心自定。"⑤又说:"守一不移,动静常住,能令学者明见佛性,早入定门。"⑥所谓守一不移,就是运用万物性空的眼光来观照事物,如此日夜不停,坚持不懈,就能心意集中,保持禅定状态,进而明见佛性。也就是说,守住一心的佛性,称为"守一不移"。道信还进一步提出坐禅观心的方法:

> 初学坐禅看心,独坐一处,先端身正坐,宽衣解带,放身纵体,自
> 按摩七八翻,令腹中嗌气出尽,即滔然得性,清虚恬静,身心调适,然

---

① 《入道安心要方便法门》,转引自《楞伽师资记》,《大正藏》第 85 卷,1287 页上。
② 同上。
③ 同上。
④ 同上。
⑤ 同上书,1288 页中。
⑥ 同上书,1288 页上。

安心神,则窈窈冥冥,气息清冷,徐徐敛心,神道清利,心地明净。观察分明,内外空净,即心性寂灭。如其寂灭,则圣心显矣。性虽无形,志节恒在。然幽灵不竭,常存朗然,是名佛性。见佛性者,永离生死,名出世人。①

这是说,坐禅观心是通过身体和心理两个方面的修持训练,以达到"内外空净"的境地;禅修者的心性进入这种"内外空净"的寂灭状态,就能圣心显现,佛性朗然,从而超越生死,成为"出世人"。

基于心本来不生不灭的观点,道信还提倡不假造作、任运自然的修行方法:"亦不念佛,亦不捉心,亦不看心,亦不计心,亦不思维,亦不观行,亦不散乱,直任运。"②既不着意于任何修行手段,也不有意处于不作修行,而是自然而然,随缘任运。道信认为,这样久而久之,就会"心自明净"。当有人问:"用向西方不?"意思是,是否要观想西方弥陀净土?道信回答说:"若知心本来不生不灭,究竟清净,即是净佛国土,更不须向西方。"③道信认为,对于了知自心本来清净的利根人来说是无须向西方的,"向西方"只是对钝根人的方便教法。

现题为弘忍述的《最上乘论》,在道信守一说的基础上,进一步强调"守心第一",并说所守的心就是"守本真心"。《最上乘论》说:"此守心者,乃是涅槃之根本,入道之要门,十二部经之宗,三世诸佛之祖。"④守心是学佛和成佛的关键。至于守心的心,该论说:"夫修道之本体,须识当身心本来清净,不生不灭,无有分别。自性圆满清净之心,此是本师,乃胜念十方诸佛。"⑤认为心是"自性圆满清净心"。此心特点有三:本来清净、不生不灭、无有分别。《最上乘论》还说,众生的自性圆满清净心是为妄念烦恼所覆盖而不得显现,只要凝然守心,妄念不生,清净心就会自然显现。

---

① 《入道安心要方便法门》,转引自《楞伽师资记》,《大正藏》第 85 卷,1289 页上。
② 《大正藏》第 85 卷,1287 页中。
③ 同上书,1287 页下。
④ 《大正藏》第 48 卷,377 页下。
⑤ 同上书,377 页上。

又说："三世诸佛皆从心性中生。先守真心,妄念不生,我所心灭,后得成佛。"①"我所",指为我所有的观念。守真心是众生成佛的起点、根据和关键。这里所讲的"守心",实质上就是运用心灵自觉暗示的方法,使心灵进入清净空寂的境界,返归心性本原的状态,获得一种内在的体验与超越的感受。

道信和弘忍树立的东山法门有着共同的禅法、禅风,同时两人又各有所重。道信信奉《楞伽经》与《文殊说般若经》,尤为侧重后者而倡导"念佛"、"看净"(空无一物)。相对而言,弘忍则侧重于《楞伽经》和依魏译《楞伽经》所作的《大乘起信论》,更推崇"看心"和"守心"。道信和弘忍都信奉《楞伽经》,都以众生同具如来藏或佛性为理论基石,都以心性为本,倡导"即心是佛"说。所不同的是,弘忍比道信更强调"守本真心",把守心的心明确地落实到《大乘起信论》的心真如门,更鲜明地在心性论上表现出返本归原的倾向。这就由达摩的通过壁观而与道冥合的禅法,转为修持看心和守心,强调在摄守人类心灵本原上着力用功,体现出更注重主体内在精神世界的转换与超越的风格。

道信和弘忍的禅风对后世的影响是深远的,尤其是弘忍,从一心说转而采用《大乘起信论》的染净二心说,阐扬妄心不起、真心不失的思想,强调"守本真心",为后来的禅师们所继承、运用。有的后继者偏于息灭妄心,有的后继者重在直指真心,从而又形成了不同的流派。

(原为《中国佛教哲学要义》第 29 章第 1 节)

---

① 《大正藏》第 48 卷,378 页上。

四、南顿与北渐

中国佛教所讲的顿渐是指修行者见道悟理的迟疾,是就时间的快慢、过程的长短而言的。而见道悟理包括修持和觉悟两个方面,也就是既有修持的顿渐(顿修和渐修),又有觉悟的顿渐(顿悟和渐悟)。唐代禅学史上所谓的南顿北渐的顿渐是指顿悟与渐悟,是两种不同的觉悟方式和觉悟过程。顿悟是突然的、当下的觉悟,是不经次第、阶段而直下证入真理、契合真性的觉悟。渐悟是不断修习,渐次悟入,运用种种权宜方法,经历由低到高的阶段,进而把握真理,体悟真性。史载:

> 第五祖弘忍大师在蕲州东山开法,时有二弟子:一名慧能,受衣法,居岭南为六祖;一名神秀,在北扬化。其后神秀门人普寂者,立秀为第六祖,而自称七祖。其所得法虽一,而开导发悟有顿渐之异,故曰南顿北渐。①

由此看来,所谓南顿北渐,是指慧能与神秀分别在南北两地传法的殊异禅风,是在开导发悟上的迟疾之别。慧能与神秀二系也称南北二宗:"天下散传其道,谓秀宗为北,能宗为南。南北二宗,名从此起。"②

南北顿渐的分立,始于神会对神秀一系禅法的抨击:"师承是傍,法门

---

① 《五灯会元》卷4《荐福弘辩禅师》。
② 《神秀传》,《宋高僧传》卷8。

是渐"①,此后更形成争夺法统的紧张:"顿渐门下,相见如仇仇,南北宗中,相敌如楚汉。"②从南北二系势力消长的形势来看,在7世纪下半叶和8世纪上半叶,神秀一系的禅风几乎笼罩了中国北方,其势力与影响远在慧能一系之上。只是在8世纪中叶,尤其是在9世纪中叶会昌灭佛后逐渐衰退,约至9世纪末趋于衰亡。慧能一系到了8世纪,在南方迅速发展起来,马祖道一与青原行思等人尤其是临济、曹洞等"五家",更把慧能禅宗推向了一个新的阶段,更鲜明地张扬顿悟法门的禅风。马祖道一与青原行思二脉作为慧能一系的主要代表,后来日益成为中国禅风的主流,一直延绵至清朝。

以下,我们将论述南北二系"发悟"的根据、对象、方法和境界,并比较南顿北渐的异同。在此之前,我们还拟简要地追述一下晋宋之际的顿渐分野,并着重论述竺道生的顿悟说。

(一)晋宋之际的顿渐分野

中国佛教的顿渐对立始于晋宋之际。东晋时的般若学者,一般都偏于以渐悟为基础的小顿悟说。他们把成佛的步骤、方法与菩萨修行的"十住"阶次联系起来,认为在菩萨修行的十个阶位中,达到了"七住",也就是对"无生"③法有了坚定的认识,就是彻悟了,然后再继续修持下去,就能成佛。这是渐进式的顿悟,称为小顿悟。如支遁、道安、慧远、僧肇等人都持这种观点。竺道生不同,他认为"七住"内没有彻悟的可能,只有到"十住"的最后一念"金刚道心",也就是具有犹如金刚般坚固、锋利的能力时,一下子断尽一切妄惑,才能得到正觉,成就为佛,这叫大顿悟。竺道生的顿悟说,为一时的骇俗之论,是中国佛教学者创造的中国化新禅道。

竺道生把般若学和涅槃学结合起来,提出了顿悟成佛说。顿悟说的根据是一切众生皆有佛性、一切众生莫不是佛的思想。他说:"既云三乘

---

① 《中华传心地禅门师资承袭图》,《续藏经》第1辑第2编第15套第5册。
② 《禅源诸诠集都序》卷上之2,《大正藏》第48卷。
③ "无生",意为因缘和合的一切事物无真实性,或者说,否定具有自性的真实东西产生。

是一,一切众生莫不是佛。"①又说:"以神通力接诸大众,皆在虚空,所以接之者,欲明众生大悟之分皆成于佛,示此相耳。"②道生认为,众生既具有佛性,且莫不是佛,那么,在大悟即顿悟时就能成佛。在竺道生看来,所谓成佛就是体悟真理。竺道生在《大般涅槃经集解》序文中说:"夫真理自然,悟亦冥符,真则无差,悟岂容易? 不易之体,为湛然常照,但从迷乖之,事未在我耳。苟能涉求,便返迷归极,归极得本。"③慧达在《肇论疏》中也论及竺道生的大顿悟,他说:"第一竺道生法师大顿悟云,夫称顿者,明理不可分,悟语极照。以不二之悟,符不分之理。理智恚(疑为悉字)释,谓之顿悟。"④这就是说,悟的对象是真理,而真理是完整不可分割的;悟的方式是冥符,而冥符是直觉式的契合,是不二的。"以不二之悟,符不分之理",那么,众生的觉悟只能是突然顿悟。竺道生说:"佛理常在其心,念之便至矣。"⑤又说:"一念无不知者,始乎大悟时也。……以直心为行初,义极一念知一切法,不亦是得佛之处乎?"⑥由于众生本有佛性,佛理常在心中,因此众生的觉悟就在一念之间。在一刹那间豁然开解,无所不知,这就是大悟,就是顿悟。

慧达在《肇论疏》中还论述了竺道生对"悟"与"信"的界定,文说:"见解名悟,闻解名信。信解非真,悟发信谢。理数自然,如果就(疑为熟字)自零。悟不自在,必藉信渐。用信伪(疑为伏字)惑,悟以断结。悟境停照,信成万品,故十地四果,盖是圣人提理今(疑为令字)近,使夫(疑为行字)者自强不见(应为息字)。"意思是说,竺道生认为,对佛理深有所得的见解是"悟",听闻所得的佛教知识是"信"。悟解是真,信解是非真。然而悟解不能自然产生,必须依靠信解的积累,灭除妄惑,才能生悟。一旦发悟,顿成正觉,信解也就凋谢脱落了。这也就是说,竺道生认为修行是由信到悟的过程,由渐修到顿悟的过程,顿悟不是凭空而悟的。关于顿

① 《见宝塔品注》,《法华经疏》卷2,《续藏经》第1辑第2编乙第23套第4册。
② 同上。
③ 《大般涅槃经集解》卷1引。
④ 《续藏经》第1辑第2编乙第23套第4册。
⑤ 《注维摩诘经》卷6。
⑥ 《注维摩诘经》卷4。

悟的境界,竺道生说:"悟夫法者,封惑永尽,仿佛亦除,妙绝三界之表,理冥无形之境。形既已无,故能无不形,三界既绝,故能无不界。"①意思是说,修持者一旦顿悟,就能超越物质界和精神界,达到无所不在的精神境界。

大顿悟说是竺道生把佛教般若学空观与涅槃佛性说加以整合的新成果,就其独创性来说,主要体现了与中国传统思维方式的结合。竺道生冥符"理"的顿悟说的理论进路,实是道家的复归自然,儒家的尽心知天,亦即返本归源的思路。也就是说,顿悟说是在中国传统思维方式主导下的产物,这表明了中国传统思维方式对中国佛教学者的深刻影响,也表明了顿悟说既适应了中国民族性格,又符合了中国佛教信徒的修持要求。

(二)神秀一系:重渐修渐悟

神秀一系的禅法主渐修渐悟。神秀认为,戒行禅修都离不开心,众生的清静心是觉悟的基础。清净心是与染污心相对立而存在的,是透过超越的分解过程而显现的。在世俗生活中,由于众生本有的清净心为染污心所遮蔽,显示不出,因而不能觉悟成佛。神秀强调,应该拂拭、排除染污心的作用、影响,也就是要制伏、泯灭一切情欲和世俗认识,以显示出清净心的光明、寂静,这是一方面。另一方面,众生还应当观心,即直观内省,以观照、觉察清净心的存在,来实现心灵自觉,这也就是"看净"。这两方面的禅法就是离念看净,或除妄显净。此系认为,排除俗欲,离开妄念,克尽染心,显露净心,是一个渐进的过程,有一定的程序,需要次第修行,才能达到。也就是说,神秀一系是修持规范化、程式化的禅法,是渐进的觉悟方式。

神秀弟子张说在描述神秀一系禅风时说:"其开(示禅)法大略,则专念以息想,极力以摄心。其入也,品均凡圣;其到也,行无前后。趣定之前,万缘尽闭;发慧之后,一切皆如。"②"息想"、"摄心",就是要杜绝一切

① 《注维摩诘经》卷2。
② 《唐玉泉寺大通禅师碑》,参见《中国佛教思想资料选编》第2卷第4册,351页。

心思活动。这就是说,通过坐禅习定,闭绝思虑,心地和平,禅定生慧,一切也就如理(真理)如法(佛法)了。宗密也把神秀禅法归结为"息妄修心宗",并将其特点总结为"拂尘看净,方便通经"①。"尘",即不净,也称客尘、尘垢。尘埃能附着于他物,使之污染,烦恼也能染污心灵,故以尘垢喻指烦恼,"拂尘"也是比喻。"看净"是静坐观看像虚空一样的净心。意思是说,像拂拭尘埃不使染污才能保持事物(如镜子)的洁净一样,修持者也只有不断排除烦恼,观看净心,才能保持心灵本性的明净。这是渐修的方法。慧能《坛经》所载神秀的偈句"身是菩提树,心如明镜台;时时勤拂拭,莫使有尘埃"②,正体现了"拂尘看净"的思想。"方便通经"是把禅修的方便法门与经教会通起来,即通过广泛援引和自由解说经典为禅法提供理论根据。

"息想"、"摄心"、"拂尘",就是"离念"。神秀禅修的最主要法门就称为"离念门"。这是会通《大乘起信论》以"心体离念"为佛的本质而提出的。《大乘起信论》说:"所言觉者,谓心体离念。离念相者,等虚空界,无所不遍,法界一相,即是如来平等法身。依此法身,说名本觉。"③神秀一系就据此主张离念,以直观心灵的原本真实性。"念",此指分别意识。念头,即"妄念"。"离念"就是不起念,消灭念,就是排除分别的意识、念头,如受赞叹不自喜、被打骂不怨恨等。离念也就是"无心",心与虚空合体,无限广大,毫无执著,名"等虚空界"。离念也是恢复本觉,离念就是觉。总之,离念以后,心境虚空,广大无边。这就是"看净",即观看一切事物都不可得。离念看净的结果,是"净心"。神秀在《大乘无生方便门》中说:"诸佛如来有入道大方便,一念净心,顿超佛地。"④所谓净心,就是对一切事物都不见不取不执著,能做到净心也就顿然达到佛地了。净心和离念是密切相连的,离念是"方便"、手段,净心是目的、目标。只有离

---

① 《圆觉经大疏钞》卷3下,《续藏经》第1辑第14套第3册。文下解释云:"拂尘者,即彼本偈云:'时时须拂拭,莫遣有尘埃'是也。意云众生本有觉性,如镜有明性,烦恼覆之,如镜之尘。息灭妄念,念尽即本性圆明,如拂尘尽镜明,即物无不极。"

② 《坛经》[6]。

③ 《大正藏》第32卷。

④ 《大正藏》第85卷。

念,才能净心。达到离念境地,就是净心的呈现。后来神秀的弟子普寂等人把神秀禅法发展为"凝心入定,住心看净,起心外照,摄心内证"①之说。他认为入定看净是禅修的"方便",也就是离念;外照内证是净心的体用。外照是因性起相,内证是摄相归性,体性与形相相即,是为净心的呈现,也就是进入佛地。

神秀还从"观心"的禅修角度出发,把念佛与"观心"融为一体,提倡"正念"念佛。他在《观心论》中说:

> 夫念佛者,当修正念。[了义]为正,不了义即为邪。正念必得往生净国,邪念云何达彼?佛者觉也,所为觉察身心,勿令起恶。念者忆也,谓坚持戒行,不忘精勤。了如来义,名为正念。故知念在于心,不在于言。……既称念佛之(之,原作云)名,须行念佛之体。若心无实,口诵空言,徒念虚功,有何成益?……念从心起,名为觉行之门;诵在口中,即是声音之相。执相求福,终无是乎?②

神秀强调,念佛在心不在口,应修正念,排除邪念。所谓念佛的正念是"觉察身心,勿令起恶","坚持戒行,不忘精勤",这也就是把念佛与去恶从善、除妄显净的"观心"统一起来,把念佛纳入"观心"的禅修之中了。

神秀一系奉行以心为宗的禅法,不仅把念佛纳入"观心"之中,而且"方便通经",涉及多种经论。相传神秀门下的"五方便门"③,就是依据五种经典,开显出五种方便法门:一是依《大乘起信论》而立的总彰佛体门,也称离念门。该论说心体离念而成佛。离念就无心,无心就无色,如此色心清净,是为佛体。二是依《法华经》开智慧门,经讲开示悟入佛之知见,通过无念不动,从定发慧,以开发众生本有的佛知见。三是依《维摩经》显不思议解脱门。因该经强调菩萨于不动中说法,定中有慧,是不思议,又说无思无想为解脱。四是依《思益经》说心不起离自性为正性门。该经说心不起即无心,无心即无境,要求从无心无境方面,即离开自性的视

---

① 《荷泽神会禅师语录》,参见《中国佛教思想资料选编》第 2 卷第 4 册,89 页。
② 《大正藏》第 85 卷。
③ 《圆觉经大疏钞》卷 3 下,《续藏经》第 1 辑第 14 套第 3 册。

角去认识一切现象及本质("正性")。五是依《华严经》见不异门。该经讲一切存在无异(无差别),若具有无差别的智慧,自然无碍解脱。"五方便门"的禅法表明,神秀门下对佛教经典,尤其是与《般若》相近的经典的重视,拓宽了依持经典的种类,扩大了禅法的范围,同时也突出了"离念"在禅修中的关键作用。由离念而无心,由无思无想而无色无境,由不异而无碍,由无碍而解脱,就是神秀一系禅修的基本理路。总之,这都是属于"渐"的禅修方法。

从上述神秀一系的禅法看来,虽然也有顿悟的思想,说一念顿超,悟在须臾,但更多的是讲渐修。他们强调离念,主张离妄乃真,而不是即妄而真,这就是认为禅修是一个渐入的过程。息想、摄心、拂尘,都是慢功,没有浪漫色彩。神秀一系主张运用种种方便,点滴领会,日积月累,逐渐贯通,最后豁然大悟。也就是说,神秀一系是采取渐修的修行方法、渐悟的觉悟方式,是在渐修、渐悟的基础上再跃入顿悟,或者说是积渐修渐悟为顿悟,这和慧能一系提倡的单刀直入、见性成佛的顿悟法门是不同的。

(三)慧能和神会:主顿悟渐修

慧能的顿教主张,是针对神秀一系的渐教而建立的。他反复地对顿渐的意义及其根据作出重要的界说。他说:"法无顿渐"①,"法即一种"②,"法无不一"③,这里所讲的"法"是就认识论上的本性而言的,指每个人的自心都有不变的真如本性。慧能的意思是说,就禅修的最后根据,即每个人的自心都有真心来说,是无顿渐区别的,南北两宗都是一样的。从这层意义上说,"教即无顿渐"④,即无顿渐教法的区别。他还明确地指出:"世人尽言南能北秀,未知根本事由。……法即一宗,人有南北,因此便立南北。"⑤认为自己与神秀的心性理论基本上是相同的,只是人在南

---

① 《坛经》[16]。
② 《坛经》[39]。
③ 《坛经》[35]。
④ 《坛经》[36]。
⑤ 《坛经》[39]。

北两地,便立南北两系。那么,为什么又言顿渐呢? 慧能说:"何以渐顿,法即一种,见有迟疾,见迟即渐,见疾即顿。法无渐顿,人有利钝,故名渐顿。"①又说:"法无顿渐,人有利钝,迷即渐契,悟人顿修,自识本心,自见本性。"②意思是说,人有利钝迷悟之分,根机有上下优劣之别,因而在彻见自心真性上也就有快疾迟慢的不同,这就是顿渐的根由。在慧能看来,所谓顿渐,就是见性的过程长短和时间快慢的区别。顿渐的区别实是由修行人的素质所决定的,利根,即素质高,悟道就快;钝根,即素质低,悟道就慢。慧能虽然强调人的素质高低对悟道的迟速起决定性的作用,但又指出顿渐修证的基本准则——无相、无念、无住是相同的;另外,既有顿渐区别,相应地,修证方法也就有不同,慧能提倡"自性顿修"③,声称"惟传顿教法"④,这也就是说,慧能关注的是为利根人设计、提供的顿悟法门。

顿悟是慧能禅宗的根本法门。顿悟,悟什么呢? 怎样悟呢? 慧能提出了"于自心顿现真如本性"⑤的命题,认为顿悟的对象、内容是众生的真如本性。这种本性是含藏在众生自心里的。顿悟的方法是于自心顿现本性,也就是说,不是离开自心去觉悟,而是于自心上实现觉悟;不是改造本性后觉悟,而是本性显现就是觉悟。实现的方式是"顿现",是顿然的,即刻就觉悟。《坛经》反复强调说:"若识本心,即是解脱"⑥,"见自本性,即得出世"⑦,此处所讲的"本心"与本性是同一含义的概念,故此《坛经》也说:"识心见性,自成佛道。"⑧慧能把众生的自心、本性与佛道三者沟通、等同起来,强调顿现自心的本性即成佛道,这表明他所重视的是如何使迷失在世俗情欲和一般认识中的心灵由迷转悟,直见自我本性,快速地显现众生本来具有的与佛相同的心性。

以心性本净、见性成佛为思想基础,在修持实践方面,慧能淡化了

① 《坛经》[39]。
② 《坛经》[16]。
③ 《坛经》[41]。
④ 《坛经》[36]。
⑤ 《坛经》[30]。
⑥ 《坛经》[31]。
⑦ 《坛经》[42]。
⑧ 《坛经》[30]。

"戒、定、慧"三学中戒的重要性,并把戒定位为"无相戒"。"无相"是不具有相对的形相,"无相戒"是以离开一切定相的、坚固不坏的佛心为戒体的戒,是与禅合一的以见自性佛为内容的戒。慧能强调"以定惠(慧)为本"①,并对定慧作出新的解说。《坛经》云:"何名为禅定?外离相曰禅,内不乱曰定。"②这就扩大了禅定的范围。王维《六祖能禅师碑铭》说:"定无所入,慧无所依。"③定,并无固定形式,不限于坐禅,也不必念佛,只要心不散不乱,坐卧行住就都是定。慧,并无特定依恃,不是先有定而后有慧,定慧是一体的。这也就是"定惠(慧)等"④,定就是慧,慧就是定,实质上,这是否定了由定发慧,是以慧代定,突出了智慧在修持中的决定作用。《六祖能禅师碑铭》在叙述慧能的定慧思想后紧接着说:"大身过于十方,本觉超于三世。"⑤"大身",即法身。这是以一心为法身,说此心的心量广大无边,犹如虚空。"本觉",指众生先天具有的般若智慧,"超于三世",就是顿悟。这是说,众生本来就具有般若智慧,人们只要一念心相应,就会实现顿悟。本觉的超越既不必要什么积累,也不受时间的限制。《坛经》[31]云:"当起般若观照,刹那间妄念俱灭,即是真正善知识,一悟即至佛地。"若能生起般若观照,刹那间妄念俱灭,就是真正趋入佛道的人,再一念悟就体知佛了。"前念迷即凡,后念悟即佛。"⑥这是慧能对众生的警告与期待,从这句话来看,可以说,坐禅、念佛、守心等一系列禅修方法,都只剩一念之转了,凡夫与佛的区别就在于一念之差,观念的转化成为禅修的根本。慧能为禅宗的顿悟说确立了基本观点。

慧能的禅修法门展现为"无念、无相、无住"三个方面。《坛经》[17]云:

　　　　我此法门,从上以来,顿渐皆立无念为宗,无相为体,无住为本。

———————————

① 《坛经》[13]。
② 《坛经》[19]。
③ 《中国佛教思想资料选编》第2卷第4册,75页。
④ 《坛经》[13]。
⑤ 《中国佛教思想资料选编》第2卷第4册,75页。
⑥ 《坛经》[26]。

何名无相？无相者于相而离相，无念者于念而不念，无住者为人本性。念念不住，前念今念后念，念念相续，无有断绝，若一念断绝，法身即离色身。念念时中，于一切法上无住，一念若住，念念即住，名系缚。于一切法上念念不住，即无缚也。此是以无住为本。善知识，外离一切相是无相，但能离相，体性情净，此是以无相为体。于一切境上不染，名为无念，于自念上离境，不于法上生念。若百物不思，念尽除却，一念断即死，别处受生。学道者，用心，莫不思法意，自错尚可，更劝他人迷，不自见迷，又谤经法，是以立无念为宗。即缘迷人于境上有念，念上便起邪见，一切尘劳妄念，从此而生。然此教门立无念为宗，世人离见，不起于念，若无有念，无念亦不立。无者无何事，念者念何物？无者离二相诸尘劳，念者念真如本性，真如是念之体，念是真如之用。自性起念，虽即见闻觉知，不染万境，而常自在。

上引"无念为宗，无相为体，无住为本"是《坛经》的实践纲领，是渐顿两种法门都要遵守的禅修准则。无念是不起相对的念相、分别心。慧能认为，人心是活动的，也是需要活动的，念就是心的一种动相。但念有净念与妄念之分，所谓无念，不是不起念，而是心应不起虚妄分别的念想。无相是不具有相对的形相，不执取对象的相对相、差别相。无住是指没有任何住著、执著的心灵状态。《金刚般若波罗蜜经》云："菩萨于法应无所住。""诸菩萨摩诃萨应如是生清净心：不应住色生心，不应住声香味触法生心，应无所住而生其心。"①强调不住著于任何对象、不执取任何对象。在禅修中不起妄念、不作分别相、不执取任何对象，这三者是密切联系的，同为般若智慧的要求、作用和表现，其实质是强调从主客体空寂的基础上实现主客体合一，以实现精神的超越。这也就是慧能提倡的禅修的根本方法——顿法。

神会是慧能晚年的弟子、荷泽宗的创始人、建立慧能禅宗的得力人物。他继承、弘扬和发展了慧能的顿悟法门，在禅宗史上占有重要的地位。

① 《大正藏》第8卷。

神会批评神秀一系的渐悟法门说,从菩提达摩以来"六代大师,一一皆言单刀直入,直了见性,不言阶渐"①。"性",指佛性、本觉、净心。"见",指性的显现、发露。神会认为从菩提达摩以来,历代大师都讲一下子发露出性,顿时彻见佛性。显然神会是打着历代大师的旗号,推行顿悟主张。神会讲的顿悟就是"直了见性",围绕这一中心思想,他还从十一个方面详尽地阐发了顿悟的意义:

> 事须理智兼释,谓之顿悟,并不由阶渐,自然是顿悟义。自心从本以来空寂者,是顿悟。即心无所得者为顿悟。即心是道为顿悟。即心无所住为顿悟。存法悟心,心无所得,是顿悟。知一切法是一切法为顿悟。闻说空不著空,即不取不空,是顿悟。闻说我不著[著下脱我字],即不取无我,是顿悟。不舍生死而入涅槃,是顿悟。②

以上论述都是"直了见性"思想的展开和具体化,其思想要点有四:一不是渐进式、阶段式的悟;二是心空无所得,包括事理兼释、心无所住、不取不空和不取无我,都是无所得的意思;三是即心是道,"知一切法是一切法",也就是心合乎道的意思;四是"不舍生死而入涅槃",意思是即身成佛。在这些顿悟义中,"自心空寂"、"心无所得"占有突出的地位,也就是说,所谓"直了见性"主要是要直了显现心的空寂性,做到心无所得。这是融会般若学空观和涅槃学佛性说的思想表现。

与"不舍生死而入涅槃是顿悟"的思想相一致,神会还明确地提出今生顿悟成佛说。天竺梵僧伽罗蜜多三藏弟子康智圆和神会之间有这样的对话:"智圆问:'一切众生皆云修道,未审修道者一生得成佛道不?'和尚答言:'可得。'又问:'云何可得?'答:'如摩诃衍宗,恒沙业障,一念消除,性体无生,刹那成道,何况一生而不得耶?'"③神会认为大乘宗人,重重业障,一念消除,即顿悟佛道,今生成佛。这和印度佛教主张长期修习、逐渐成就佛道的思想,形成了鲜明的对照。

---

① 《答崇远法师问》,参见《中国佛教思想资料选编》第 2 卷第 4 册,112 页。
② 《荷泽神会禅师语录》,同上书,87—88 页。
③ 《荷泽宗神会禅师语录·补遗》,同上书,107—108 页。

怎样达到"直了见性",实现顿悟呢？神会认为,应以"无念"为根本法门,从"无念"入手。宗密记述神会荷泽宗的教义说：

> 诸法如梦,诸圣同说。故妄念本寂,尘境本空。空寂之心,灵知不昧,即此空寂之知是汝真性。任迷任悟,心本自知,不藉缘生,不因境起。知之一字,众妙之门。由无始迷之,故妄执身心为我,起贪嗔等念,若得善友开示,顿悟空寂之知。……故虽备修万行,唯以无念为宗。①

神会提倡"无念为宗",他的禅也称为"无念禅"。神会说："不作意即是无念。"②"作意",用心、注意,住心执取,是为虚妄。不作意即无妄念,也即无念。无念不是一切念都无,而是无妄念。神会在回答"何者是大乘禅定"时说："不用心[不看心],不看静,不观空,不住心,不证心,不远看,不近看,无十方,不降伏,无怖畏,无分别,不沉空,不住寂,一切妄相不生"③,是大乘禅定。这里讲的大乘禅定和无念禅是一致的,可以说,不生一切妄相,就是无念。神会还进一步结合《金刚经》的无相理念来解释无念,他说："不取于相者,所为如如。云何所谓如如？ 无念。……是无者(无下脱念字),即是般若波罗蜜。……见无念者,名为实相。"④这是说无念即真如,即般若,见无念即为实相。这样,无念既是主体的最高智慧,又是客体的真实本相,是两者的合一。所以,神会又说："法无去来,前后际断,故知无念为最上乘。"⑤由一切存在本性皆空,故知无念是成佛的最上乘禅法。此外,据宗密上述所论,神会一面说无念,一面又讲灵知(空寂之知,般若直觉),主张"知之一字"为"众妙之门",视知为心体本有,重视灵知的发露。这也是定慧等同思想的体现。

---

① 《禅源诸诠集都序》卷上之2,《大正藏》第48卷。
② 《荷泽宗神会禅师语录·补遗》,参见《中国佛教思想资料选编》第2卷第4册,107页。
③ 同上书,108页。
④ 《荷泽宗神会禅师语录》,同上书,84—85页。
⑤ 《京洛荷泽神会大师语》,《景德传灯录》卷28。

慧能和神会提倡顿悟,也讲渐修。《六祖能禅师碑铭》说:慧能"教人以忍",并"以为教首",就是教人忍耐,只正视自己的过失,不计较他人的错误,一心奉行"无相忏悔",勤于修持。神会更发挥说:"夫学道者须顿悟渐修。……譬如母顿生子,与乳渐渐养育,其子智惠(慧)自然增长。顿悟佛性者,亦复如是。"①这是说,修持者顿悟后还必须渐修,就如母亲生出婴儿后,还必须用乳汁一点一点喂养,婴儿才能长大,智慧也才能增长。宗密也说:"真理即悟而顿圆,妄情息之而渐尽。"②认为顿悟真理后,还要逐渐修持以灭尽妄情。顿悟渐修说影响深远。明代禅师德清在《答郑昆岩中丞》中说:"所言顿悟渐修者,乃先悟已彻,但有习气,未能顿净,就于一切境缘上,以所悟之理,起观照之力,历境验心,融得一分境界,证得一分法身,消得一分妄想,显得一分本智,是又全在绵密功夫,于境界上做出,更为得力。"③又说:"此之证悟,亦又深浅不同。若从根本上做功夫,打破八识窠臼,顿翻天明窟穴,一超直入,更无剩法,此乃上上利根,所证者深。其余渐修,所证者浅。"④这也是说顿悟后需继续渐修,以息尽习气,渐进于佛境。又,德清也认为,在证悟上,顿悟为深,渐修为浅。这也是受慧能、神会思想影响的表现。

(四)洪州、石头二宗和五家:倡无修顿悟

慧能以后,经门下南岳怀让、青原行思而各传马祖道一、石头希迁,分别形成洪州宗和石头宗,此后又经一二传而先后衍出沩仰、临济、云门、曹洞、法眼五家。这些后继禅家沿着慧能的"但行直心","不著法相"⑤的禅修之路,日益将禅的意味渗透到日常生活之中,形成了一种随缘任运的态度。与这种禅修的态度相联系,不少禅师还把慧能的顿悟法门推向极端,提倡无修顿悟法门,成为禅风的主流。他们一方面排斥曲折漫长的禅修

---

① 《答崇远法师问》,参见《中国佛教思想资料选编》第2卷第4册,112页。
② 《五灯会元》卷2《圭峰宗密禅师》。
③ 《憨山老人梦游集》卷1,《续藏经》第1辑第2编第23套第2册。
④ 同上。
⑤ 《坛经》[14]。

之路,提倡直截了当地把握成佛的根源——本心,在教学与体证上重视返照、返本功夫,以求一悟而发明心地,并认为念起即落,念头歇了,直下便是本心的显露。一方面又强调本心不是空洞的,日常的行住坐卧、见闻觉知都是本心的流露、表现、作用,这样,随顺自然的平常行为,就既是禅修的方法,也是禅修的境界。

　　马祖道一门下常用"顿悟法门"教人,如百丈怀海就和门下有这样的问答:"问:'如何是大乘入道顿悟法要?'师曰:'你先歇诸缘,休息万事,善与不善、世出世间,一切诸法并皆放却,莫记、莫忆、莫缘、莫念。放舍身心,全令自在。心如木石,口无所辩,心无所行。心地若空,慧日自现,如云开日出。'"①"歇诸缘",主观不"攀缘"外在对象。"休息万事",主观不涉及一切事物。这也就是不作记忆缘念,"心如木石"一般不为万事所动,如此歇了念头,不被境惑,就能"心地若空,慧日自现",显露心源,自是解脱。简言之,所谓顿悟就是妄想不起,显现本心。马祖道一的又一嗣法弟子大珠慧海著《顿悟入道要门论》载:"问:'欲修何法,即得解脱?'答:'唯有顿悟一门,即得解脱。'云:'何为顿悟?'答:'顿者,顿除妄念;悟者,悟无所得。'"②强调只有顿悟法门才得解脱。所谓顿悟就是顿然泯除妄念,心一无所得,也是返归、显露空寂的心源。慧海又展开说明:

　　　　问:"此顿悟门,以何为宗,以何为旨?以何为体?以何为用?"
　　答:"无念为宗,妄心不起为旨,以清净为体,以智为用。"……"无念者无邪念,非无正念。"……"念有念无,即名邪念;不念有无,即名正念。念善念恶,名为邪念;不念善恶,名为正念。乃至苦、乐、生、灭、取、舍、怨、亲、憎、爱,并名邪念;不念苦、乐等,即名正念。"③

　　这就是说,顿悟法是以无念为宗,无念是无邪念,并不是无正念,所以无念也就是正念。正念不作有与无、善与恶等的对立分别,是破除对两边的执著,彻悟两边皆空,心无所得。正念也就是无念,就是顿悟,就是解脱。马

----

① 《百丈怀海禅师广录》,《续藏经》第1辑第2编第24套第5册。
② 《续藏经》第1辑第2编第15套第5册。
③ 同上书。

祖道一另一弟子南泉普愿也以不起分别心为顿悟成佛的关键。史载:"南泉和尚,因僧问云:'还有不与人说底法么?'泉云:'有。'僧云:'如何是不与人说底法?'泉云:'不是心,不是佛,不是物。'"①南泉的三句"不是",史称"南泉三句"。这三句是说,当前对心、佛、物不起分别的心,即是觉悟的表现,是成佛的所在。这是不能以言说来表达的。心、佛、物是对立的三极,是众生成佛要面对的三个基点:心,即我,是追求成佛的主体;佛是追求的理想目标;物,即世界,是众生的生存环境,也是成佛必须直面、认识、对待的对象。主观意识不起三者的分别,把对立的三极视为统一的存在,即心即佛即物,三者互不相离。有这样的顿悟就是佛。这是从哲学的高度确立心与佛、心与物的关系,进而统一三者的关系,具有重要的理论意义。

马祖道一宣扬无妄想妄念,当下本心显现即是顿悟的思想,并进一步提出本心就是平常心的观点。他示众云:"道不用修,但莫污染。……若欲直会其道,平常心是道。"②平常心即生活中所具有的根本心,也即见于平常的起居动作之心,是与禅道和真理一体的、不相离的。南泉普愿以此命题接化赵州从谂,故又作"赵州平常心是道"。史载:"南泉因赵州问:'如何是道?'泉云:'平常心是道。'州云:'还可趣向否?'泉云:'拟向即乖!'"③"趣向",即造作,违反了平常心的表现。相传赵州于言下顿悟,心如朗月。对此,慧开作颂云:"春有百花秋有月,夏有凉风冬有雪;若无闲事挂心头,便是人间好时节。"④"平常心是道"这一命题,突出显示了平常的心与超越的道的内在统一,强调平常的行住坐卧、应机接物,都是真实的禅。日常生活中处处有禅,头头是道,物物全真。应该说,这是禅学思想的一大发展,为顿悟学说提供了新的理路和方法。"平常心是道"后来成为禅林中的习惯用语,影响很大。

---

① 《无门关》,《大正藏》第48卷。
② 《景德传灯录》卷28。
③ 《无门关》,《大正藏》第48卷。
④ 同上。

马祖道一不仅高唱"平常心是道",他还高扬"道不用修"的命题①。"道不用修"命题的意义是:第一,提倡"自识本心",不假外求。第二,强调"触类是道而任心"②。第三,排斥佛教的修持实践。下面略作论述。

禅学史上马祖道一点化大珠慧海的故事,生动地说明了"自识本心,不假外求"的禅法:

> 越州大珠慧海禅师,建州朱氏子。依越州大云寺智和尚受业。初参马祖,祖问:"从何处来?"曰:"越州大云寺来。"祖曰:"来此拟须何事?"曰:"来求佛法。"祖曰:"我这里一物也无,求甚么佛法? 自家宝藏不顾,抛家散走作么!"曰:"阿那个是慧海宝藏?"祖曰:"即今问我者,是汝宝藏。一切具足,更无欠少,使用自在,何假外求?"师于言下,自识本心。③

禅宗概要

由这个故事来看,马祖道一的"道不用修",就是不用"抛家散走"向外四处寻求。因为"自家宝藏""一切具足"。这个"自家宝藏"是什么呢? 就是自我,就是自己的本心。马祖道一认为只要体认"自家宝藏"、"自识本心",就是悟道,"我"也就是"佛"了。

"道不用修"又可表述为"触类是道而任心"。马祖道一认为,人的各种行为("触类")也即扬眉、瞬目、弹指、举手、投足等,一言一行都是佛性的表现、佛道的体现。所以他又提倡纵任心性,不必刻意去做修善断恶的佛事。《景德传灯录》卷6《大珠慧海传》载:"源律师问:'和尚修道,还用功否?'师曰:'用功。'曰:'如何用功?'师曰:'饥来吃饭,困来即眠。'曰:'一切人总如是,同师用功否?'师曰:'不同。'曰:'何故不同?'师曰:'他吃饭时不肯吃饭,百种须索;睡时不肯睡,千般计较,所以不同也。'"这是说,禅修用功,就是在"饥来吃饭,困来即眠"的一切日常生活中用功,除却"百种须索"、"千般计较",随顺心性,纯任本然。

---

① 获得马祖道一印可的丹霞天然禅师也提出了"无道可修,无法可证"的命题,参见《五灯会元》卷5《丹霞天然禅师》。
② 《续藏经》第1辑第14套第3册。
③ 《五灯会元》卷3《大珠慧海禅师》。

"道不用修"淡化甚至否定了佛教原有的修持方式、方法,乃至禅修的内容、目的,自然也就无视甚至排斥佛教的戒定慧"三学"。

戒律是对信徒的基本要求和规范,持戒是修行成佛的起点。但在宋代契嵩本和元代宗宝本的《坛经》中有这样的记载:说慧能在得五祖弘忍的衣法后,离开黄梅南下,历尽艰辛,"后至曹溪,又被恶人寻逐,乃于四会避难猎人队中,凡经一十五载,时与猎人随宜说法。猎人长令守网,每见生命,尽放之。每至饭时,以菜寄煮肉锅。或问则对曰:'但吃肉边菜。'"①自南朝梁代以来,中国僧人都严格遵守不吃肉的素食规定。这里,《坛经》的"但吃肉边菜"一句,就表现了对于戒律的全新态度,实是破戒的宣言。"但吃肉边菜"的故事,敦煌本《坛经》和有唐一代其他禅宗文献,均未见记载,应属后代禅师所增添,为他们破戒制造历史根据。破戒的出现不是偶然的,自马祖以来,自然主义的修持态度,必然导致持戒的淡化。史载:"洪州廉使问曰:'吃酒肉即是,不吃即是?'师曰:'若吃是中丞禄,不吃是中丞福。'"②马祖认为,廉使官人不必受吃与不吃酒肉的约束,只要任其自然,自由生活就是福禄。马祖道一后二传、沩仰宗创始人之一仰山慧寂更公开宣称"不持戒":"问:'和尚还持戒否?'师曰:'不持戒。'曰:'还坐禅否?'师曰:'不坐禅。'公良久,师曰:'会么?'曰:'不会。'师曰:'听老僧一颂:滔滔不持戒,兀兀不坐禅。酽茶三两碗,意在镢头边。'"③这是说,既不持戒,也不坐禅,勘破戒律禅定,一切任其自然,回归自我,就是禅修,就能成佛。

禅定是佛教的基本修持方式之一,坐禅是禅修的一个主要方式,历来为佛家所重视。但是,如上所述,自慧能始就宣扬"外离相为禅,内不乱曰定",扩大了禅定的范围,他对坐禅也作出了新的界说:"何名坐禅?此法门中,一切无碍,外于一切境界上念不起为坐,见本性不乱为禅。"④以杂念不起、本性不乱为坐禅,突破了坐禅形式上的规定和要求。慧能弟子南岳怀让又进一步贬低、否定坐禅,著名的"怀让磨砖"的故事,就是排斥坐

---

① 《六祖大师法宝坛经》,参见《中国佛教思想资料选编》第2卷第4册,35页。
② 《五灯会元》卷3《江西马祖道一禅师》。
③ 《五灯会元》卷9《仰山慧寂禅师》。
④ 《坛经》[19]。

禅的。它以磨砖不能成镜为喻,说明坐禅也不能成佛。在南岳怀让看来,坐禅其实是一种取相、执著,而"禅非坐卧"、"佛非定相",是不能执著的。怀让还以牛驾车,车不会动,牛会动为例,说明成佛在于自我,自识本心。怀让强调坐禅并不能成佛,反对坐禅,实是马祖道一"道不可修"主张的先导。马祖道一门下百丈怀海虽然也在法堂上坐禅,但是他又说:"自古自今,佛只是人,人只是佛。亦是三昧定。不用将定入定,不用将禅想禅,不用将佛觅佛。"①"人只是佛",即心是佛,这就是三昧定,不必另行修持禅定。显然,自怀让以来,坐禅修定受到了很大的冲击。

慧学也是佛教修行者必须致力修习的最基本的学问之一,佛教历来重视理论思维和观照人生。佛是佛教智慧的体现,佛教经典是佛教智慧的主要载体,看经、读经、念经,是佛教徒必修的功课,是增强信念、提升智慧的基本途径。依据《楞伽经》"宗通"和"说通"相对的说法,禅宗"五家"自居于教外别传,认为禅法的密意不能透过经典文字、语言教说来传达,只能用以心传心的直接体验方式来传达。他们还认为,以文字言说来传达佛法,是教内系统;禅是以心传心,另有"心印",属于教外系统,故是教外别传。应当指出,自菩提达摩以来,还是一直主张藉教悟宗的,并非与教绝缘。大约自马祖道一和石头希迁以后,一些禅师才以为依赖言教是远远不够的,至于寻章摘句地去理解言教,更是无从见到佛性,不能真正成佛的。由此他们还以激烈的言词贬斥言教,以启导禅修者反求自心,见性成佛。如百丈怀海说:"只如今求佛求菩提,求一切有无等法,是名运粪人,不名运粪出。只如今作佛见、作佛解,但有所见、所求、所著,尽名戏论之粪。"②认为求佛求菩提智慧等是"运粪人",而真正解脱成佛是要"运粪出",也就是排除种种向外的贪求。怀海再传弟子、临济宗创始人义玄,更是明确地提出"不看经"的主张。史载:"师(临济义玄)与王常侍到僧堂,王问:'这一堂僧还看经么?'师曰:'不看经。'曰:'还习禅么?'师曰:'不习禅。'曰:'既不看经,又不习禅,毕竟作个什么?'师曰:'总教伊成佛作祖去!'"③认为看经坐禅不是成佛的方法,而不看经不坐禅却能成佛作

---

① 《古尊宿语录》卷1。
② 《古尊宿语录》卷2。
③ 《五灯会元》卷11《临济义玄禅师》。

祖。相传龙潭崇信的大弟子德山宣鉴(782—865),因常讲《金刚般若经》而被誉称为"周金刚"。他曾肩担《青龙疏钞》出蜀向不读经的禅师挑战,后经崇信开导点拨,彻悟到依赖言教不是自证,于是就烧掉了疏钞①。总之,马祖和石头以后的禅师主张自由运用经典,决不能为经典文字所拘束;认为文字言教,并不能知佛性,不能见本性,不能成佛,而只有直指人心,才能见性,才能成佛。这正如《黄檗山断际禅师语录》所云:"祖师西来,直指人心,见性成佛,不在言说。"②还应当指出的是,自马祖道一和石头希迁以来,禅宗顿悟法门和持戒、坐禅、读经等修持实践的实际运作情况是非常复杂的,决不是说此后所有的禅师都一律不持戒、不坐禅、不读经了。在这个问题上,我们认为应当注意以下几点:

第一,慧能一系的顿悟法门并不是笼统地排斥持戒、坐禅和读经的。一般而言,他们主张对守戒持灵活态度,并非主张绝对地不守戒。禅师们扩大了禅的范围,主张把禅渗透到日常生活之中,反对一味坐禅求佛,强调求佛要向自心内求,并不是简单地取消坐禅。禅师们主张不读经是反对寻章摘句地对待经典,并非根本不读经典,不尊崇经典。

第二,佛教传入至禅宗五家分门立户,已有八百多年的历史,持戒、坐禅、读经等传统修持方式,一直成为广大佛教徒的共识和自觉的实践,即使是五家的禅师们也是难以排拒,不可能轻易否定的。

从历史事实看来,如大珠慧海著《顿悟入道要门论》,其间引用经典在十五种以上,看来他是一位博学的禅师。临济宗创始人义玄,曾广泛探究戒律及经论,深有所得。曹洞宗创始人之一洞山良价曾寻绎大藏,编撰有《大乘经要》一书(已佚)。云门宗创始人文偃对戒律和教义,造诣精深。又如曹洞宗天童正觉禅师(1091—1157)提倡的默照禅,就是提倡以打坐为主要修习方式的禅法。正觉后经数传,至天童如净,更是强调"参禅即坐禅"的禅修宗旨,以至影响了其门下日本道元禅师进一步提出"只管打坐"的主张。由此可见,持戒、坐禅、读经,作为佛教的基本修持方式,仍为不少禅师们所运用。也就是说,此时禅宗虽标榜顿悟,事实上却是或

① 参见《五灯会元》卷7《德山宣鉴禅师》。
② 《大正藏》第48卷。

明或暗地也在走渐悟的路子。

第三，自道信、弘忍以来，包括神秀在内，对于戒律威仪和经典研习已渐趋淡化。至于慧能一系，自马祖道一和石头希迁以来，尤其是五家成立以来，与顿悟法门相应，在修持方式上更是发生了重大的变化，不坐禅、不读经，更有甚者，还否定佛法，这种修持方式方法，一度成为禅门的风气。中国佛教史上的这一重要现象，也是值得我们深入研究的。

（五）小　结

神秀一系"北渐"与慧能一系"南顿"有什么分歧？区别何在？两者是否也有共同之处呢？以下我们拟从顿渐两说的理论根据、运思理路、禅修方式和终极境界的视角，就上述问题作一小结。

南顿北渐两种见道成佛的方式，同是建立在心性的基础之上的，两者也都以众生本来具有的不变的真如本性为成佛的根据，也都认为众生因迷妄颠倒而不能觉悟，倘若能去掉迷妄颠倒，显现真性，就能得到解脱。也就是说，两者在觉悟成佛的最后根据和基本思路方面是一致的。至于真性与妄念、佛性与人性的关系，以及如何显现真性、排除妄念，怎样看待现实表现这些问题，两者的看法和主张就不完全相同，甚至是完全不同的了。

关于真性与妄念、佛性与人性的关系，神秀一系认为，真性与妄念都是实在的，彼此是对立的，此系还把念与杂念等同起来，强调不起念、远离念、消除念。慧能和神会也主张真性与妄念的二元分别，但是与神秀一系不同，他们认为念有正念与妄念之分，妄念应该排除，而正念则不可无。再是神会认为，妄念是本来空寂、不待消灭的。至于马祖道一一系的禅师们还更加强调众生的本性与表现是不相分离、完全统一的，从而消除了佛性与人性的对立和界限。上述"南泉三句"即是强调泯灭心、佛、物三者的分别，以表示即心是佛的思想。这种本性与表现、佛性与人性趋于合一的思想，对于禅宗思想的理论根据和禅宗修持的方式方法，都带来了巨大的变化，并产生了深远的影响。

关于修持方式和觉悟方式，按照一般逻辑推论，顿悟前必须有渐修的积累,顿悟后也还必须继续修持。就历史事实而言,自菩提达摩以来,中经慧可、僧璨,直至道信、弘忍,实际上都是重视渐修,主张"拂尘",以逐渐离开杂念,直至消灭杂念;提倡"看净",观照净心,为此他们强调要长期坚持坐禅,以求看到净心——清净无垢的心灵。至于觉悟,神秀一系虽也有顿悟思想,但实际上是偏于强调循序渐进,强调觉悟要有阶段性,属于渐悟的一类。神秀一系比较忽视持戒和读经,而重视禅定,重视由定发慧。慧能、神会师徒则主张单刀直入,直了见性。认为了悟自心本性是一刹那的事,不需经过种种阶段,是顿然觉悟的。由此在修持上也不重视禅定,而是强调"定慧等",实际上是重在以慧摄定。慧能、神会,尤其是神会重知(智慧)与神秀重行(禅定),表现出禅修方式上的差异。慧能、神会认为顿悟后应通过渐修来巩固顿悟的成果,进而积累功德,成就为佛。马祖道一以来的禅宗僧人,在统一本性与念虑、佛性与人性的基础上,强调见闻觉知都是佛性的表现,从而提倡一种顺从自然、随缘任运的"无修"方式。至于五家禅宗更是强调走教外别传的道路,他们也批评神会的重"知"思想。这不仅有别于慧能、神会的主张,而且与神秀一系禅修方式的反差也就更大了。

终极境界,是直接与心性思想相关的。大体而言,神秀一系重在心性的"清净",慧能则在肯定心性"清净"的基础上,偏重于心性的"主寂",马祖道一以来则又在心性"清净"、"空寂"的基础上,进一步强调心性的"自然"。与上述心性思想的变化大体相应,神秀一系认为,众生成佛是漫长遥远的事情。慧能则认为,众生若认识本心,即得解脱。马祖道一以来的禅师进一步强调即心即佛。这其间的变化,又与上述禅师所奉持的典籍直接相关。神秀一系归旨于《楞伽经》,慧能、神会归旨于《金刚经》,马祖道一则依托于老庄的自然主义来融合佛教的心性思想、空观思想,这种依恃典籍的变化也是很明显的。

(原题为《论南顿北渐》,载《世界宗教研究》2000 年第 1 期)

五、文字禅、看话禅与默照禅

北宋初期有临济宗人及其后又有云门宗人和曹洞宗人都先后采用偈颂(诗歌)等体裁,从文字上追求禅意,出现了由"不立文字"到文字禅的变化。其中,临济和曹洞两家最为兴盛,两家的家风又各有不同,临济尚机锋峻峭,曹洞主知见稳实;临济重直截自然,曹洞贵宛转周旋。约在两宋之际,两家的思想又发生显著的变化,出现了以临济宗大慧宗杲为代表的看话禅和以曹洞宗宏智正觉为代表的默照禅的对立。文字禅、看话禅和默照禅形成为宋代禅法的基本形态。又,自宋代以来,随着禅净融合思潮的发展,念佛禅也日益成为禅修的一种基本方法。自从这些禅法出现以后,中国的禅学思想就逐渐趋于停滞了。直至当代,又出现一些贴近时代生活的禅法,但都没有定型,尚难以从哲学上作出概括与总结。

(一)绕路说禅的文字禅

禅宗自祖师禅出现以来,"不立文字"为其重要的宗旨。禅师们更加强调,禅不可言说,禅与文字无关。他们认为佛教经典只是开导众生、医治众生"疾病"的一种工具,人们对禅与佛理的知解和言说,都只是一种"方便",甚至是客尘烦恼。但是禅师们又认为,佛理不可言说又需言说,禅不可言传又需言传,这种言说、言传既不能落入世俗的文字、语言的窠臼,又需要通过文字语言来表述、传达。于是在不立文字走向极端以后又转向于立文字了。此外,入宋以来禅宗的外部环境,即与政治界、文化界的关系也发生了变化。临济、云门和曹洞几个流派之所以能够继续存在，一个重要的原因就是有赖于当地的统治者和地方势力的支持、维护。一些著名而有文化的禅师经常与政界官僚、上层人士、文人学士交往周旋，逐渐适应了统治者和士大夫的需要，形成了符合中国主流文化精神的新禅风，而日渐丧失原来居住于山林，经常与山民、农夫联系所形成的朴素平实作风。这种新禅风的特点，就是在文字上对禅作出了进一步的解说，也就是出现了由不立文字到文字禅的转变。

文字禅是一个特殊的概念，它有独特的表现方法和固定的体裁。文字禅的禅师们在解说禅时，都是以不点破为原则，不是直截了当，而是辗转地说明，极力避免说破语中意趣，这种说禅法叫做"绕路说禅"。绕路说的文字缭绕，所云不知东西，犹如葛藤相互纠缠，牵扯不断，故也称文字禅为葛藤禅。文字禅主要是采用偈颂、诗歌等形式表达禅理，而非一般的语录文字作品。为了突出这种说禅的方法，禅师们都绞尽脑汁地在文字技巧上下工夫，从而走上了刻意追求文字，在文字上追求禅意的道路。

中国的禅宗史，一般是把临济宗的汾阳善昭（947—1024）推为文字禅新风的开创者。善昭所作的《颂古百则》和《公案代别》（《颂古代别》），汇集了古代若干的公案，分别用偈颂和"代别"加以陈述。"公案"本指公府内的案牍，此指古代禅师的言行记录，其中蕴含着开导弟子觉悟的经验，可以作为禅修者的范式，学习和修行的准则，是禅门的"古则"。用偈颂解说公案就称为"颂古"。善昭讲的"代别"是"代语"和"别语"的复合词。"代语"指代替他人下语，即公案中只有问话没有答语，或所答不合旨趣，而代为作答。"别语"指公案中已有答语，作者又另作别有涵义的答语。比起偈颂来，"代别"是解说、发挥古代祖师禅法的重要文体。稍晚于善昭的另一文字禅的重要代表人物是云门宗的雪窦重显（981—1053）。雪窦重显仿照善昭的作法，也作了《颂古百则》。自此后，凡有文化的禅僧纷纷研习颂古，从古则和颂文中体悟、发明禅意。雪窦重显去世后不久，临济宗杨岐派禅师圆悟克勤（1063—1135）又编著了《碧岩集》一书。该书是采用雪窦重显的《颂古百则》加以补充而成，全书内容分为五项，依次是"垂示"（总纲）、公案"本则"、重显"颂文"、"著语"（夹注）和"评唱"。"评唱"是阐说、评议古人机语的禅学思想，是全书的主体部分。

此书的问世,把颂古之风推向了高潮,使禅风进一步发生重大变化。后来,曹洞宗人投子义青、丹霞子淳以及宏智正觉等人也都有"颂古"之作,文字优美,思想清新,影响颇大。

这里,略举"俱胝一指"一则公案为例,以见文字禅之一斑。俱胝是唐代的禅师,奉持一指头禅的禅法,他常以竖起一个手指的动作,来启导弟子开悟。故而禅门有"俱胝竖指"或"俱胝一指"的公案。汾阳善昭有颂文云:"天龙一指悟俱胝,当下无私物匪齐;万互千差宁别说,直教今古勿针锥。"①雪窦重显的颂文是"对扬深爱老俱胝,宇宙空来更有谁? 曾向沧溟下浮木,夜涛相共接盲龟"②。前一颂文的意思是,俱胝从天龙禅师学得一指头禅法,从竖一指的动作,悟得万物的真相。众生当下一念无私无我,万物就没有不齐一的,无私则齐物。体悟无私齐物的禅意,也就不分别事物的差异,不作针锥之别的计较了。后一颂文的"盲龟浮木"是《杂阿含经》③中的一个譬喻。意谓人生于此世,值佛闻法,如盲眼的海龟幸遇海中的浮木一样,机缘殊胜,弥足珍贵。颂文的大意是说,在对学人进行应对举扬禅宗宗旨方面,俱胝禅师深为可敬可爱,他用一指头禅法开导众生,犹如在夜幕笼罩下的波涛汹涌的大海中,投下浮木救度盲龟一样,那么及时、那么重要。这是赞誉俱胝的一指头禅法,是救度苦难众生的重要法门。从这个例子来看,颂文不仅有助于对公案的理解,也富有新意。

在中国禅宗史和文化史上,文字禅一方面重语言文字的作用,增添了阐发禅意的新形式,加强了禅宗与文人学士的交往与思想交流,从而推动了禅的发展,扩大了禅的影响;另一方面又使禅宗走上了一味追逐华词丽句的道路,减弱了对禅意的领悟,缩小了禅在下层平民间的影响。圆悟克勤的门下大慧宗杲认为,文字禅有负面影响,就将所藏的《碧岩录》刻版销毁,并另创看话禅,文字禅又面临着内部的挑战与弘传的危机。

① 《汾阳无德禅师语录》卷中,《大正藏》第 47 卷,609 页上。
② 《佛果圆悟禅师碧岩录》[19],《大正藏》第 48 卷,159 页下。
③ 详见《杂阿含经》卷 15,《大正藏》第 2 卷,108 页下。

（二）参究话头的看话禅

　　文字禅历来把公案视为正面文章加以理解、发挥,而临济宗人大慧宗杲则认为,公案并不能反映祖师禅法的真面貌,从公案上不能真正体会出真消息。于是他转而主张采用另一种方法来运用公案,即从公案中提出某些语句作为题目来参究,以扫荡一切思量、知解,力求获得真正的禅悟。

　　宗杲创立的禅法,被称为"看话禅",也称"看话头"。"看",本指无声的注视,此指参看、参见、参究。"话",话头的略称。就话头来说,话指公案,头是要领的意思,话头也即题目。通常话头是选自公案古则中的某些语句作为焦点来勉力参究。所谓看话禅就是从公案古则中拿出一则无意味语,让人不要就意识思维方面去穿凿,而是就此话头大发疑情,专心参究。

　　看话禅特别强调活句(活语)和死句(死语)的区别。强调要参活句,不参死句。洞山守初禅师说:"语中有语,名为死句;语中无语,名为活句。"①德山缘密禅师也说:

　　　　上堂:"但参活句,莫参死句。活句下荐得,永劫无滞。一尘一佛国,一叶一释迦,是死句。扬眉瞬目,举指竖拂,是死句。山河大地,更无诸讹,是死句。"时有僧问:"如何是活句?"师曰:"波斯仰面看。"曰:"恁么则不谬去也?"师便打。②

禅宗把语言、动作、境界等都称为"句"。这段话的意思是说,有解可参的,即通常有意路可通的语言、动作、境界是死句;反之,无解可参的,即超越语言、义理分别的奇诡语言、动作、境界,是活句。这是强调:对于文字语言一定要活学活用,要透过语言参究出真精神,不能拘执,滞于其中。

　　看话禅还宣扬必须经过"断"和"疑"才能达到"悟"境。所谓"断",

　　①　慧洪:《林间录》卷上,《续藏经》第 1 辑第 2 编乙第 21 套第 4 册,299 页。
　　②　《五灯会元》卷 15《德山缘密禅师》,935 页。

就是必须将心中的一切知识、观念，通通放下，甚至连世俗精神活动的主体"心"也一并休歇，然后以虚豁空寂的胸怀去参究话头。在宗杲看来，人们的思维卜度、知解成见，是以主体与客体的分离为前提的，这不仅不能达到真理性的认识，而且是参究真理的障碍。所谓"疑"就是疑问、疑情。看话禅禅师认为，信和疑是互补的，信有十分，疑有十分。疑有十分，悟有十分，也就是大疑大悟，小疑小悟，不疑不悟。参话头的工夫，贵在起疑情。禅师们所谓的疑情是在禅修过程中出现的疑问，是禅修者激发意志的契机。疑情首先是对无常的外界事物生起疑问，然后再把疑问投射到自己的生命上来，对自我的生命样态生起疑团，如，生命从何而来？死至何处？这个能追问的是个什么人？念佛是谁？如此疑情顿发，疑来疑去，疑到山穷水尽，无处可疑了，就会豁然疑团迸散，心花朗发，大悟现前，发现自己的本来面目。

宗杲特别热衷于赵州从谂"狗子无佛性"这一话头。《大慧普觉禅师语录》卷 19 云：

> 赵州狗子无佛性话，喜怒静闹处，亦须提撕，第一不得用意等悟。若用意等悟，则自谓我即今迷。执迷待悟，纵经尘劫，亦不能得悟。但举话头时，略抖擞精神，看是个什么道理。①

同书卷 21 又云：

> 常以生不知来处，死不知去处二事，贴在鼻孔尖上，茶里饭里，静处闹处，念念孜孜，常似欠却人万百贯钱债，无所从出，心胸烦闷，回避无门，求生不得，求死不得，当恁么时，善恶路头，相次绝也。觉得如此时正好着力，只就这里看个话头。僧问赵州：狗子还有佛性也无？州云：无。看时不用搏量，不用注解，不用要得分晓，不用向开口处承当，不用向举起处作道理，不用堕在空寂处，不用将心等悟，不用向宗师说处领略，不用掉在无事甲里。但行住坐卧，时时提撕：狗子

---

① 《大正藏》第 47 卷，891 页中、下。

还有佛性也无？无！提撕得熟，口议心思不及，方寸里七上八下，如咬生铁橛，没滋味时，切莫退志，得如此时，却是个好底消息。①

"提撕"即参究。这里是要求以狗子无佛性为话头，在行住坐卧日常行事中，时时提撕，以破除对有无的执著。也就是说，说狗子有佛性，或狗子无佛性，都是落在相对相上，都不符合超越相对存在的佛性，不符合绝对的真理，都是偏执。若能不落相对有无的格局，也就符合禅的智慧，就能提升精神境界，自由自在。

看话禅反对从文字言句中求理解，认为参究话头就会自发地产生聪明智慧，这是对文字禅的矫枉过正，也是一种带有神秘主义的、非理性主义的倾向。看话禅形成后，参究赵州无、云门顾、柏树子、麻三斤、须弥山、平常心是道等等古公案，成为佛门禅风，历经元、明、清，以至今天，仍流行不绝。

（三）守默观照的默照禅

曹洞宗人宏智正觉（1091—1157）认为临济宗宗杲的看话禅，滞于公案工夫，不利解脱。与看话禅相对立，他提倡默照禅的观行方法。"默"指沉默专心坐禅，"照"是以智慧观照原本清净的灵知心性。默照禅就是守默与般若观照相结合的禅法，是基本上以打坐为主的修习方式。宏智正觉本人就"昼夜不眠，与众危坐"②，坚持宴坐入道的修持方式。

宏智正觉强调，默与照是禅修不可缺少的两个方面，两者应当结合、统一起来。他说："缄默之妙，本光自照。"③默是照的体（本），照是默的用，体用融合为一。他在《默照铭》中也说："默默忘言，昭昭现前。……妙存默处，功忘照中。……默唯至言，照为普应。"④他还说："照中失默，便见侵凌。……默中失照，浑成剩法。默照理圆，莲开梦觉。百川赴海，

---

① 《大正藏》第47卷，901页下—902页上。
② 《正觉宏智禅师塔铭》，《续藏经》第1辑第2编第29套第5册，455页。
③ 《宏智禅师广录》卷9，《大正藏》第48卷，109页中。
④ 《宏智禅师广录》卷8，同上书，100页上、中。

千峰向岳。如鹅择乳,如蜂采花,默照至得,输我宗家。宗家默照,透顶透底。"①这是说,默即有照,照体现默,默照相即;照中不能失默,默中不能失照,只有默照宛转回互,相辅相成,才是理圆无碍。只有默照理圆,才能透顶透底,完全觉悟,终至解脱。

宏智正觉还把默照修持与体用学说结合起来,提出了以"四借"②法来启导学人的禅修要路。"四借"法是:(1)"借功明位","功"指用,"位"指体,这是透过现象界万物的作用以明确其本体。(2)"借位明功",以万物的本体明确其作用。(3)"借借不借借",万物的本体与作用共忘,空寂无物。(4)"全超不借借",超越第三的空位,进入一念不存的自由境界。这也是默照禅修持的过程。

在唯心论和般若学的思想基础上,宏智正觉以"心空"为默照禅追求的目标。他说:"一切诸法,皆是心地上妄想缘影。"③认为一切现象、形相,都是心的产物。心是万法的本体,也是解脱的枢纽。他说:"你但只管放,教心地下一切皆空,一切皆尽,个是本来时节。"④"心空"就是"心地下一切皆空,一切皆尽",就是"本来时节",就是众生和宇宙的本来面目。为了达到"心空"境界,宏智正觉特别注重这样几点:首先,参究"空劫前事"。《正觉宏智禅师塔铭》云:"盖师初以宴坐入道,淳以空劫自己示之,廓然大悟。其后诲人,专明空劫前事。"⑤"淳",子淳,宏智正觉禅师的师父。所谓"空劫前事"也就是静坐观照"如何是空劫以前自己"⑥。佛教认为,世界经历成、住、坏、空四个阶段不断循环的过程,每循环一次,称为一"大劫"。"空劫"是"唯有虚空"的阶段,也就是世界出现前的空寂时代,此时天地未开,混沌一片,无一切对待差别,是为本来面目。宏智正觉提倡观照空劫前的状况,以便"心空"冥合空劫前的本来面目。其次,"彻见

---

① 《宏智禅师广录》卷8,《大正藏》第48卷,100页中。

② 同上书,99页中、下。

③ 《宏智禅师广录》卷5,同上书,60页下。

④ 同上书,60页中。

⑤ 《续藏经》第1辑第2编第29套第5册,455页。

⑥ 《释正觉传》,《大明高僧传》卷5,《大正藏》第50卷,915页上。又,《大慧普觉禅师语录》卷21《示吕机宜(舜元)》中评默照禅"一味以空寂顽然无知,唤作威音那畔空劫以前事"(《大正藏》第47卷,901页下)。

离微"。宏智正觉说:"默照之道,离微之根;彻见离微,金梭玉机。"①"离微"②,指法性的体用。"离"是离开诸相而寂灭无余,是法性的体;"微"是微妙不可思议,是法性(现象存在的本性)的用。意思是说,默照是彻见法性体用的根本途径,能彻见法性体用,也就机用自在。宏智正觉认为,遵循默照之道,就能彻见人生宇宙一切现象存在的本原,也就能显示般若智慧的微妙作用,灭除烦恼,获得解脱。再次,"不对缘而照"。宏智正觉在《坐禅箴》中说:

> 佛佛要机,祖祖要机,不触事而知,不对缘而照。不触事而知,其知自微;不对缘而照,其照自妙。③

认为诸佛和祖师的禅修秘要是"不触事而知"和"不对缘而照",如此必知微照妙。对于"不对缘而照",宏智正觉还展开说:"真实做处,唯静坐默究,深有所诣。外不被因缘流转,其心虚则容,其照妙则准;内无攀缘之思,廓然独存而不昏,灵然绝待而自得。"④"不对缘"是既不为外缘所流转,也不为内缘所左右;既不受外界事物所影响,也没有内在感觉思维活动,如此就能心虚照妙,不昏自得,廓然忘象,皎然莹明,进而面对一切事物,也就无纤毫芥蒂的障碍,获得圆通自在。以上三点也可说是默照禅的特征。

十分明显,宏智正觉的默照禅是渊源于菩提达摩的壁观安心法门,以及神秀的长坐不卧禅法,是对菩提达摩和神秀坐禅法门的回归。但是在观照的对象与内容方面,默照禅与神秀的禅法又有很大的差别。宏智正觉批评神秀禅法说:"菩提无树镜非台,虚净光明不受埃。照处易分雪里

---

① 《宏智禅师广录》卷8,《大正藏》第48卷,100页中。
② 《宝藏论·离微体净品》云:"无眼无耳谓之离,有见有闻谓之微;无我无造谓之离,有智有用谓之微;无心无意谓之离,有通有达谓之微。又离者涅槃,微者般若。般若故繁兴大用,涅槃故寂灭无余;无余故烦恼永尽,大用故圣化无穷。"(《大正藏》第45卷,147页上)
③ 《宏智禅师广录》卷8,《大正藏》第48卷,98页上、中。
④ 《宏智禅师广录》卷6,同上书,73页下。

粉,转时难辨墨中煤。"①这是说,神秀的"身是菩提树,心如明镜台"的说法,犹如区分"墨中煤"一样荒谬。宏智正觉认为,本心虚净光明,不受尘埃污染,而神秀主张观心看净,拂拭尘埃,是自寻烦恼。在宏智正觉看来,并没有身、心一类的特定照观对象,观照时应当"照与照者,二俱寂灭,于寂灭中能证寂灭者是尔自己。若恁么,桶底子脱去,地水火风,五蕴十八界,扫尽无余"②。不仅要扫除一切的观照对象,而且观照者自身也要寂灭。不是基于原罪意识的宗教救赎,而是基于本心虚净的心灵超越。从这方面看,默照禅又是继承了石头希迁以来的禅法宗旨,并将其推向身心彻底空寂的极致。

看话禅的倡导者宗杲激烈地批评了默照禅,他说:

> 近年以来,有一种邪师说默照禅,教人十二时中是事莫管,休去歇去,不得做声,恐落今时,往往士大夫为聪明利根所使者,多是厌恶闹处,乍被邪师辈指令静坐,却见省力,便以为是,更不求妙悟,只以默然为极则。③

又说:"有般杜撰长老,……教一切人如渠相似,黑漆漆地紧闭却眼,唤作默而常照。"④宗杲认为,默照禅只会使人增加心头的迷雾,虚生浪死,无有了期,永远不能觉悟,不得解脱。宗杲还认为,默照禅源自菩提达摩的"外息诸缘"、"内心无喘"的禅法,但"外息诸缘,内心无喘,可以入道,是方便门;借方便门以入道则可,守方便而不舍则为病"⑤。说达摩禅只是入道的方便手段,把方便手段视为究竟方法是不对的。宗杲不是笼统地反对坐禅,他认为坐禅是入道的手段,不能作为究竟的方法,更不能视为唯一的目的。宗杲对默照禅的批判,表现了看话禅与默照禅的差别与对立。

① 《宏智禅师广录》卷4,《大正藏》第48卷,37页中。
② 《宏智禅师广录》卷5,同上书,70页下。
③ 《大慧普觉禅师语录》卷26,《大正藏》第47卷,923页上。
④ 《大慧普觉禅师语录》卷27,同上书,925页上。
⑤ 《大慧普觉禅师语录》卷25,同上书,919页上。

默照禅虽受到宗杲的批判,在流传上也没有看话禅那样广泛久远,但也非常盛行。宏智正觉住浙江天童寺垂三十年,四方学者闻风而至,多逾一千二百人,该寺遂为一代习禅中心,一时影响至为巨大。

　　　　　　　　(原为《中国佛教哲学要义》第 29 章第 4 节)

五、文字禅、看话禅与默照禅

禅法编

六、念佛禅

（一）禅净双修与念佛禅的形成

唐末五代法眼宗禅师延寿，召集天台、华严、唯识诸宗僧人，博览探究，并互相切磋，彼此质疑，编成《宗镜录》100 卷，调和了禅教之间和教内各家之间即各宗派的义理宗旨。延寿又撰《万善同归集》6 卷，高扬禅净双修一致之道。这是隋唐佛教宗派成立以来，佛教宗派义理的第一次大规模的整合、重建，突出了禅净的地位和禅净双修的方向。自宋代以来，念佛禅几乎席卷整个中国禅门，宋、元、明、清历代一些著名禅师，直至当代的虚云、圆瑛，都奉行禅净双修的路线。禅净双修成为宋以来中国汉地佛教修持的基本方法之一，念佛禅则成为与这种修持方法相应的基本修持形态之一。中国禅宗的修持轨道又一次发生了转向。

延寿在所著《万善同归集》中引证唐代慈愍三藏之说云："慈愍三藏云：'圣教所说正禅定者，制心一处，念念相续，离于昏掉，平等持心。若睡眠覆障，即须策勤念佛诵经，礼拜行道，讲经说法，教化众生，万行无废，所修行业，回向往生西方净土。'"①据此延寿进而主张禅定与念佛相结合，修持万行，往生净土。慈愍三藏慧日，曾赴印度参访，回国后倡导有别于善导一系的净土法门。他反对禅家视净土为引导愚心的"方便说"，排斥

---

① 《万善同归集》卷上，《大正藏》第 48 卷，963 页下。

禅徒的空腹高心,主张教禅一致、戒净并行、禅净双修,提倡念佛往生,强调一切修持都回向往生净土。延寿继慧日遗风,大力弘扬禅净双修。他说:"犹清珠下于浊水,浊水不得不清;念佛投于乱心,乱心不得不佛。既契之后,心佛双亡。双亡,定也。"①认为念佛有助于禅定,念佛是禅定的一种方法,两者是完全统一的。他还作"念佛四料拣"偈,云:

> 有禅无净土,十人九蹉(一作错)路;阴境若现前,瞥尔随他去。……无禅有净土,万修万人去;但得见弥陀,何愁不开悟。……有禅有净土,犹如戴角虎;现世为人师,来生为佛祖。……无禅无净土,铁床并铜柱;万劫与千生,没个人依怙。②

在禅与净的四组关系中,延寿认为有禅无净土,十人有九人堕于魔道。无禅有净土,则万无一失,必能出离生死。也就是说,净土要比禅更高,净土是修行的方法,也是修持的归宿。延寿强调禅净双修是最高修行层次,在现世为人师表,在来生成就最高理想人格。

禅门历来倡言"唯心净土",认为"净土"是"净心"的表现,离心无独立的"净土"存在。净土宗则弘扬"西方净土",这是以阿弥陀佛为教主的极乐世界,是远离人心、远离世俗社会的彼岸世界。延寿竭力调和这二种净土,他的《万善同归集》中的"圆修十义",从理事、权实、二谛等十个方面圆融各种不同教义。延寿认为"唯心净土",心外无法是"理",寄形极乐世界("西方净土")是"事",而"理事无阂","唯心净土"与"西方净土"圆融无碍。佛说二谛,"西方净土"属于俗谛,而无俗不真,与"唯心净土"是一致的。延寿调和二种净土,是为了肯定"西方净土",是把"西方净土"理念融入禅宗理论和实践之中,以往生"西方净土"作为禅修的终极目标和最高理想。

延寿的禅净双修思想对禅宗各派都产生了深刻的影响。云门宗人、宋代天衣义怀提倡禅净兼修,义怀之嗣慧林宗本、长芦应夫和居士杨杰等

---

① 《万善同归集》卷上,《大正藏》第 48 卷,962 页中。
② 《净土指归集》卷上,《续藏经》第 1 辑第 2 编第 13 套第 1 册,68 页。

也都既主参禅,又重念佛。应夫门下宗颐尝论禅净关系,言云:

> 念佛不碍参禅,参禅不碍念佛。法虽二门,理同一致。上智之
> 人,凡所运为不著二谛。下智之人各立一边,故不和合,多起纷争,故
> 参禅人破念佛,念佛人破参禅,皆因执实谤权,执权谤实,二皆道果未
> 成,地狱先辨。须知根器深浅,各得所宜,譬如营田人岂能开库,开库
> 人安可营田。若教营田人开库,如跛足者登山,若教开库人营田,似
> 压良人为贱,终无所合也。不若营田者且自营田,开库者且自开库,
> 各随所好,皆得如心。是故念佛参禅各求宗旨,溪山虽异,云月是同,
> 可谓处处绿杨堪系马,家家门户透长安。①

话的意思是,念佛与参禅,二种修行方法虽然不同,但二者的宗旨是一
致的。修行方法的运用与众生根器有直接关系,上智人兼修禅净,下智
人可参禅或念佛各持一种,殊途同归,皆得成佛。这也就是说,既可禅
净双修,又可参禅念佛,各究尽一门,这都是要根据众生的不同条件来
决定的。

禅宗概要

(二) 宋代以来念佛禅的历史演变

宋代以来,临济宗人也不乏提倡禅净双修者。如死心悟新禅师深得
参禅的本旨,同时又大力劝修念佛。他也说:"清珠下于浊水,浊水不得不
清。念佛投于乱心,乱心不得不佛。佛既不乱,浊水自清,浊水既清,功归
何所? 良久云:'几度黑风翻大海,未曾闻道钓舟倾。'"②这与延寿的说法
一致,也是强调以念佛定心,把念佛纳入禅定,提倡念佛禅。到了元代,提
倡禅净兼修的临济宗著名禅师益趋增多,如中峰明本,他一面为看话禅辩
护,一面大力提倡禅净融合,认为净土之外没有禅,净土和禅都是心,两者
体同名异。他作《观念阿弥陀佛偈》,令病人念阿弥陀佛,以祈求轻安。

---

① 转引自《净土简要录》,《续藏经》第 1 辑第 2 编第 13 套第 2 册,106—107 页。
② 《续古尊宿语要》卷1,《续藏经》第 1 辑第 2 编第 23 套第 5 册,430 页。

偈文云:"阿弥陀佛真金色,相好端严无等伦。白毫宛转五须弥,绀目澄清四大海。光中化佛无数亿,化菩萨众亦无边。四十八愿度众生,九品咸令登彼岸。"①提倡念阿弥陀佛,以求往生西方净土。中峰明本法嗣天如惟则禅师也兼弘净土教。他说:"永明悟达摩直指之禅,又致身极乐上品,以此解禅者之执情,为末法劝信。余谓其深有功于宗教者,此也。"②"永明",即延寿。这是充分肯定延寿禅净双修主张的重要性。他还阐发了禅净同一说:"参禅为了生死,念佛亦为了生死。参禅者直指人心,见性成佛。念佛者达惟心净土,见本性弥陀。既曰本性弥陀,惟心净土,岂有不同者哉?"③强调禅与净都是为了了脱生死,两者目的相同;念佛是"达惟心净土,见本性弥陀"的门径,两者方法一致。惟则所著《净土或问》中力说禅者有念佛之必要,并申说念佛应以称名念佛为上。他说:

> 念佛者或专缘三十二相,系心得定,开目闭目,常得见佛。或但称名号,执持不散,亦于现身而得见佛。此间现见多是称佛名号为上。……称名无管多少,并须一心一意,心心相续,如此方得一念灭八十亿劫生死之罪。……十念者每晨面西,正立,合掌,连称阿弥陀佛,尽一气为一念,如是十气为十念,……十气连属令心不散,专精为功,名十念者是藉气束心也。尽此一生,不得一日暂废。④

认为称名念佛高于观想念佛,是灭罪往生的最有效方法。元末被喻为狮子王的临济宗人楚石梵琦,崇信华严圆教,宣扬教禅一如,谓:"教是佛口,禅是佛心,未了之人听一言,只这如今谁动口,便向个里会得,坐断天下人舌头,更分什么禅,拣什么教。"⑤他作净土诗,云:

---

① 《幻住庵清规》,《续藏经》第1辑第2编第16套第5册,500页。

② 《净土或问》,《净土十要》卷6,《续藏经》第1辑第2编第13套第4册,376页。

③ 《天如惟则禅师语录》卷2,《续藏经》第1辑第2编第27套第5册,415页。

④ 《净土或问》,《净土十要》卷6,《续藏经》第1辑第2编第13套第4册,383页。

⑤ 《楚石梵琦禅师语录》卷9,《续藏经》第1辑第2编第29套第1册,79页。

遥指家乡落日边，一条归路直如弦。

空中韵奏般般乐，水上花开朵朵莲。

杂树枝茎成百宝，群居服食胜诸天。

吾师有愿当垂接，不枉翘勤五十年。

一寸光阴一寸金，劝君念佛早回心。

直饶凤阁龙楼贵，难免鸡皮鹤发侵。

鼎内香烟初未散，空中法驾已遥临。

尘尘刹刹虽清净，独有弥陀愿力深。①

竭力赞扬西方净土的殊胜和弥陀愿力的深厚。

宋代曹洞宗真歇清了与默照禅创始人宏智正觉同为丹霞子淳的高弟。他主张"但念阿弥陀佛，求生西方极乐"②。又说："捷径法门，惟有念佛。功高易进，念佛为先。若不念佛而求出离者，终无所获。普劝清信一心念佛，求愿往生，决不误矣。"③清了认为念佛是修持往生西方净土的捷径。他还批评大慧宗杲的看话禅，说："而今一般底将依师语、相似语、格则语、合头语口传心授，印板上次第排布，参来参去，参得一肚皮禅，三年两岁依前忘却。到处争胜负，彼此人我，无明亘天。"④又说："你而今只管将古人言句玄妙公案筑在肚皮里，将谓平生参学事毕，殊不知尽是顽涎涕唾，古人唤作运粪入，污汝心田。"⑤指斥看话禅参究公案，口传心授，以为大悟，实际上尽是邪见，污染心性。同时，清了又主张"直将阿弥陀佛四字做个话头，二六时中，自晨朝十念之顷，直下提撕"⑥。也就是以阿弥陀佛四字为话头，以念佛代公案，提倡"看话念佛"，形成为看话禅的一种新形式，也即禅净融合的一种特殊形态。又，明末曹洞宗人无明慧经根据一般禅家的"唯心净土，自性弥陀"的旨趣，说："念佛人要心净，净心念佛净心

① 《净土资粮全集》卷1，《续藏经》第1辑第2编第13套第3册，213—214页。
② 《戒杀文》，《归元直指集》卷上，《续藏经》第1辑第2编第13套第2册，136页。
③ 《归元直指集》卷上，《续藏经》第1辑第2编第13套第2册，125页。
④ 《真歇清了禅师语录》卷下，《续藏经》第1辑第2编第29套第3册，319—320页。
⑤ 同上书，325—326页。
⑥ 《净土简要录》，《续藏经》第1辑第2编第13套第2册，107页。

听，心即佛兮佛即心，成佛无非心净定。"①又说："念即佛，佛即念"②，"念佛心即净土"③。他强调众生本具佛性："清清净净一灵光，刹刹尘尘不覆藏。万万千千都失觉，多多少少弗思量。明明白白无生死，去去来来不断常。是是非非如作梦，真真实实快承当。"④"灵光"即佛性，清净无染，灵照而放光明。劝告众生顿见佛性，成就佛果。慧经在强调念佛的同时，也倡导看话禅，他说："参学之士，道眼未明，但当看个话头。"⑤一如大慧宗杲的家风，又表现出曹洞与临济合流的趋势。

与慧经同时代的明末佛教四大师袾宏、真可、德清、智旭，进一步淡化了宗派立场，他们几乎都提倡禅净双修，并程度不同地主张会归净土。四大师中德清因恢复禅宗祖庭曹溪有功，被称为曹溪中兴祖师，是当时禅门巨匠。但德清也极力倡导禅净一致，他说："参禅看话头一路，最为明心切要。……是故念佛参禅兼修之行，极为稳当法门。"⑥对于看话头，他强调"古人说参禅提话头，都是不得已。公案虽多，唯独念佛审实的话头，尘劳中极易得力"⑦，提倡念佛话头的禅修。对于坐禅念佛，他也提出了新解：

> 所云坐禅，而禅亦不属坐。若以坐为禅，则行住四仪又是何事？殊不知禅乃心之异名，若了心体寂灭，本自不动，又何行坐之可拘？苟不达自心，虽坐亦剩法耳。定亦非可入，若有可入，则非大定。所谓"那伽常在定，无有不定时"，又何出入之有？⑧

---

① 《念佛法要》，《无明慧经禅师语录》卷4，《续藏经》第1辑第2编第30套第1册，32页。

② 同上。

③ 同上。

④ 《示建阳傅居士谒》，《续藏经》第1辑第2编第30套第1册，30页。

⑤ 《无明慧经禅师语录》卷1，《续藏经》第1辑第2编第30套第1册，3页。

⑥ 《示刘存赤》，《憨山老人梦游集》卷5，《续藏经》第1辑第2编第32套第2册，134页。

⑦ 《答郑崑岩中丞》，《憨山老人梦游集》卷2，《续藏经》第1辑第2编第32套第2册，112页。

⑧ 《答许鉴湖锦衣》，《憨山老人梦游集》卷15，《续藏经》第1辑第2编第32套第3册，206页。

"那伽",此指佛。佛的行住坐卧都在定,据此,那伽亦谓"常在定"。这是说禅是心,不能拘泥于坐。大定也不可入,佛就并无出入而常在定。又说:"今所念之佛,即自性弥陀,所求净土,即唯心极乐。诸人苟能念念不忘,心心弥陀出现,步步极乐家乡,又何必远企于十万亿国之外,别有净土可归耶?"①教人念佛时彻悟自性,成就唯心极乐净土,也就是提倡念佛与禅合而为一。

当代禅宗泰斗虚云和尚(1840—1959),身承五宗,长期参禅,深有体悟。他不仅对禅门五家宗派同样尊重,而且也提倡禅净双修。他说:"参禅念佛等等法门,本来都是释迦老子亲口所说,道本无二,不过以众生的夙因和根器各各不同,为应病与药计,便方便说了许多法门来摄化群机。"②又说:"于动散之时,则持名念佛。静坐之际,则一心参究'念佛是谁'。如斯二者,岂不两全其美。"③虚云在提倡禅净双修的同时,还认为"参禅、念佛、持咒等一切法门,皆教众生破除妄念,显自本心。佛法无高下,根机有利钝。其中以念佛法门比较最为方便稳妥"④。表现出当代禅门大师对持名念佛的充分认同和高度肯定。

当代禅门又一高僧圆瑛(1878—1953)的禅修宗旨是教宗兼弘,侧重禅净,归心净土。他也认为禅净是针对众生不同根机而设施的不同法门,禅宜于上根人修持,念佛则智愚老少咸宜,而念佛达到极致,则与禅悟无异。圆瑛提倡禅净双修,禅修时系心于佛,即守定阿弥陀佛的话头参究,实际上是把禅修融进净土,为归心净土提供修持基础。

（原为《中国佛教哲学要义》第 29 章第 5 节）

① 《示优婆塞结念佛社》,《憨山老人梦游集》卷 2,《续藏经》第 1 辑第 2 编第 32 套第 2 册,117 页。

② 《参禅与念佛》,净慧编:《虚云和尚开示录》,24 页,书目文献出版社,1999。

③ 《致马来亚麻坡刘宽正居士函》,《虚云老和尚年谱法汇》增订本,679 页,台北,修元禅院倡印本,1997。

④ 《复兴洲卓义成居士》,《虚云老和尚年谱法汇》增订本,680 页。

附:

道与禅:道家对禅宗思想的影响

佛教传入中国以后,就不断地与儒、道思想发生碰撞、冲突、融合、会通,并形成了中国化的佛教宗派。道家对中国佛教,尤其是禅宗的思想发生了什么影响? 这是中国文化思想史上的重大问题,本文拟就这个问题作一初步的探讨。

(一)道论与禅学

在道家哲学中,"道"是最高的范畴,其主要意义是万有的本原、宇宙的实体或世界的本体。老子首先提出与阐发"道"的上述义蕴,但是老子一方面说道为"天地之始","万物之母",一方面又说道本无名,道本自然,表现出理论上的某些困惑和矛盾。庄子沿着老子的自然主义道路前进,打破本体("道")与现象的对立,认为"道"既是自本自根,又是周遍含容的,并进一步提出"道无所不在"的论题,说道"在蝼蚁。……在稊稗。……在瓦甓。……在屎溺"(《庄子·知北游》),强调作为宇宙万物的最后根源的"道"出于万事万物和日常生活,或者说,在万事万物和日常生活中就能开显出"道"的意义和境界。庄子还突出了"道"作为人的生命自觉和精神境界的意义,并认为这是通过体悟而得到的①。魏晋玄

---

① 《庄子·天运》云:"苟得于道,无自而不可。"

学家王弼和郭象分别发展了老子和庄子的"道"思想。王弼说:"道者,无之称也,无不通也,无不由也,况之曰道。"①认为"无"是"道"的别名,并提出"以无为本"和"圣人体无"②的重要命题。郭象标榜"独化"论,反对以无或以有为万物之本,认为万物的自性是万物存在的内在根据,万物是自然自化,"率性而动,故谓之无为也"(《庄子·天道篇注》)。任性而为,就达到无为境界。

中国佛教,尤其是禅宗吸取了道家"道"的观念,把它作为自家的本体范畴、内在佛性、绝对真理、最高境界,为佛教心性论奠定了哲学基础。

中国佛教学者是怎样吸取道家"道"的范畴来为心性论奠定哲学基础的呢?我们按照历史顺序,选取几个典型例子来加以说明。

东晋十六国时青年佛教哲学家僧肇这样说:"不动真际,为诸法立处。非离真而立处,立处即真也。然而道远乎哉?触事而真。圣远乎哉?体之即神。"③"真际",实际,其具体含义是指法性空,即万物原本为空,是自虚。"道",佛道。"道"并不远,是"触事而真","道"与"真"相通,也就是"道"与"空"相通。这里包含着以体悟空为"道"的思想,是与印度佛教传入后通常视"道"为"菩提"(觉)和修炼道路、方法这两层意义很不一致的。僧肇说:"圣人乘真心而理顺,则无滞而不通。"④这里讲的圣人(佛)的"真心",也是和"道"、"真"(空)相通的,由于"真心"合乎"道","触事而真",而理顺无所不通,由此"真际"(真、空)、"道"和"真心"就是同一层次的相关范畴,是彼此相通的。就主体获得解脱、成就佛果来说,"真心"是合"道",即"触事而真"的主观条件,而合"道","触事而真"是成为圣人(佛)的标志、境界。僧肇这种以真心体悟万物本空是"道"的思想,实际上是吸取了道家最高哲学范畴"道"的思维成果,使"道"成为具有最高真理、终极价值、圆满境界等意义的中国佛教哲学范畴。僧肇的万物本空、触事而真的思想,也即有关"道"的思想,对后来中国佛教,尤其是禅宗影响非常巨大。

禅宗概要

① 《论语释疑·述而》,见楼宇烈《王弼集校释》下册,624 页,中华书局,1980。
② 见何劭《王弼传》,《三国志》卷 28《魏书·钟会传》注引。
③ 《肇论·不真空论》,《大正藏》第 45 卷,153 页上。
④ 同上。

和僧肇同时代的竺道生也是一位注重于把道家与佛教相融合的佛教哲学家。他一反时人的观点,独立地根据庄子和阴阳家的气的观念,强调"禀气二仪"的一切众生都有佛性,肯定所谓不具信心、断了善根的"一阐提"人也有佛性,鲜明地体现了中国佛教思想的特色。他还吸收道家和玄学家的"理"和"自然"的观念,来阐述佛性的意义。关于"理",竺道生是指佛理、真理,他讲的"佛性即理"是吸取中国传统的"理"的观念来确定佛性具有内在的真理性。佛性即佛理,而"如来理圆无缺,道无不在"①。"理"或"道"是周遍圆满,无所不在的。他还说:"夫称顿者,明理不可分,悟语极照,以不二之悟,符不分之理,理智志(疑为悉字)释。"②"顿",顿悟。这是在"理"不可分割的原则上建立的顿悟说,这一学说给禅宗的创立以重大的启示。竺道生的"理"为佛性及顿悟的学说,与印度佛教的义理以及当时的佛教潮流并不一致,显然是受道家一系思想影响的结果。《庄子·秋水》篇就讲"万物之理","知道者必达于理"。《庄子·刻意》篇也说圣人要"循天之理"。王弼更明确地把"理"规定为"所以然"者,说:"夫识物之动,则其所以然之理,皆可知也。"(《周易注·上经·乾》)又说:"事有宗而物有主,途虽殊而其归一也,虑虽百而其致一也。道有大常,理有大致。"(《老子》四十七章注)"道"和"理"是事物的"宗主",是形而上者,是事物的"所以然者"。"所以然者"就是决定事物所以如此的一般原则、普遍规律。显然,竺道生正是参照、融合庄子、王弼"理"和"道"的思想,进而沟通了"理"和佛性的相即关系,并奠定了心性思想的形而上的理论基石。这对后来禅宗的心性论思想也发生了巨大的影响。

如果说上述僧肇的《不真空论》已把"空"与"道"沟通起来,含有以"空"为"道"的思想倾向的话,那么,与禅宗四祖道信同时的牛头宗法融禅师则非常明确地提出了"空为道本"的本体论命题,并与心性思想相结合,形成了极富中国思想特色的禅修理论。法融认为"大道冲虚幽寂"、"虚空为道本",由此他反对道信的"安心"法门,强调"不须立心,亦不须强安"。法融讲的"道"是道家的世界本体"道",所谓"道本"即道本原、

---

① 《妙法莲华经疏·序品》,见《续藏经》第1辑第2编乙第23套第4册,398页。
② 慧达《肇论疏》引,见同上书,425页。

道本体。法融所讲的"冲虚幽寂"、"虚空",作为"道本",是说"虚空"为万有的本原,这和佛教般若空宗以宇宙万物乃至如来法身毕竟寂灭虚空的思想虽有一定联系,但其立论的角度、论证的重心和阐明的观点都是不同的。"空为道本"的立论实也是直接吸取玄学家王弼"以无为本"这一主要哲学命题的结果。法融吸取道家的"道"作为佛法的基本观念,修行悟证的内容、目标,又以虚空为"道本",把道家的"道"、魏晋玄学的"无"和佛学的"空"融为一体,构成玄学化的佛教本体论。法融还在"空为道本"的思想基础上阐发"无心合道"的心性论思想,对于道信、弘忍的东山法门造成了巨大冲击,并深刻地影响了慧能禅宗,尤其是青原石头一系的思想轨迹。

道家的"道"观念对慧能一系禅宗的影响是巨大而久远的,"道"几乎是和"佛"、"禅"在同一意义上使用的、出现频率极高的词。禅师们还称"道"为"真道"、"大道",称禅宗以外的流派为"外道",致力于禅修的人称为"道流",佛性也称为"道性"①,依禅修而得识见、眼光,称为"道眼",禅宗的古则也称为"道话",等等。道家"道"的观念深刻地影响了禅宗的世界观、人生观、心性论和修持方式,这里我们以慧能一系禅宗中势力最大、流传最久的洪州宗为例,着重从哲学思想的角度作一简要的论述。

洪州宗禅师对"道"的意义的重要论断可以归结为:

"道即法界"。马祖道一说:"只如今行住坐卧,应机接物,乃至沙河妙用,不出法界。"②这里的"法界"是指佛法的境界,包涵行住坐卧,应机接物,乃至无量妙用。就修行言,指众生的一切日常行为和禅修实践;就世界言,指一切现象。"道即法界",也就是说"道"是囊括众生一切行为和世界一切现象的总称。

"大道天真平等"。黄檗希运说:"此道天真,本无名字。……恐你诸

---

① 《景德传灯录》卷5:"强立佛道二名,此是二乘人见解,偈曰:'见道方修道,不见复何修? 道性如虚空,虚空何所修?'"(《大正藏》第51卷,243页上)这里"道性"即指佛性,偈的意思是,道是众生本来具足的本性、主体性。

② 《景德传灯录》卷28,《大正藏》第51卷,440页上。

人不了,权立道名。"①又说:"大道本来平等。"②"天真",天然,纯真,自然如此。"平等",无差别。这里的"道"指宇宙的真实、本质,希运强调包含宇宙万物、世界一切的"道"是自然、真实、无差别的,真理是普遍存在的。

"道如虚空"。南泉普愿说:"若是真达不疑之道,犹如太虚,廓然虚豁,岂可强是非邪?"③这里是讲悟道,也讲到"道"的意义、内涵。是说"道"犹如浩大的空间,广阔空寂,既不是非,也不是是,既不属知,也不属不知,是一种圆满的绝对真理、最高的究极境界。

"平常心是道"。这是洪州宗人最重要的禅学命题,认为平常的自然的心中就有真理在,真理离不开日常的心。这个命题鲜明地突出了超越的道的内在性,强调真理即在主体内在的心中,主体生命的内在自觉即体现真理。这样又突出了主体意识及其价值,实际上把平常心和佛心、佛性等同了起来,由此也可以说"佛性是道"。

"触类是道"。"触类"是指人们的一举一动,一切的日常行为。"道",指佛道、佛性。意思是人们的一切行为都是佛道、佛性的体现。这里,洪州宗人非常明确地把人们的各种日常行为,包括起心、动念、弹指、謦欬、扬眉、瞬目等等,都归属于"道"的范畴。

从洪州宗人对"道"的论述来看,他们是用"道"来统一说明佛道、佛境、佛理(真理)、佛性,也就是用"道"来统率禅学的基本理论,从一定意义上说,他们认为道与禅是具有同样意义、内涵的概念,可以互换应用,或重叠使用("禅道"),可以说,洪州宗人是运用道家的哲学范畴"道"来构筑其禅学思想体系的,也就是吸取道家"道"的内涵和思维方式来全面阐明其禅学解脱理论的。

"道"是道家的最高范畴,"道"所具有的万物本体、终极存在的意义,和"道"的无限性、永恒性的特征,被洪州宗禅师吸取、调整、改造成为宇宙真实、佛教真理、最高境界和众生佛性。道家讲"法道"、"学道"、"体道"、"得道",洪州宗讲"会道"、"达道"、"修道"、"体道"、"悟道",在追求人生最高境界方面,显现出鲜明的类似性、一致性,表明道家"道"的观

---

① 《古尊宿语录》卷2,《续藏经》第1辑2编第23套第2册,91页。

② 《古尊宿语录》卷3,同上书,93页。

③ 《景德传灯录》卷10,《大正藏》第51卷,276页下。

念对洪州宗带有主导性的深刻影响。洪州宗人的"会道"、"达道",其实质是在主体心灵世界消除灵与肉、心与物、主体与客体、本性与行为、现实与理想的差别、对立,以实现主体性的无限发挥,精神的绝对自由。可以说,这种思想主要是奠定在庄子的"万物皆一"(《庄子·德充符》)、"道通为一"(《庄子·齐物论》)的自然观和本体论哲学理论基础上的,也就是奠定在"天人合一"思想基础上的。《庄子·天地》说:"夫道,覆载万物者也。""道"包罗万物。万物从现象看有彼此的不同,"以道观之,物无贵贱"(《庄子·秋水》),从道的角度看,都是不分彼此,没有差别,是等同的,这称为"万物皆一","道通为一"。庄子还就人类与其他万物的关系说:"天地与我并生,而万物与我为一。"(《庄子·齐物论》)天地万物和我都同生于"无",都同为一体。庄子的"万物皆一"、"道通为一"的命题,是一种宇宙万物的统一观念、整体观念,认为从道上看,万物是平等的、统一的、无界限差别的,或者说彼此一切界限差别都是虚伪不真实的。这也就是从本体论角度揭示了事物千差万别的同一性。人与万物也是一体的,没有真正的差别对立,这种"物我一体"的境界,就是"道"的境界,就是禅师追求的境界,也就是道、佛(禅)、儒共同追求的"天人合一"境界。《庄子·人间世》说:"唯道集虚。虚者,心斋也。"意思是说只有"道"才能集结在虚空中,因为"道"本身也是虚的。就主体来说,这个虚就是心斋(心中无欲念),虚才能容纳万物,才能得"道"。由此庄子强调一切任其自然,反对人为。十分明显,《庄子》的这些论述正是洪州宗"道即法界"、"大道天真平等"、"道如虚空"命题的思想来源,《庄子》"万物皆一"、"道通为一"、"物我一体"的"道"的遍在性、平等性观念也可以逻辑地推导出"平常心是道"、"触类是道"的命题。可以说,洪州宗这些禅学思想和庄子思想具有极为密切的内在联系,而和印度佛教思想则是大相径庭的。

(二)自然与自性

与"道"概念紧密相联,在说明什么是"道"这一问题时,道家还创立了"自然"概念。老子的"道法自然"命题,是"道"本"自然"的意思;"自然"即本然、本然状态,"道"是本然的,这是以"自然"来说明"道"的存在、状态、性质和功能。道家的自然论是和儒家的目的论、墨家的意志论相对立的。

道家"自然"概念有两层基本含义：

一是内在本性。这是"自然"的最基本最重要的含义。《老子》第五十一章说："万物莫不尊道而贵德，道之尊，德之贵，夫莫之命而常自然。"认为道、德之所以尊贵就在于万物以自然之道为常，即"常自然"。"常自然"就是万物和人的"常性"。如前所述，庄子认为万物本性是得于本根"道"而生的"德"的显现，是天生的本质。这性是天性、自然本性，庄子也称为"真性"、"常性"。道家把"自然"规定为万物的本质、本性，是说万物的本性是不假人为，自然而然，本来如此的。也就是说"自然"是万物内在的真实的存在，是万物和人的本体存在。魏晋玄学家认为"自然"就是"道"①，"万物以自然为性"（王弼《老子》二十九章注）。他们讨论名教与自然的关系问题时，认为"名教"是外在的，是人为的教化；"自然"是内在的，是人的本性。在道家看来，"自然"作为内在本性必须加以珍视、保护和发展。

二是精神境界。老子从自然之道开发出社会和个人的理想境界，他以自然无为状态为理想状态，说："天下多忌讳，而民弥贫；民多利器，国家滋昏；人多技巧，奇物滋起；法令滋章，盗贼多有。"（《老子》五十七章）又说："我无为而民自化，我好静而民自正，我无事而民自富，我无欲而民自朴。"（《老子》五十七章）意思是智巧人为是社会的危害，自然无为是理想社会。他强调"自然"是人法天贵真的本然状态，对人生原本意义作了充分肯定。庄子更以人处于自然状态为理想人格，把处于自然状态的人称为"真人"、"至人"，高扬"自然"意识，强调"自然"意识是人们内在的真正精神。道家"自然"概念的提出，一方面反映了一种超越现实、超越凡俗的精神，体现着一种对崇高精神境界的追求；另一方面也反映了忽视文化、忽视人文，偏执于原始、偏执于"无"的倾向。

道家的"自然"概念对竺道生和慧能一系禅宗心性论的界定、性质和

---

① 张湛《列子·仲尼注》引夏侯玄语云："天地以自然运，圣人以自然用。自然者，道也。"

特点有着重大的影响,实际上成为这一派系心性论的核心概念和基本观念。

在中国佛教思想史上,竺道生是最早把道家"自然"概念融入"佛性"内涵的佛教学者。佛教《大般涅槃经》有一种观点,就是从非因非果的恒常不变性来界定佛性,而道生却运用道家"自然"观念予以解释,认为不生不灭非因非果是万物的本性如此,并进而说:"夫体法者,冥合自然,一切诸佛莫不皆然,所以法为佛性也。"①"法"指佛法。这是说,体悟佛法就是冥合自然本性,"法"、"自然"和"佛性"三者是同等意义的概念。这里,"自然"是佛性,而"冥合自然"是修行的方法和境界。

慧能《坛经》是禅宗奠基性的经典著作。《坛经》的核心理论是心性论,心性论的基本观点是性净自悟,文说:"三世诸佛,十二部经,亦在人性中,本自具有。……若识本心,即是解脱。"②由此提倡"令自本性顿悟"③。《坛经》讲的"人性"、"本性"的含义,从根本上说是一致的,是指人自身本来具有的性质,也就是道家所讲的"自然"。《坛经》的"本性"说既渊源于印度佛教的"如来藏自性清净心"观念,又渊源于中国道家的"自然本性"观念,联系"本性顿悟"的说法,应当说,对慧能《坛经》的思想影响,中国的道家超过了印度佛教。这种看法也可以从慧能门人的有关言论中得到佐证。如慧能弟子神会就明确地用"自然"诠释"本性"、"佛性"。他不仅说:"僧家自然者,众生本性也。"④还说:"佛性与无明俱自然。何以故? 一切万法皆依佛性力故,所以一切法皆属自然。"⑤神会认为,"自然"就是众生本性,就是佛性。神会还把"无明"乃至"一切法"都归属于"自然",即都是自然本有,自然如此。应当说,神会的这些思想是继承中国道家、竺道生和慧能的观念的产物。虽然华严禅著名学者宗密批评了道家"人畜等类皆是虚无大道生成养育"⑥的说法,但是上述神会

---

① 《大般涅槃经集解》卷54《师子吼品》,《大正藏》第37卷,549页上、中。
② 敦煌本《坛经》[31],见《中国佛教思想资料选编》第2卷第4册,16页。
③ 同上。
④ 《荷泽神会禅师语录》,同上书,93页。
⑤ 《荷泽神会禅师语录·补遗》,同上书,106页。
⑥ 《原人论》,见《大正藏》第45卷,708页上。

的说法却得到了宗密的肯定①。

慧能一系用"自然"界定"本性",并且和道家、玄学家一样也反对人为造作。史载：

> 雪峰因入山采得一枝木，其形似蛇，于背上题曰："本自天然，不假雕琢。"寄与师（大安禅师）。师曰："本色住山人，且无刀斧痕。"②

"自然"，就是天然，就是不假雕琢的本然原生状态。人的自然本性就是心性的本然状态，是不受任何意念、欲望、情绪影响而保持本色的原始心境。王弼说："自然之质，各定其分，短者不为不足，长者不为有余，损益将何加焉？"（《周易注·下经·损》）禅宗的自然本性观念和这种事物都自然具足自性，既非不足，亦非有余，无须损益的思想是充分一致的。

竺道生和禅宗吸取道家的自然观念而形成的自性说，启动了佛教理论的深刻变化和思想的重大转轨。第一，把"自然"归结为众生的自性、本性，这就否定了人的外加性、外在性，肯定了人的内在性；而对人性的内在性的肯定，也就必然要突出人的主体性；对人的主体性的突出，也就会进而高扬人的个性，引发人的个性解放和对自由的追求。第二，老庄认为，人的本性是无是非、无善恶的本然存在，道生和禅宗用"自然"来诠释佛性，一方面是把佛性界定为本来自足的心性本然状态，一方面又赋予心性本然状态以超越性，为众生成佛提供了根据。这就在心性理论上把人的个性与超越性，现实性与理想性结合起来，也在一定意义上调和了人的自然本性与社会属性的基本矛盾，从而提供了在日常生活中实现超越的新归宿。第三，对自然本性的肯定和颂扬，导致禅修即极富中国特色的宗教实践的方式方法的形成。这就是以对人的自性即自然状态的整体直观、内在体验、自我复归为禅修生活的内容和要求，由此也必然强调在自然生活即平常生活中发现自性的神圣意义，并产生顿悟自性的方便法门——形形色色、千姿百态、生动活泼的禅法。

---

① 参见《禅源诸诠集都序》卷上之 2。
② 《五灯会元》卷 4《长庆大安禅师》，192 页。

（三）无为而无不为与无修而修

与"道法自然"命题相应，老子还提出"无为而无不为"的重要命题。《老子》第三十七章云"道常无为而无不为"，认为作为宇宙的本体道是自然而然地生成天地万物的，就道的自然言是"无为"，就道的生成天地万物言是"无不为"。无为和无不为是道的一体两面，也是包括人在内的万物的自然与作为的两面。庄子发展了老子的思想，《庄子》书云："万物职职，皆从无为殖。"（《庄子·至乐》）又云："天地有大美而不言，四时有明法而不议，万物有成理而不说。"（《庄子·知北游》）"天地无为也而无不为也。"（《庄子·至乐》）这是把无为而无不为视为天地万物的生成方式、存在方式。《庄子》书又云："圣人者，原天地之美而达万物之理，是故至人无为，大圣不作，观于天地之谓也。"（《庄子·知北游》）这是说，人的无为是根据天地万物的本性，即来自宇宙的自然根源。人作为万物之一，人的本性和天地万物的本性是一样的，据此，人的无为也来自人的本性根源。庄子认为，只有无为才能符合天地万物的本性，也才能保护人自身的本性。"性者，生之质也。性之动谓之为，为之伪谓之失。"（《庄子·庚桑楚》）人性是人的素质、本质，其本然状态是静的。性的动谓之行为，行为是增加了人为的作用，人为作用与人的天性相违背，就是失，就是丧失天性。为了保持人的本性，庄子提出"四六者不荡胸中则正，正则静，静则明，明则虚，虚则无为而无不为也"（《庄子·庚桑楚》）。"四六者"指四个方面的六项，即贵富显严（威严）名利、容动色理（情理）气意，恶欲喜怒哀乐、去就（依次）取与知能。意思是知、情、意的任何一种心理活动和与其相应的行为都是失性的，只有正静明虚，无心于功名得失，无有作为才是无为而无不为，才能保持人的本性。魏晋玄学家推崇并发展了老庄的自然无为思想，如郭象等人又竭力调和道家"自然"与儒家"名教"的矛盾，他说："夫理有至极，外内相冥，未有极游外之致而不冥于内者也，未有能冥于内而不游于外者也。故圣人常游外以宏（疑为冥字）内，无心以顺有，故虽终日挥形而神气无变，俯仰万机，而淡然自若。"（《庄子·大宗师注》）郭象讲的"至极之理"，是包含一切，超越对立的，他用"理"把有无、内外统一起来,强调通过"无心以顺有"的途径,达到"游外冥内",即所谓"圣人虽在堂庙之上,然其心无异于山林之中"(《庄子·逍遥游注》)的精神境界。老庄和郭象的这种思想对于慧能禅宗一系的禅修方式都产生了直接的影响。

据王维《六祖能禅师碑铭》载,慧能曾说:

> 七宝布施,等恒河沙;亿劫修行,尽大地墨,不如无为之运,无碍之慈,宏济四生,大庇三有。①

"七宝",金、银等七种珍宝。"四生",指有情众生的四种类别,即卵生、胎生、湿生、化生。"三有",指众生居住的欲界、色界、无色界三界。这是说,供养布施和持久修行,不如无为无碍,济度众生。"无为"是顺其自然,无所用心,不作人为的意志努力。"无碍"是无拘无束,自由自在,不作人为的约束规范。刘禹锡在《曹溪六祖大鉴禅师第二碑》文中也是这样评论慧能禅法的:

> 无修而修,无得而得。能使学者还其天识,如黑而迷,仰见斗极。得之自然,竟不可传。②

"无修",是不作有意识的修行。"无修而修"是"无修"的修行。"无修而修"必然是"无得而得",不是为了得而有所得。这种得是"得之自然",是顺从众生自然本性的结果。于此可见,慧能有异于其他佛教宗教修持的禅法,并不是印度佛教的传统思想,而是渊源于道家自然主义的思想,是直接运用"无为无不为"的思维模式的鲜明表现。

宗密把禅分为息妄修心宗、泯绝无寄宗、直显心性宗三宗。他还将直显心性宗分为两派,一派是洪洲宗,主张"即今能语言动作,贪嗔慈忍,造善恶受苦乐等,即汝佛性;即此本来是佛,除此无别佛也。了此天真自然,

---

① 见《全唐文》卷 327,3313 页。
② 见《全唐文》卷 610,6162 页。

故不可起心修道。……不断不修,任运自在,方名解脱"①。一派是荷泽宗,主张"空寂之知是汝真性。任迷任悟,心本自知。……但得无念知见,则爱恶自然淡泊,悲智自然增明,罪业自然断除,功行自然增进。即了诸相非相,自然无修之修,烦恼尽时,生死即绝"②。在宗密看来,这两派对心性的界说有所不同,前者以众生的一切言行为佛性,后者以空寂之智为佛性,但两者都认为"真性无相无为,体非一切,谓非凡非圣,非因非果,非善非恶"③,都主张"即体之用"④,"会相归性"⑤,又同属直显心性宗。从宗密的分析可以看出,慧能以后的洪洲和荷泽两宗与道家珍视、保护、发展自然本性的追求人生理想价值的理路是一致的。两宗的运思结构和方式与道家的自然本性观念有着直接的内在思想联系,这两宗和道家一样,都是直接显示天真自然的本性为基本要求,由此在禅修上或主张不断不修,任运自在;或主张无念无修,应用无穷。这种"不断不修"、"无修之修"是基于众生的自然本性而确立的修行方式,是实现理想人格、成就佛果的基本途径。洪洲宗和荷泽宗的禅修之路正是在道家的"无为而无不为"的人生行为方式启导下形成的。洪洲宗人宣扬"平常心是道",强调一切日常行为都是佛性的体现,这和玄学家郭象的"游外冥内"学说也是有思想上的深刻关联的。

(四)静观、得意忘言与禅悟

　　静观是印度佛教修行解脱的方法,又是道家追求精神自由的方法,同时,儒家对宇宙人生的体验方法也是"主静"。禅宗学人吸取佛道儒的思想,其参禅的一个重要方法也是静观。从禅宗思想体系的整体来看,禅宗主流派更多的是按照道家的道→自然→无为而无不为的理路而采取的修行方法,也就是说,禅宗的静观更多的是来自中国的文化背景,尤其是道

① 《禅源诸诠集都序》卷上之2,《大正藏》第48卷,402页下。
② 同上书,402页下—403页上。
③ 同上书,402页下。
④ 同上。
⑤ 同上书,403页上。

家的思想影响。从禅宗的演变来看,相对而言,道家的静观对慧能前的禅师影响较大,对慧能南宗一系则影响较小。静观是老子首先提倡,也是他着力提倡的,由此又可以说,老子的思想对慧能前的禅师有着较大的影响。

老子说:"致虚极,守静笃,万物并作,吾以观其复。夫物芸芸,各归其根,归根曰静,静曰复命,复命曰常。"(《老子》十六章)这是说,万物纷纭复杂,变化莫测,但各有其根,归根是"静",这是"复命",也是不可言说的"常道"。如何"观"万物的"复命",也就是如何"观"不可言说的"常道"呢? 这要"致虚",即心中虚而无物,排除一切私见;"守静"即心中静而无虑,泯除一切思念。也就是要做到心虚静如镜。老子以静为动的根,是"主静"说的主要开创者。老子的"静观"方法,不是单纯的直观,而主要是内视反观的直觉,是自我的内在体验。这种静观既是对个体内心的体验,也是对本体"常道"的一种本体体验。老子的静观是自我个体与自然本体相统一的体验。老子"静观"思想对禅学的影响,正如梁慧皎《高僧传·禅论》中说:

> 《老子》云:"重为轻根,静为躁君。"故轻必以重为本,躁必以静为基。[1]

"躁",动。老子这句话的意思是说,重是轻的根本,静是躁的基础。这表明了中国佛教学者明确地肯定了老子的主静观念为中国禅学的重要理论基础。后来,如道信的"看净",弘忍的"看心",神秀的"观心",乃至正觉的"默照",都可以从老子的"静观"说中寻到某些思想源头。

佛教认为真理是不可言说的,言教只是教化众生的权宜方式。佛教主张"言语道断",认为真正的悟境是"言亡虑绝",无法以言语和思虑加以分别的。道家主张"得意忘言",《庄子·外物篇》说:"筌者所以在鱼,得鱼而忘筌;蹄者所以在兔,得兔而忘蹄;言者所以在意,得意而忘言。""筌"和"蹄",分别为捕鱼和捕兔的工具,以此比喻说明言词在于达意,既

---

[1] 《高僧传》卷11,《大正藏》第50卷,400页中。

已得意就不再需要言词。后来魏晋玄学家更有"言意之辩",形成"言尽意"、"言不尽意"和"得意忘言"三派,而以后一派最有代表性,影响也最大。"得意忘言"派王弼认为"意"是"超言绝象"的,这个"意"具有本体论意义。所谓"得意"就是对本体的体悟。从竺道生和禅僧的言论和思想来看,庄子和王弼的"得意忘言"说实际上成了他们佛学方法论的基础,其影响远比印度佛教的相关学说更直接,也更深刻。

如上所述,竺道生是中国第一位吸取道家学说来阐发佛性论的佛学家,他在当时之所以力排众议,发表新见,主张直指心性,正是吸取和运用庄子和王弼的"得意忘言"方法论学说所取得的理论成果。他说:"夫象以尽意,得意则象忘;言以诠理,入理则言息。……若忘筌取鱼,始可与言道矣!"①认为"得意忘言"方法是把握佛道的前提。庄子、王弼的"得意忘言"说也一直是中国禅师参禅的主导思想。如慧可说:"学人依文字语言为道者,如风中灯,不能破暗,焰焰谢灭。"②僧璨也说:"圣道幽通,言诠之所不逮;……文字语言,徒劳施设也。"③他们都强调语言文字的局限,认为不能执著。道信更明确地主张"亡言"以"得佛意",他说:"法海虽无量,行之在一言,得意即亡言,一言亦不用,如此了了知,是为得佛意。"④只有一言也不用,彻底"了了知",才是真正得到佛意。《楞伽师资记》是这样描写弘忍禅师的:"其忍大师,萧然净坐,不出文记,口说玄理,默授与人。"⑤由此可知弘忍也是奉行"得意忘言"的方法论原则的。到了慧能,尤其是慧能后学更认为佛陀所有的言教、佛教全部经典都只是教化众生的方便设施,并非佛法本质所存,更非佛教真理本身。佛法的本质在于心灵的开发,在于自性的迷悟。而悟的内容也无法用语言文字传述,只能以心传心,由师心直接传予弟子心。由此,他们提出了摆脱印度佛教教义、教规的独特主张:"不立文字,教外别传,直指人心,见性成佛。"⑥与此相

---

① 《高僧传》卷7《竺道生传》,《大正藏》第50卷,366页中。
② 《楞伽师资记》,《大正藏》第85卷,1285页下。
③ 同上书,1286页中。
④ 同上书,1288页下。
⑤ 同上书,1289页中。
⑥ 参见《黄檗山断际禅师语录》,《大正藏》第48卷,384页上。

应,也倡导顿悟说。后来进一步更有呵祖骂佛,说达摩是老臊胡,释迦是干屎橛,称佛典是鬼神簿、拭疮疣纸之说①。于此可见,道家的"得意忘言"思想实是禅学提出"明心见性"说的逻辑起点和方法论依据,是禅宗之所以是禅宗,是禅宗之异于中国佛教其他派别,以及区别于印度佛教的认识论基础。由此又可见,"得意忘言"说在禅宗思想形成及发展史上具有何等重要的地位。

总之,道家对禅宗的影响是全面的、深刻的,它以对禅宗心性论影响为重心,同时还为禅宗提供了本体论、方法论和认识论的理论基础。

（原载《道家文化研究》第 6 辑,1995 年）

---

① 参见《五灯会元》卷 7《德山宣鉴禅师》,374 页。